威伯福斯传

恩典人生及废奴义举

AMAZING GRACE:
WILLIAM WILBERFORCE AND THE HEROIC CAMPAIGN TO END SLAVERY

埃里克·梅塔萨斯（Eric Metaxas）著

李婧 译

William Wilberforce

上海三联书店

Amazing Grace
William Wilberforce and the Heroic Campaign to End Slavery

威伯福斯传

恩典人生及废奴役举

毫无疑问，这是我读过的最精彩的传记！

——S. 迈克尔·克雷文（S. Michael Craven）

基督与文化中心主席

这本书比电影更好看！

——鲁迪·朱利安尼（Rudy Giuliani）

前纽约市市长

太棒了！本书以精湛的笔法，向我们这代人再现了威伯福斯的一生。威伯福斯从根本上改变了人类对他人苦难的态度。梅塔萨斯的这部传记，读起来像小说，精彩地描绘了威伯福斯震撼人心的伟大成就。读了这书，生命必能大得激励。

——大卫·基德尔（David S. Kidder）

《纽约时报》畅销书《思想灵修》合著者

梅塔萨斯用热情洋溢的生动笔触，使威伯福斯的形象跃然纸上。本书精彩地刻画了史上最伟大、最令人惊奇的社会改革家之一，定能唤醒愤世嫉俗者，激励有远见者。

——葛尼斯（Os Guinness）

美国作家、社会评论家

很了不起！梅塔萨斯的这部作品必将持续产生重大的影响。

——弗洛伊德·弗雷克牧师（Rev. Floyd Flake）

威伯福斯大学主席，前美国国会纽约州众议员如果威伯福斯是你的英雄,正如他是我的英雄,那么这本书是为你而写。如果他不是你的英雄,读完这本书以后,他会成为你的英雄。

——J. C. 沃茨(J. C. Watts Jr.)

前美国国会议员

本书字里行间充满热情、智慧、风趣和洞见。

——迪克·司托布(Dick Staub)

主持人、作家

一部展现英国废奴运动历史的佳作。

——斯坦利·克罗齐(Stanley Crouch)

《纽约每日新闻》专栏作家

梅塔萨斯的作品不容错过。"闪耀着真理和明辨之光。"……他角度犀利,睿智风趣,为道义大声疾呼,我们不由自主地被深深打动。

——约翰·威尔逊(John Wilson)

《书籍与文化》编辑

一本既精彩绝伦又具有学术价值的必读书!

——卡罗琳·考克斯男爵夫人(Baroness Caroline Cox)

英国上议院议员

梅塔萨斯以极大的热忱、深刻的同情、清晰的思路和沉着的语气,讲述了威伯福斯的动人故事。

——托马斯·霍华德(Thomas Howard)

《鸽子降临》一书作者

行云流水般的好故事……让我们真实地看到信仰不仅发人深思,更催人反省。

——《第一要务》

这可能是了解威伯福斯最权威的作品。其他作品或许有更多细节,但都不及这本写得好,不像这本如此引人入胜、鼓舞人心。

——拜伦·伯格（Byron Borger）

《读书笔记》一书作者

我简直停不下来,太吸引人了！不仅写得十分精彩,故事本身也的确展现了"奇异恩典"。我很喜欢这本书,也会和朋友们分享。

——爱丽丝·冯·希尔德布兰德博士（Dr. Alice von Hildebrand）

《狮子的灵魂》一书作者

目 录
CONTENTS

序 言
FOREWORD

纵观历史,许多伟大人物的名字已从我们集体记忆的名册上消失。英雄人物威廉·威伯福斯(William Wilberforce)即是遭此厄运的一例。他是人道主义者,是国会议员,是为弱势群体发声的人,但是在过去的一个世纪里,他却渐渐淡出了美国人的记忆,退到遥远的某处,实在令人唏嘘。曾经,他的生平和名字如同纪念碑,代表自由、信仰和仁慈。如果让亚伯拉罕·林肯和弗雷德里克·道格拉斯(Frederick Douglass)*列出几位激励了自己的前辈,威伯福斯必然上榜,甚至可能高居榜首。如今,借着这本精彩的传记,有关他的记忆得以重生。

在这本传记中,埃里克·梅塔萨斯(Eric Metaxas)不仅以优美的文辞详细记述了威伯福斯的生平,更是巧妙地捕捉到了十八世纪末、十九世纪初人们身上的精神力量、道德原则、人性弱点以及神圣使命的基本特征。当时有一群英勇无畏的男人和女人,威伯福斯堪称个中翘楚,他们与时代潮流抗争,试图铲除奴隶贸易的毒根。他们不断尝试,遭遇过失败,也取得了进展,最终"如鹰展翅上腾",使整个社会意识到奴隶制度不仅仅是"独特的制度"***那么简单。在威伯福斯心中,奴隶制度没有什么独特性。真正让他觉得独特的,是社会上那些看似有教养的人士何以能够对奴隶制度的残暴视而不见,对数百万黑奴的哭喊充耳不闻。对威伯福斯而言,奴隶制度和其他文明社会中的顽疾一样,是摧毁生命、遏制生命发展的破坏性力量。正是由于他的勇气和坚持,自由的钟声终于为数百万黑奴响起,对自由之权利的渴望从此在历史上空回荡。

这本传记回顾了威伯福斯的勇气、激情和行动,提醒现代人,使命

---

* 第一位担任美国外交使节的黑人,废奴主义者,毕生为黑人争取权利。——译者注(本书注释均为译者注,下文不再注明)

** 美国南方的白人曾把奴隶制称为"我们独特的制度"。

尚未完成。此外，威伯福斯饱受疾病之苦，这也提醒我们，纵然人有匮乏和不足，但神圣的使命必然成就。他的故事迫使我们发问，我们如今能做些什么？

今天，在世界各地（美国和英国也不例外），仍有艰巨的任务尚未完成。非洲依然存在奴隶制度。虽然欧洲贩奴者"散发恶臭的船只"已成为过去，但如今仍有许多人被剥夺了一切，送到可怕的远方。在亚洲、东欧、拉美以及中东的许多角落，拐卖妇女以满足男人淫欲的恶行依然十分猖獗。仍有艰巨的任务有待完成。

圣经中有很多经文，警告我们不要忘记过去。总有一股力量，在追忆、回顾和纪念中涌动。这本传记让我们从两个角度来理解威伯福斯，也让我们目睹时至今日仍在发生的奇迹。

首先，梅塔萨斯在书中把焦点对准一个虽然生来无需受苦、却对受苦之人的困境深感不安的人。威伯福斯看到了压迫的行为如何既改变压迫者，又改变受压迫者。在他力所能及之处，他放胆行动，力求改变世界。这勇气虽然暂时被人遗忘，却会在天上被永久地纪念并得着奖赏。

此外，透过梅塔萨斯笔下的威伯福斯，我们看到上帝的创造性工作仍在继续。我们和威伯福斯一样，有能力创造一个更美好的世界，当中有耶稣基督和众先知口中所说的"耶和华所亲爱的"* 群体。

威伯福斯毕生致力于废除奴隶制度，他的努力祝福了许多他永远不会谋面的人。他怀着不顾一切的爱要实现救赎的使命，虽然过程历尽艰辛，但从不动摇。威伯福斯早期的失败和从政初期遭遇的挫折，后来都被证明是值得的——在他于下议院推出第一份废除奴隶贸易议案许多年后，他终于取得了苦苦盼望的胜利。正如保罗在给褴褛中的哥林多教会的信中所言，爱的确是恒久忍耐。威伯福斯最渴望的救赎和赦免，并非于他在世时完全实现，也不会在下议院完全实现。当今天反抗压迫时，当世界各处的种族主义受到挑战时，当一个更美好、更充满爱的世界最终得以建立时，他的努力和付出带来的最大益处仍正在成

---

* 参见《申命记》第33章第12节（本书中圣经经文采用中文和合本）。

为现实。

当今世上唯一一个纪念威伯福斯的机构，是以他的名字命名的威伯福斯大学。一个半世纪之前，众人携手同心，放下种族、阶级和宗派的差别，创建了美国历史上第一所私立黑人大学。这所专为非裔美国人开设的大学，不是建在伦敦，而是建在英国的前殖民地，并且是为了纪念一位曾任英国国会议员的白人。其中的讽刺意味至今犹存。

当日要建这所大学的时候，关于非裔美国人的基本人性，美国的社会精英和学界有些礼貌性的对话。在这些对话中，许多人称，他们根本不相信黑人有能力学习知识、为社会作贡献，并且以奴隶以外的身份生存。

今天，在威伯福斯大学就读的学生，很多都来自美国最贫穷的底层家庭，但他们在这里实现了求学梦。威伯福斯大学学生的家庭平均收入，仅仅略高于全国贫困线，但他们坚持对卓越的追求和对成就的渴望，勇于回应经济和社会的挑战。

在俄亥俄州一个名叫威伯福斯的小镇上，威伯福斯的遗产并未被忘记。每次开学典礼，众人都齐声诵读"威伯福斯圣经"——在这本圣经每页的留白处，明显地记有他的笔记和默想。成千上万非裔美国学生、非裔加勒比学生和非洲学生来到教育改变命运的祭坛前，将自己的身、心、灵摆上。多年来，无数的执业医师、教育家、律师、非洲独立国家的总统、国会议员和教会领袖自威伯福斯大学毕业，致力于创造更美好的世界。在少数几个仍然纪念他的地方，奇迹每天都在发生，这不只是讽刺，而是有深远的意义。

我们的时代处在变革的旋风之中，"永志不忘"似乎是个合适的劝诫。在我们纪念威伯福斯、他的义举、他的救赎主的同时，让我们切勿陷入从前那善忘的陷阱。

弗洛伊德·弗莱克（Floyd Flake）
威伯福斯大学校长、前美国众议院议员（纽约州）
《实践美德》和《引导之道》作者

导 言
INTRODUCTION

　　我们常常听到有一些人,他们已经"无需介绍"便尽人皆知,但有个人的确需要"介绍",至少在当下这个时代,他就是威廉·威伯福斯。这真是一件奇怪又讽刺的事:我们现在谈论的这个人,他改变了整个世界,所以,如果有个人的确不需要"介绍",也就是说,这个人的名声和成就应该在全人类广为流传,那非威伯福斯莫属。

　　造成如此局面的原因不可思议地简单:威廉·威伯福斯为他自己的成就所累,他是个幸福的受害者。不妨这样描述,有一种可怕的疾病肆虐全球,威伯福斯奋不顾身,找到了解决的办法,这办法取得了空前的成功。此后,这种疾病销声匿迹,再没有人因之受苦,一两代人之后,人们甚至忘记了曾经有这样一种疾病存在。

　　威伯福斯试图除去的顽疾之根,自人类出现在这个星球上便开始生长,如果真的把它看做一条根脉,那它必然早已深入地心的熔岩。它蔓延得如此之深,如此之广,以至于大多数人认为,只有依靠它,这个星球才能存续。

　　和当下社会事务中所能想到的困难相比,威伯福斯和他的小团体所面临的阻力之大简直无法想象。有人胆敢凭借一己之力,至多再得到一点协助,就试图去推倒如重重山脉一般庞大、沉重又根深蒂固的体制,这绝对是前所未有之事。按照今天的观念,奴隶制度的终结似乎不可避免,我们很难不把废除奴隶制度看做理所应当。但今天能有这种观念,全靠威伯福斯的努力。他成就了一个破天荒的奇迹:在我们看来,奴隶制度的终结是必然的,但当时的人们则认为,奴隶制度根本不可能被废除,甚至不可想象。

今天凡是有良知的人,无不对奴隶制度之罪恶感到震惊和愤慨。我们根本无法理解,怎么会有人支持它,甚至是整个文化都支持它。但是在威伯福斯生活的年代,事实就是如此。奴隶制度好像出生、婚姻和死亡一样,被整个社会不假思索地接受。它是织成人类历史这幅挂毯的一根线,深埋其中,你根本找不到线头,更不用说把它抽出来。回顾五千年的人类历史,奴隶制度几乎存在于所有人类文明当中。

在威伯福斯那个年代,根本没有人会想到要废除奴隶制度,威伯福斯和废奴主义者甚至无法公开提及这件事。有鉴于此,他们起初将焦点转移,提出了一个不那么尖锐的观点,即废除买卖人口的奴隶贸易,因为他们不敢提及解放奴隶,也就是废除奴隶制度本身。他们在心里暗暗期盼,一旦奴隶贸易被废除,或许有可能一步一步最终实现解放奴隶的目标。但他们必须首先为废除奴隶贸易而战。这场战役持续了二十年,整个过程残酷而令人心碎。

威伯福斯在 1807 年终于赢得这场战役,仅这一项成就,就足以让他被纪念至今。为纪念废除奴隶贸易两百周年,我们制作了一部电影、几部纪录片,并且出版了这本书。如果要用一件事来代表威伯福斯的成就,必然是 1807 年的胜利。这项胜利为后来的发展铺平了道路,激励其他国家效法英国,废除奴隶贸易,而它更开启了解放奴隶这扇大门。奇妙的是,就在威伯福斯 1833 年逝世前三天,他在病榻上得知,自己奋斗终生的目标终于得以实现。

在同时代人当中,威伯福斯聪明绝顶、交游甚广、才华横溢,他完全有可能登上英国首相这一高位,用某位历史学家的话说,“只要他更热衷于社交聚会”。但是他所取得的成就,其意义远远大于任何政治胜利。或许可以这样描述,威伯福斯站在历史的转折点:世界因他而改弦易辙,当我们回头看时,甚至看不到曾经的黑暗。

威伯福斯看到许多被其他人忽视的现象,比如一个人把另一个人当作财产来对待之类的荒谬不公的事。他愤然起身,代表一个未来的世代——代表你我——向同时代的人大声疾呼。他告诉那些人,他们正在地狱中梦游,他们必须醒来,看看他所看到的,明白他所知道的。而这些事我们今天已经十分清楚,就是当时广泛存在的一种制度化行为,数百万人遭到令人发指的残酷虐待,此种邪恶行径必须不惜一切代价尽快、尽力予以制止。

但是想一想,为什么今日看来明显不可容忍之事,却在历史上被容忍多时?为什么由威伯福斯领导的小团体突然之间看清这一现象不公义的实质?为什么威伯福斯等人在一个对道德麻木的世界里,突然之间从全新的视角看待这个问题?十八世纪末期的废奴主义者们,好像恐怖片里发现了"怪物"的人,他们试图让其他人也知道真相,可是没有人相信。

要完全理解威伯福斯所取得成果的重要性,我们需要明白,他根治的"疾病"既不是奴隶贸易,也不是奴隶制度。奴隶制度至今依然存在,其程度远超过我们所能想象。威伯福斯所战胜的比奴隶制度更可怕,其所触及的问题更深刻,我们今天很难看清楚——他战胜的是接受奴隶制度,并允许奴隶制度存续千年的心态。他摧毁了一整套有史以来一直支配人类的看待世界的方式,他所成就的,就是以另一种方式取而代之。这套旧的世界观把奴隶制度的恶看作善。威伯福斯除掉了旧的世界观,于是,"奴隶制度好"这一观念也随之消散。尽管奴隶制度今天依然存在,可是没有人认为它好。曾经,人们认为奴隶制度和人类文明密不可分,奴隶制度是人类传统的一部分,奴隶制度是经济发展的必要元素,奴隶制度在道德上也正当合理,但是这些想法都已经成为过去,因为支持这些想法的心态已经成为过去。

威伯福斯不仅翻转了欧洲文明对奴隶制度的观念,更翻转了其对人类领域内几乎每一件事的观念。有鉴于此,无论怎样的评价,都配不上威伯福斯的成就:因为那实在是人类思想意识层面的重大变革。

威伯福斯本来可以和别人一样,谦逊地称自己对奴隶制度无能为力。但事实却是,1785年,在他二十六岁并且政治生涯处于巅峰期之际,他经历了一件意义深远又颇具戏剧性的事。可以说,上帝打开了他的双眼,让他看到另一个世界,虽然这并非他所愿。不管怎样,威伯福斯看到了上帝的现实,也就是耶稣所说的天国。他看到了从未看到的景象,那些景象我们今天可能习以为常,但对他来说却极其陌生,就好像奴隶制度在我们眼中显得陌生一样。他看到的景象存在于上帝的现实中,但在人类的现实中却无迹可寻。他认识到这样几个观念:无论男人还是女人都是上帝创造的,人人平等,每个人都拥有上帝的形象,具有上帝所赋予的尊严;所有人都是弟兄,我们应当彼此关爱照顾;我们要爱人如己,我们愿意别人怎样对待我们,我们也要怎样对待别人。

这些观念都是基督教福音的核心,在威伯福斯接触到它们之前,已经存在了至少十八个世纪。修士和传教士知道这些观念,并且在他们有限的范围内活出了这些信念。没有一个社会曾像不列颠那样,整个社会将认真接受这些观念。而这正是威伯福斯所带来的彻底的转变。

作为一名政治人物,威伯福斯的位置独特,他能够将这些观念和社会生活、公共领域联系起来,而公共领域也有史以来第一次接纳了这些观念。有鉴于此,或许可以说,威伯福斯促成了信仰和文化的联姻。我们突然之间进入一个崭新的世界,在那里,我们不必再怀疑社会是否有责任帮助贫穷困苦之人。我们只需在方法和细节上完善,比如说,是动用公共资源还是私人资源。但我们绝不会再就社会是否有责任帮助弱势群体而发问,因为那已成定论。我们今天称之为拥有"社会良知"。我们相信,凡是现代、文明的社会,都应该有"社会良知"。

一旦这个观念在世上自由传播,整个世界即随之改变。奴隶制度和奴隶贸易将很快基本上被废除，不仅如此，其他的社会弊病也将渐渐消失。旨在解决各种社会问题的团体层出不穷，这种局面前所未有。威伯福斯的第一个"大目标"是废除奴隶贸易，他还有第二个"大目标"，就是把影响较小的社会弊病也一并废除。忽然之间，童工和劳动环境、孤儿和寡妇、犯人和病人等问题被提上议事日程，有人希望向比自己不幸的人伸出援手。这些团体多数以克拉朋联盟为核心展开行动。克拉朋联盟是一个非正式但很有影响力的社团，它聚集了一群不在伦敦居住却志同道合的人。他们共同耕耘，播种善举，而威伯福斯是克拉朋联盟的核心人物。曾经有一段时间，他和多达六十九个致力于不同社会改革项目的团体有正式的往来。

总而言之，说威廉·威伯福斯是历史上最伟大的社会改革家，恐不为过。他于 1759 年出生，1833 年离世，在这段时期，社会发生了翻天覆地的变化。威伯福斯掀起了一场社会地震，重塑了社会版图，其影响之深远，我们今日才开始有深刻的体会。

威伯福斯无法预见，他在英国点燃的火焰，会越过大西洋，横扫美国，给这个国家带来深刻且永久的改变。想象一下，美国若没有不计其数致力于解决社会问题的机构将会变成什么样子？那样的美国还是美国吗？虽然不能将美国的建立归功于威伯福斯，但有理由说，若没有威伯福斯，就没有今日的美国。

由于威伯福斯和克拉朋联盟的努力，到了维多利亚时期，社会"改良"已蔚然成风，空想社会改良家和空想社会改良主义甚至成了被嘲讽的对象，且一直如此。我们很容易忘记，在十八世纪，威伯福斯和克拉朋联盟出现之前，无论是在公共领域还是私人领域，甚少有人会为社会上的贫穷困苦者发声。而时至今日，社会良知已深入人心，我们无法想象一个没有社会良知的世界，也无法想象一个把穷人受苦等悲惨现象视作"上帝旨意"的社会。虽然这种观念在某些地方仍然存在，比如存在于信奉因果报应的社会和文化中,但我们却坚决否定这种观念。我们坚持认为,地球上每个人都应该像我们一样,相信社会有责任帮助不幸的人,但事实并非如此。

作为一个政治家,威伯福斯用信仰为全人类取得无与伦比的伟大成果,因此,威伯福斯在当时绝不仅仅是政治英雄,他更是道德英雄。或许,亚历山大·索尔仁尼琴(Alexander Solzhenitsyn)和纳尔逊·曼德拉(Nelson Mandela)在我们心目中的形象,最接近威伯福斯在十九世纪的人们心目中的形象,对他们来说,威伯福斯的成就一直在记忆中熠熠生辉。

托马斯·杰斐逊(Thomas Jefferson)和亚伯拉罕·林肯都受威伯福斯激励,并以他为榜样。林肯曾说,学校里每个男孩都听过威伯福斯的大名和事迹。弗雷德里克·道格拉斯慷慨激昂地论道,威伯福斯的"信仰、执着和不灭的热情""融化了英国人的心,他们开始同情奴隶,而政府中的强硬派也被感动,心生怜悯。最终,奴隶摆脱了身上的枷锁"。诗人和作家也都称颂他,包括斯托夫人(Harriet Beecher Stowe)和乔治·艾略特(George Eliot),亨利·大卫·梭罗(Henry David Thoreau)和约翰·格林利夫·惠蒂埃(John Greenleaf Whittier)。拜伦(Byron)称他为"非洲的道德华盛顿"。

美国艺术家和发明家塞缪尔·莫尔斯(Samuel Morse)说道,威伯福斯"将全部心力投向为同胞行善。他生活中的每分每秒,都在筹划这样或那样的善举。他不仅计划周详,更是全力实施……如果世上有更多威伯福斯这样的人,许多因少数邪恶自私之人的歹毒和报复而起的惨剧都可以避免"。美国废奴主义者威廉·劳埃德·加里森(William Lloyd Garrison)表达得更传神。他这样形容威伯福斯:

　　　　他的声音清晰爽朗,掷地有声……他的笑容透着仁慈,令人愉悦。他的目光流露出智慧。他侃侃而谈,却又柔和谦卑;他的措辞极其准确而又优雅;他下结论时总是小心翼翼;他发问时刨根究底;权衡利弊时考虑周详。他不卑不亢,简单直率,如孩童一般让人喜爱,举止又十分得当。这些美好的品格完美地集中在一个人身上。他如鸽子般驯良,又有着不可思议的能量,他非常谦卑,又非常大胆,勇于开拓!⋯⋯这一切在威伯福斯的灵魂中浑然一体。

一位意大利贵族在见过晚年的威伯福斯后写道:"议会进入新的会议期那天,当威伯福斯先生走过人群时,所有人都将目光投向这位矮小的老人。他一脸沧桑,佝偻着肩膀,仿佛一位神圣的历史人物,如同全人类的华盛顿。"

今天,我们对这样的溢美之词避之唯恐不及,因为当下这个时代本就对伟大充满怀疑。"水门事件"仿佛一道闸门立在我们眼前,使我们从此与英雄崇拜绝缘,对政治人物尤其如此。我们像《凯恩号哗变》(The Caine Mutiny)中的奎格船长(Captain Queeg)那样神经质,总是觉得苹果里有虫,或是运动员服了兴奋剂。每当读到传记中美好的细节,我们就联想到帕森·威姆斯(Parson Weems)*的作品,怀疑樱桃树的故事不过是谎言,根本不是真相。

如果有人能让我们重拾发掘简单美好事物的能力,那人非威伯福斯莫属。他使"被囚的得自由",他遗赠给世界一台引发根本性转变的发动机,我们称之为社会良知。故此,我们如果不能为他欢呼,那还能为谁欢呼?我们尤其要记得,知晓威伯福斯的人如今寥寥无几,而他自己恐怕会第一个站出来说自己的成就不值一提,这从他的信件和日记中就推断得出。他带着深深的遗憾离世,因为觉得自己本可以做得

---

* 华盛顿传记的作者。

更多。

　　在废除奴隶贸易之战最激烈的时期，威伯福斯最坚定的反对者墨尔本爵士（Lord Melbourne）恼羞成怒，因为威伯福斯胆敢将基督教价值观中有关奴隶制度和人类平等的观念强加给英国社会。墨尔本爵士在盛怒之下说出一句名言："若允许某人所信之宗教侵犯公共生活，则局面将不可收拾。"对他这句空洞愚蠢的言论，历史的回应是讽刺、不屑和嘲笑，并将永记史册。这是他应得的。

　　不过，局面的确不可收拾，却是美妙得不可收拾。有个人带领我们踏上那条美妙的小路，穿过那道金色的入口，又引领我们翻越群山，到达一个我们以为根本不可能存在的世界。这真令人欣喜！

埃里克·梅塔萨斯

纽约市

2006 年 9 月

第 *1* 章
幼年威伯福斯

"……若是恩典之工，不会徒劳无功。"

1759 年 8 月 24 日，威廉·威伯福斯出生于赫尔市（Hull）一个富商家庭。他出生的那座大宅宏伟壮丽，是一座红砖砌成的詹姆斯一世时期风格的建筑，坐落于城市的主干道，俯瞰赫尔河（Hull River）。赫尔河与其他河流一起汇入亨伯河（Humber），亨伯河向东流入北海（the North Sea）。

威伯福斯的家族历史悠久，可追溯至十二世纪亨利二世（Henry II）治下的约克郡（Yorkshire）。根据《伯克贵族名录》（*Burke's Peerage*），威伯福斯家族是少数可追溯至 1066 年诺曼征服*之前的家族之一。从那时起，直到威伯福斯出生的几个世纪间，家族的名称一直是"威伯弗斯"（Wilberfoss），后来被威伯福斯个性强硬（forceful）的祖父改为"威伯福斯"（Wilberforce）。这位祖父的强硬从他的一贯作风即看得出，凡是他不喜欢的，他就一定要改变。至于改名一事，很可能是因为他不喜欢后缀-foss 的词根，这个词根有"臣子"的意思，在爱尔兰语里意为"仆人"。这样的含义对一位极其渴望财富和权力的政治人物来说，显然不合适，于是，他将家族的名称改为"威伯福斯"。

幼年时，威伯福斯会站在窗前，眺望河岸边巨大的帆船，看着美国的烟草、挪威的木材和普鲁士的钢铁自船上卸下，然后满载英国本土商

---

* 指 1066 年法国诺曼底公爵入侵并征服英格兰，此事对英格兰的文化和语言产生了深远影响。

品,扬帆起航,沿赫尔河和亨伯河而下,驶向世界各地。在威伯福斯生活的年代,赫尔逐渐成为捕鲸贸易的重要港口,周期性地散发着加工海产品的恶臭。不过对我们的故事来说,重要的不是进出赫尔港的货物,而是不曾进出的货物。尽管赫尔是英国第四大港口,它却是唯一一个没有参与奴隶贸易的港口。正是这个令人欣慰的细节,使得威伯福斯数年之后能够留在议会。若是来自布里斯托尔(Bristol)或利物浦(Liverpool)的议员,根本不可能长期领导废奴运动又保住议员资格,因为两地的经济依赖奴隶贸易。

尽管威伯福斯家族在赫尔经商已有两个世纪,家族的财富却是从十八世纪才开始显著增加。财富的积累主要归功于威伯福斯的祖父,他的名字也是威廉(虽然他将"威伯弗斯"改为"威伯福斯",可他对"威廉"却毫不反感,这个词的意思是"英勇的守护者")。威伯福斯的祖父生于 1690 年,他在波罗的海做生意大获成功,后来又从身为戴菲家族(Davye family)女性继承人的母亲那里继承了一笔可观的财产。他两次当选赫尔市市长,此后一直被尊称为"总督"威伯福斯。他是整个家族的领袖。

"总督"威伯福斯的次子罗伯特(Robert)和伊丽莎白·伯德(Elizabeth Bird)结婚,他们即是本书主角的父母。罗伯特后来留在赫尔,参与家族生意,并于 1755 年出任执行合伙人。"总督"威伯福斯的长子威廉(William)选择不参与家族生意,而是与汉娜·桑顿(Hannah Thornton)结婚并在婚后迁居伦敦。汉娜·桑顿的父亲是英格兰银行(Bank of England)的董事,又是国会议员。在发生了一连串出乎意料的变故之后,这对夫妇对幼年的威伯福斯产生了重大影响,程度甚至超过他的亲生父母。

* * *　* * *

无论从哪个方面来看,威廉·威伯福斯都是个光彩照人的孩子。他仿佛天真无邪的小天使,周身闪烁着光芒。威伯福斯 1833 年去世的时候,他的两个儿子塞缪尔(Samuel)和罗伯特(Robert)开始为父亲撰写五卷本的传记,此书于 1838 年出版。他们在书中写道,"父亲自年幼时就表现出为他人着想这一不同寻常的特质"。身为威伯福斯之子,他们能够接触到许多了解幼年威伯福斯的人。不过对于那时的威伯福斯,我们仅有一段亲历者的回忆,出自十八世纪六十年代初一位访客之口:"我永远不会忘记,他悄悄走进我的病房,为了不打扰我,他特意脱掉了鞋子,一脸焦急地透过帘幕看我是否有些好转。"所有对幼年威伯福斯有印象的人都说,他明显有一种"体贴他人的温柔性情"。

我们对成年威伯福斯的了解似乎恰好证实了这一点。他年幼时身体瘦弱,视力欠佳,并且终生如此。威伯福斯经常说,如果不是出生在"现代",他可能无法存活。不过,尽管他多病且近视,他却从小就散发出一种能够赢得所有人喜爱的魅力。我们都见过那样的孩子,他们天真无邪、光芒四射,使成年人的心神为之一振。幼年的威伯福斯即是这样,即便是最消极厌世的人,见到他之后也会想,纵然自己身为极端堕落的人类的一员,但并非全然没有指望,还是有救赎的余地。

1766 年,七岁的威伯福斯入读赫尔文法学校(Hull Grammar School)。此前一个世纪,诗人安德鲁·马弗尔(Andrew Marvell)也在此就读。据说,威伯福斯身材矮小,只有五英尺三英寸。他体格纤弱,成年后时常患病,有一次病重,体重只剩七十六磅。可以想象,七岁的他该有多么瘦小。

威伯福斯经常去探望祖父,祖父当时已搬到亨伯河畔牧歌般的乡村费利比(Ferribly)居住,那里距赫尔市七英里。不过老实说,像"总督"威伯福斯那样的人不可能真的退休。事实上,正是祖父动用关系,才让当时年仅二十三岁的约瑟夫·米尔纳(Joseph Milner)出任赫尔文法学校的新校长,而这恰逢威伯福斯入学之际。这一人事决定遭到了赫尔市政官员和居民的反对。但是老练的"总督"不可能让区区七英里的距离削弱他辛苦赢得的影响力,毕竟,他在乔治一世和乔治二世执政期间两度当选市长。我们无法猜出他任命米尔纳的原因,但我们接下来会看到,他插手此事不久,即发生了出乎意料又颇有讽刺意味的事。

新校长是利兹市(Leeds)一位普通纺织工人的儿子。约瑟夫放弃了家里以纺织为生的简朴生活,选择去剑桥读书,又凭借杰出表现赢得了校长奖章(Chancellor's Medal),成为学生中的佼佼者。毕业后,他在约克郡的索普拱(Thorparch)担任助理牧师和助理校长,正是在那里,他被老"总督"慧眼识珠。

当时和约瑟夫在一起的还有他十七岁的弟弟艾萨克(Isaac)。艾萨克高大魁梧,不修边幅,在学校里担任临时助理,又称"接待"。但是几年后,他在剑桥的成就甚至远远超过其兄长。事实上,这个大块头艾萨克是绝顶聪明的人。在他担任赫尔文法学校临时助理这一微职三十年之后,他成为了剑桥大学卢卡斯数学教授(Lucasian Chair of Mathematics)。这是全世界最知名的教席,担任过这一职位的,前有艾萨克·牛顿(Isaac Newton),后有保罗·狄拉克(Paul Dirac),本书写作之际担此教席的是史蒂芬·霍金(Stephen Hawking)。艾萨克·米尔纳后来成为剑桥大学皇后学院(Queens' College)的院长及剑桥大学的副校长,而他在读本科时即入选皇家学会(Royal Society)。

在前往赫尔担任约瑟夫的助理之前,艾萨克被困在家里,整天闷闷不乐地呆坐在纺织机旁,一脸愁容,有空就偷偷读塔西佗(Tacitus)的作品。但是一来到赫尔,生活顿时有了起色。首先,学校里没有羊毛那难闻的气味,另外,也不会因为读塔西佗的作品而惹来咒骂,或是让脑袋被敲打。

艾萨克的助理工作是协助教导那些很小的孩子,而当中最小的一个正是人见人爱的小淘气威廉·威伯福斯。几十年后,当作为歌唱家和演说家的威伯福斯以他那出色的嗓音名震伦敦社交界时,艾萨克骄傲地回忆道,虽然威伯福斯当时只是学校里的小不点儿,但是"他的朗诵极富魅力,我们会让他站在桌子上大声朗诵,给其他孩子做榜样"。

* * * * * *

威廉·威伯福斯的父母共育有四个孩子,威伯福斯排行第三,且是唯一的男孩。在他八岁时,大姐伊丽莎白(Elizabeth)去世了。伊丽莎白当时只有十四岁,曾在伦敦富有声誉的寄宿制学校就读。她死后不久,威伯福斯的母亲又生下一个女儿,即第四个孩子。但几个月后,威伯福斯的父亲突然去世,年仅四十岁。几个月之后,威伯福斯的母亲患上了严重的热病,于是决定让威伯福斯——当时大家叫他"比利"(Billy)——去和在温布尔登(Wimbledon)的伯父威廉及伯母汉娜同住。

我们根本无法想象这个聪明又敏感的小男孩经历的痛苦——先是看到父母承受丧女之痛,后是自己承受丧父之痛。母亲病重对他的打击也很大。离开母亲以及曾熟悉的一切,去到遥远的温布尔登和陌生的伯父伯母同住在一幢乡间别墅里,这些都是艰难的挑战。

不过,威伯福斯还是出发去了温布尔登。他的新监护人非常富有。伯母汉娜的兄弟约翰·桑顿(John Thornton)是当时全英国最富有的人之一。伯父伯母除了在温布尔登的产业劳里斯顿庄园(Lauriston House),在伦敦圣詹姆斯区(St. James's)也有一处富丽堂皇的大宅子。威伯福斯当时十岁,伯父伯母安排他入读帕特尼学校(Putney School)。他后来回忆道,那并不是十分出名的学校,"查默斯校长(Mr. Chalmers)是苏格兰人。他有一位助教,也是苏格兰人,助教红色的大胡子我永远也忘不了,他甚至一个月都不刮胡子"。多年以后,对别人一向宽容的威伯福斯在提到这位助教时,还是会耸耸肩,形容他是"让人讨厌的脏兮兮的人"。他写道:"我至今还记得,学校提供的饭食令人作呕,我每次吃完都会生病。"我们禁不住猜测,他的长期胃病是不是在那段时期恶化的,或许根本就是在那时落下的。至于教学质量,那里的老师远远不如米尔纳兄弟。威伯福斯感受不到学习的快乐,他说,在帕特尼,老师"什么都教,却也什么都没教"。

虽然威伯福斯不喜欢新学校,可他却很快就喜欢上了伯父伯母,在假期会和他们在一起。威廉和汉娜也十分喜欢这个突然闯入他们生活的小男孩。威伯福斯写道:"他们没有孩子……我将是他们的继承人……我把他们当做亲生父母来爱戴。"毫无疑问,他们对威伯福斯最大的影响是在精神层面。

在伯父和伯母的影响下,威伯福斯进入了一个全新的环境,这和他熟悉的赫尔有天壤之别。赫尔喧闹嘈杂,大家聚在一起打牌或看戏。

论到世俗消遣，赫尔仅次于伦敦，但是在更深刻的层面，在提供真正的"精神"食粮方面，赫尔则一片空白。威伯福斯的父母和其他富有又时髦的朋友一样，不鼓励内省或者深刻反思人生意义，因为这种话题根本无法在牌桌上提及。"属灵活动"仅限于偶尔坐坐教堂的长椅。去教堂参加仪式，在规定时刻站立、跪下、坐好，依照既定程序行事，已经足够了。若有人在社交场合深入探讨这光鲜外表下的实质内容，准会被周围的人视作越界，人们会把他视作另类，会交头接耳，甚至下逐客令。威伯福斯从小就不是个只知道玩乐的孩子，他有严肃的一面。在温布尔登，他天性中敏感和智性的部分第一次得到了喂养，由此而获得的满足感远远大过在圣公会高派教会里的精美食物——燕麦粥和淡茶。

之所以如此，是因为当时威伯福斯的伯父和伯母身处英国一场属灵复兴运动的核心，而威伯福斯的母亲和祖父对此毫不知情。威廉和汉娜与十八世纪最伟大的人物之一乔治·怀特菲尔德（George Whitefield）是好友。正是在乔治·怀特菲尔德的大力推动下，大觉醒运动（the Great Awakening）引发的这场社会地震不仅翻转了英国，更改变了大西洋彼岸的十三个殖民地。此外，他们还和约翰·牛顿（John Vewton）关系密切。约翰·牛顿也是一位在今天举世闻名的非凡人物，他曾经是贩奴船的船长，他创作的圣诗《奇异恩典》（Amazing Grace）至今仍在全世界传唱。也正是牛顿后来向年幼的威伯福斯讲述了有关贩奴的知识。介绍威廉一家认识这些人的正是约翰·桑顿，此人不仅非常富有，而且地位甚高，按照当时财政大臣的说法，"他广受尊敬，享有极高的社会声望，我不知道伦敦城内还有谁像他那样有影响力"。桑顿在 1754 年左右参加了怀特菲尔德的一场巡回布道会，随后成为信徒，认真追求信仰。从那以后，他更多的是以慈善家的身份出名，而不只是财富。他资助了许多扶贫济困的项目。

我们值得花一些笔墨，详细讲讲乔治·怀特菲尔德，以及十八世纪中期英国的基督教信仰状况。自清教徒时代和之前的宗教战争之后，英国对任何可称为严肃基督教信仰的表达一概不予理睬。由于宗教带来了严重的分裂和暴力，人们对宗教退避三舍。十八世纪中期，英国教会抛弃了正统的、有历史根基的基督教，转而宣扬一种温和的道德主义,将表现各种礼仪和维护当下现状称为"至善"(*summum bonnum*)。在这种环境下,人们越来越不指望教会提供给他们终极答案,于是,令人绝望的、严苛的灵性主义如迷雾在这片土地上蔓延。信仰环境改变了,最深受其害的就是穷人,历史上一贯如此。

但是到十八世纪三十年代,三个年轻人来到牛津大学,他们很快引发了翻天覆地的变化。约翰·卫斯理和他的弟弟查尔斯·卫斯理是其中两位。他们组织了一个小团体,名叫圣洁会(Holy Club),成员们热切祷告,非常引人注目。很快就有人嘲笑他们,称他们是"循道宗信徒"(Methodists),因为其他学生认为他们在时间安排上过于循规蹈矩(methodical)。不久,乔治·怀特菲尔德来到牛津加入他们,三人终于聚首。

几年之后,不可思议的事发生了。为了达到"圣洁"和"道德"的标准,圣洁会制定了许多苛刻的规矩,有些做法令人神经紧张,不过随着怀特菲尔德的新领悟,这些规矩和做法渐渐被抛弃。怀特菲尔德意识到,《圣经》没有教导我们尽一切努力使自己变得完美和圣洁,相反,《圣经》要求我们全然倚靠上帝的怜悯。道德完美不是解决的办法:耶稣才是答案。耶稣在道德上是完美的,我们不应该靠自己得救——我们应该请求耶稣来拯救我们。他的这番领悟影响极为深远。

这一神学观念上的彻底改变掀起了一场革命,其重要性不亚于电的发明或原子裂变。当怀特菲尔德宣讲他得到的新启示时,人们争相跑来听他布道。这全新的说法很快吸引了成百上千的人,有些人特意远道而来。怀特菲尔德当时只有二十二岁。为了能让更多人听道,他特意在开阔的露天场地宣讲信息,聚会的人数多达三千人,这让当时刻板腐朽的宗教机构大为震惊。

现代人根本无法想象怀特菲尔德在当时的影响力。全英国有成千上万人的生命被彻底翻转。悲苦的矿工流泪歌唱,邋遢的卖鱼妇欢呼雀跃。这些穷苦人之前从未听过怀特菲尔德用号角一般嘹亮的声音所宣讲的信息,但现在当他们听到的时候,他们发觉自己似乎一直都知道这真理,只是将其忘却了。他们先前的宗教经验和现在的完全不同。他们如今得到了宝贵的阳光,生命从此不再一样。怀特菲尔德仿佛一阵飓风席卷英国,所到之处无不因他而面貌一新。他深入英国的乡间巡回布道,把盼望、喜乐和意义带给前来听道的穷苦人。之后,他就像惹是生非的逃亡者,又迅速地跳上船,向北美殖民地进发,在那里继续他的惊人之举。然后,他又回到英国。他的一生总共十三次横渡大西洋。

怀特菲尔德引起了英国圣公会的不满,这不难理解,可他同时也遭到了媒体和反宗教人士的仇恨。他在谈到罪和地狱这些话题时从不拐弯抹角,而且随着他声名日隆,要避开他变得越来越难。怀特菲尔德仿佛一支单枪匹马的救世军,永远在行进。他随身携带一个可折叠的讲台,每次布道之前,先在当地派发单张。他一生讲道多达一万八千次,每一场都振奋人心。可以想象,肯定有不怀好意之人,模仿他的神态言行,对他加以丑化,主要是拿他的斗鸡眼(cross-eyed)做文章。由于他这一眼部缺陷,有人干脆给他起绰号叫"斗鸡眼先生"。但他的仰慕者一定要在任何事上寻求美意,他们说,"就连他的眼睛也提醒我们耶稣死在十字架(cross)上。"讲得好!

怀特菲尔德在北美殖民地期间,从缅因州到佐治亚州,都有他布道的脚踪,前来听道的人数经常多达三万人。当时没有麦克风,怀特菲尔德的成功显然挑战了物竞天择说,因为布道会上每个人都听得清清楚楚,似乎说明在过去两个半世纪里,人声的穿透力和/或人的听力越来越差。当时有人怀疑他的声音根本没有那么洪亮,或者会众的人数有假。本杰明·富兰克林(Benjamin Franklin)这个北方佬一向是怀疑主义者,起初他不相信关于怀特菲尔德的传闻。但是在1739年,他在费城(Philadelphia)参加了一场布道会,崇尚经验主义的他决定绕场一周,亲自测量场地大小。绕了一大圈,测量完毕后,富兰克林估计当天的确至少有两万名听众,而且无论在哪个角落,他都能清楚听到怀特菲尔德的声音。富兰克林最终成了怀特菲尔德的仰慕者和好朋友,后来又成了他的出版商,但富兰克林一直没有归信基督。

掌权者,尤其是教会权力体系中的掌权者,越发感到恐惧。因为他们担心,像怀特菲尔德和卫斯理兄弟这样的人会威胁社会秩序,而底层民众受到鼓舞并且开始反思,会对圣公会那种等级森严的宗教逐渐表示抗拒。黑人和妇女在这一新兴的、充满活力的基督教形式中找到一席之地，这局面令掌权者深感不安。像大觉醒运动这样狂热的社会运动，必然会使人联想到古希腊剧作家欧里庇得斯(Euripides)的《酒神的女祭司们》(*The Bacchae*)：狂野的酒神狄俄尼索斯(Dionysian)威胁要将社会撕裂，于是太阳神阿波罗(Apollinian)下令镇压。

* * * * * *

1769 年，怀特菲尔德最后一次离开英国去美国布道，威伯福斯正是在那前后开始和伯父伯母住在一起，所以，即便这对夫妇和怀特菲尔德是好友，威伯福斯也未必有机会与怀特菲尔德见面。因为如果二人相见，威伯福斯一定会向儿子们谈及此事，可是并没有相关记载。

不过，威伯福斯的确结识了一位英国福音运动中的大人物，他就是自称"老迈的非洲亵渎者"的约翰·牛顿。年幼的威伯福斯肯定是从他那里听闻了奴隶贸易的罪恶。牛顿当时在奥尔尼(Olney)担任教区牧师。他经常去伦敦走动，拜访威廉和汉娜一家，在他们的客厅里讲道。威廉和汉娜也经常去奥尔尼拜访牛顿，当时侄子威伯福斯和他们住在一起。两家的关系非常亲密，威伯福斯也在那段时期和这位前贩奴船船长结下了深厚的友谊。威伯福斯说，他尊敬牛顿"就像子女尊敬父母"。这个视力不佳、体弱多病又极其敏锐的小男孩完全被牛顿的魅力俘获。威伯福斯当时十一岁，而牛顿十一岁时已经出海冒险了，这在出身富贵、受人宠溺的商人之子威伯福斯看来简直不可思议。牛顿长得又高又壮，和威伯福斯形成鲜明对比。据说，膝下无子的牛顿把威伯福斯视作己出。

大诗人威廉·考珀(William Cowper)当时也住在奥尔尼。他没有被按立，而是以助理牧师的身份协助牛顿做牧养工作。他饱受抑郁之苦，牛顿花了很多时间照顾他。为了帮助他缓解抑郁，牛顿建议他为每周日的礼拜创作圣诗。考珀接受了这个建议，创作了许多极其优美的英文圣诗。那段时期，他们二人共创作了约三百七十首圣诗，后来结集出版，成为《奥尔尼赞美诗集》(*Olney Hymnbook*)，其中许多作品传唱至今。

＊＊＊　＊＊＊

　　威伯福斯的母亲和祖父决定让他和伯父伯母一起住时，根本料想不到他们是把威伯福斯送到了循道会蓬勃发展的中心。他们更料想不到，威伯福斯会和一名粗鲁的前贩奴船船长探讨奴隶制度的种种罪恶！在他们眼中，这就像发现威伯福斯跑到南太平洋和布满文身的毛利人共进人肉大餐一样骇人。这一福音运动中的福音派信徒（evangelicals）在十八世纪中期的英国被文化精英和社会精英所仇视。他们接着被蔑称为"循道会信徒"或者"狂热分子"，莫说同情他们，就算只是和他们相处几分钟都没有人愿意。

　　在赫尔和伦敦的上流社会，人们批评循道会信徒的敬虔不过是虚伪的表现。在人们眼中，这些循道会信徒总是一本正经，就连对有讽刺意味的情况流露出赞赏，都会被斥之为大罪；他们的情绪异常激动，举止十分怪异（据说有些人在怀特菲尔德的布道会上像狼一样嗥叫）；他们缺乏教养，对维系主流社会的秩序和复杂礼仪不屑一顾。因此，如果"总督"威伯福斯知道，他把小威伯福斯送到这样的野蛮人手中——表面上他们是他的长子以及国会议员和英格兰银行董事的女儿，不过这根本不重要——他肯定会有天塌地陷之感。

　　但是在温布尔登，这个聪明又敏感的小男孩被爱环绕，被伟大的人物激励，他的想法很快发生了改变。威伯福斯写道："我经常跟随他们去教堂，在他们的影响下……我对宗教产生了浓厚的兴趣，也被深深地感动。"

　　我们不清楚威伯福斯的母亲和祖父过了多久才嗅出情况异常，不过他们后来不得不承认，为威伯福斯安排好的计划发生了偏离，且是严重的偏离。威伯福斯的信件和回家期间的表现都让母亲生疑，母亲开始猜测，他是不是接触了要命的循道会。事实的确如此。"总督"威伯福斯对形势的判断十分准确。他咆哮道："如果比利成了循道会信徒，他连我一个子儿都得不到。"

　　许多年后，威伯福斯对儿子罗伯特说："你根本无法想象，那时人们有多憎恨循道会信徒。除了《艾凡赫》(*Ivanhoe*)*中迫害犹太人的场景,我真想不出更好的描述。"

既已生疑,不如当机立断。伊丽莎白从赫尔奔赴伦敦拯救儿子。对威伯福斯来说,接下来发生的事让他相当痛苦。他感到心碎,因为不得不离开亲爱的伯父伯母,更令他难过的是,还要离开这充满新奇事物的环境和当中所有关爱他的人。毕竟,他住在这里已经两年了。

汉娜和威廉也深受打击。汉娜尝试说服伊丽莎白,让她相信威伯福斯留在这里会有很多机会,她还描述"宗教"生活的种种好处。不过伊丽莎白自认为她已经了解何为"宗教"生活。汉娜关心侄子的灵魂,伊丽莎白却不无嘲讽地对她说:"你应该知道,若是恩典之工,不会徒劳无功。"

威伯福斯后来写道:"从伯父伯母身边被带走,这对我影响极大。我感到心碎,因为我是那样依恋他们。"他离开后不久即写信给二人:"我终生都不会忘记你们。"

回到赫尔后,十二岁的威伯福斯没有马上回到赫尔文法学校读书。原来在这两年间,"总督"威伯福斯力排众议任命的校长约瑟夫·米尔纳也成了循道会信徒!不仅如此,这位受人爱戴的校长甚至是循道会在赫尔的主要推动者,他在当地教堂宣讲循道会的信息,且有不少人追随。米尔纳后来发表了许多文章和讲章,并因多卷本的《基督教会的历史》(*History of the Church of Christ*)而出名。他生前完成了该书的前三卷,后两卷由弟弟艾萨克完成,博学的艾萨克在 1810 年又重新编辑了前三卷。

于是,威伯福斯被送到了十三英里以外的波克灵顿(Pocklington),那里是祖父的母校,他将在那里生活五年。

对威伯福斯来说,被带回赫尔是个沉重的打击,但他下定决心要持守信仰。不过,他的母亲和祖父也下定决心,要用尽一切手段摧毁他的信仰,除了时间,可供利用的武器还有很多。他的母亲惧怕到一个地步,为了扑灭威伯福斯心中循道会的余烬,她甚至不让威伯福斯和她一

---

* 苏格兰作家沃尔特·司各特爵士(Sir Wacter Scott)在 1820 年发表的长篇历史小说。

同前往当地反对循道会且沉闷无聊的教会参加崇拜。威伯福斯在一封写给伯母汉娜的信中说，那段时间"最悲惨的莫过于无法听到上帝的圣言，因为母亲不允许我周日下午参加高派教会聚会，但是主每天都应允我所求。我有信心这样讲，我对上帝的认识、对上帝差派来彰显永生之道的耶稣基督的认识与日俱增"。

这样的情形持续了大约三年，威伯福斯从未缴械投降，而是竭力在各种搅扰的喧闹之中持守信仰。威伯福斯后来回忆赫尔的生活时写道：

> 赫尔是除伦敦之外最让人快活的地方。看戏、跳舞、享受佳肴、打牌聚会，这些都是城中名门望族的消遣方式……一般来说，下午两点即是正餐时间，等到六点，大家又聚在一起，享受丰盛的晚宴。这种生活方式最初让我烦恼，不过后来我也逐渐乐在其中……身为当地重要人物的孙子，我的邀约不断，无论在哪里总是受到热情款待：我的声音和我对音乐的热爱让我尤其受欢迎。温布尔登留给我的宗教影响持续了相当长一段时间，但我的朋友们不遗余力地要将其消除。我敢说，没有谁的亲人像我的亲人那样，如此尽责，如此费尽心机地让他们亲爱的孩子领略这个世界和当中的种种消遣。

那些年，威伯福斯非常不快乐，但他勇敢地抗争，暗中与伯父伯母和其他朋友通信。可以想象，"总督"威伯福斯和他加入循道会的长子之间的分歧必然更加严重。1772 年 9 月，为了和伯父伯母保持沟通，刚满十三岁的威伯福斯"请一位第二天即将出行的女仆代笔致信，因为担心祖父可能拆看他直接写给伯父的信件，这个办法会比较好"。

威伯福斯回忆，他第一次去看戏，"几乎是被强拉去的"，因为按照他所接受的宗教观念，去戏院看戏是犯罪之举，这在今日看来既严苛又可笑，不过我们必须体谅那个时代的处境和偏见。当时保管塞缪尔·约翰逊（Samuel Johnson）遗著的约翰·霍金斯（John Hawkins）写道："在英国任何地方，只要有戏院开张，周围很快就妓院林立。"妓女们一开始在戏院外招揽生意,用不了多久,在市场那看不见的手的指引下,她们会进到戏院里面。虽然在现代,戏院是个相当严肃和重要的文化场所,易卜生(Ibsen)和斯特林堡(Strindberg)等巨匠可以借助戏剧生动表达其思想,但在威伯福斯生活的年代,戏院毫无圣洁可言,里面庸俗粗鄙不堪。

威伯福斯那时经常和赛克斯一家在一起。他和约瑟夫·赛克斯(Joseph Sykes)还有玛丽安·赛克斯(Marianne Sykes)仿佛兄弟姐妹一般,经常一起去度假;有一段时间,赛克斯先生还担当了他的监护人。赛克斯一家是赫尔的名门望族,广受尊敬。从伊丽莎白·威伯福斯的观点看,他们和愤世嫉俗的循道会毫无关联。威伯福斯和玛丽安的关系非常好,玛丽安后来和威伯福斯的表亲及好友亨利·桑顿(Henry Thornton)结为夫妇。赛克斯家的孩子们希望重新见到以前那充满欢乐的威伯福斯,他们在很大程度上促成了他的改变,慢慢地、也是不情愿地,威伯福斯回到了从前的世界。

许多年后,威伯福斯的儿子罗伯特回忆道,父亲青少年时在赫尔,因"社交才能和罕见的歌唱才华而大受欢迎。他的时间都浪费在周旋于上流社会的聚会上了,但他同时也展现了积极思考的一面。有一件事清楚地预示了他未来的人生道路,仍然被人提及"。他引用的是沃姆斯利(T. T. Walmsley)牧师的记述。当时,沃姆斯利牧师和威伯福斯同在波克灵顿,他称未满十四岁的威伯福斯已经对奴隶贸易感到憎恶,并且写文章反对奴隶贸易。这是我们所知的威伯福斯对此议题流露出兴趣的第一份证据。

在波克灵顿,威伯福斯接受了巴斯克特(Baskett)牧师温和且中庸的教导,逐渐摆脱了循道会的紧身衣,成长为精通权宜之道、不乏世俗智慧的人。虽然他经常不守纪律,可他的天赋让他在学业上出类拔萃。威伯福斯回忆道:"我生来精力充沛、激情似火。这天性促使我喜好高谈阔论,并且越来越虚荣。我在家里闲散惯了,因此,重回正规学校教育体系之后,我感到无法施展所长。"

到了1775年,十六岁的威伯福斯似乎已经成为母亲和祖父期望的样子。他自高自大,热衷玩乐,身上早已不见了几年前让母亲和祖父担心的严肃气息。不仅如此,经过几年的熏陶,他的言谈举止变得甚是虚浮,早年的庄重消失殆尽,取而代之的是肤浅和轻佻。威伯福斯轻易就会陷入赌博和宴乐,甚至做出其他疯狂之举。正是在这样的情况下,1776 年 10 月,他启程赴剑桥读书。

第 2 章
进入大千世界

"论到玩乐的本领，无人及他。"

1776 年威伯福斯进入剑桥大学圣约翰学院（St. John's College）读书时，还不满十七岁，这在当时并不罕见，有人甚至年龄更小。他后来的至交好友威廉·皮特（William Pitt）和他同岁，当时也在剑桥读书，不过皮特十四岁即入学，早威伯福斯三年。一个世纪前也曾入读赫尔文法学校的安德鲁·马弗尔则在十二岁就进入剑桥大学读书了。对于威伯福斯来说，剑桥的生活可谓让他大开眼界。熟悉赫尔和波克灵顿的社交圈是一回事，面对剑桥充满放荡之徒的环境绝对是另一回事了，相比之下，赫尔反倒显得拘谨古板。

威伯福斯用调侃的口吻说："我到达剑桥的第一晚，就被引荐给一群超乎想象的放荡之徒。他们烂醉如泥，满口不堪入耳的污言秽语。我虽然和他们住了一段时间，但我并不喜欢这群人，他们的行为时常让我咋舌。一年后，我总算基本上摆脱了和他们的干系。"威伯福斯在另一处把这帮人描述为"全英国最嗜赌、最堕落的人"。把他介绍给这帮败类的不是别人，正是他的导师威廉·阿尔诺（William Arnault）。按理说，他应该指导威伯福斯的学业，但阿尔诺似乎一直生活得稀里糊涂，这仿佛是让瞎子领着瞎子。他甚至主动让威伯福斯不要努力学习。威伯福斯本就容易分心和耽于玩乐，在人生最具可塑性的时期遇到这些人，实在是相当危险。威伯福斯余生都在努力克服缺乏自律的坏习惯，他将这一弱点归咎于在波克灵顿和剑桥荒废的不羁岁月。他从未因疏于课业而受到批评，况且，他非常聪明，在功课拖到必做不可的时候，他总能在晚上十一点前漂亮地交差。虽然可怜的阿尔诺要承担责任,但是他也有自己的难处:六年之后,他患了精神病。

两百多年前威伯福斯在剑桥的经历和现在的许多大学生并无不同。他只在不得不学习时才开始学习,由于天资聪颖,他花在学习上的时间少得可怜。他把大部分时间都花在寻欢作乐上,无意中学会一些皮毛功夫——能够帮助他毕业后打入社交界的"文化教育"。

托马斯·吉斯伯恩(Thomas Gisborne)当时住在威伯福斯隔壁,他热衷学习,正如威伯福斯热衷玩乐。吉斯伯恩回忆道:"他的房间里总放着一大块约克郡馅饼,他欢迎所有人来把馅饼吃光。我们的房间紧挨着,所以每当我十点钟熄灭炉火准备就寝时,总会听到他悦耳的声音大声呼唤我过去和他坐坐。这是个危险的提议,因为和他聊天非常有趣,我肯定要聊到很晚才睡,第二天早晨保准迟到。"

吉斯伯恩后来成为英国圣公会的牧师,晚年因讲道而闻名全国。他和威伯福斯在剑桥时交情不深,但后来却成为好友。他在斯塔福德郡(Staffordshire)有一处乡间住宅,威伯福斯接下来的几十年中有不少时光都在那里度过。

吉斯伯恩说:"论到威伯福斯玩乐的本领,无人能及。他尤其喜爱妙语和巧辩。"吉斯伯恩记得,威伯福斯在剑桥四处街头演讲,他"被一群青年才俊围住,他是**当之无愧**的王子"。

所有的记录都表明,威伯福斯是个极具魅力的人。从幼年到老年,他机敏的头脑和悦耳的嗓音总能俘获众人。他才思敏捷、精力旺盛、个性开朗,又慷慨大方。此外,他极有殷勤好客的恩赐,这对他多年后的政治生涯很有帮助,不过他在剑桥时就经常招待别人,没有什么特别目的。他时常邀请大家来房间用餐。1777 年,威伯福斯的祖父和伯父威廉相继去世,年轻的威伯福斯因继承财产而变得非常富有。

吉斯伯恩继续回忆道:"威伯福斯凭借他的才华、机智、热情、社交能力、受欢迎程度,以及对社交生活的热衷,很快就吸引了圣约翰学院和其他学院里所有聪明又无所事事的人……他很晚才起床,从他起床到就寝,房间里一整天都挤满了人……他花很多时间探访朋友。"

虽然有败坏堕落的可能,但威伯福斯从未落入无法挽回的境地。

他不是学究，但也不是酒鬼，而且他应该没有跟随某些朋友去放纵情欲。在剑桥的第二年，他终于摆脱了身边那些最无可救药的赌徒和败类，加入了一个优秀的团体。尽管如此，威伯福斯仍算不上勤奋，多年以后，他依然埋怨剑桥时期与他往来的某些人，说他们故意让他荒废正事。因为他们一旦看到威伯福斯学习，就会极力嘲讽他，说学习这种苦差事是吉斯伯恩那种傻瓜才做的。他们强迫威伯福斯摆出一副无所谓的架势，因为当时上流社会子弟都是那般故作姿态。

于是，威伯福斯随波逐流，他读的书尽都与学业无关，而且他大部分清醒的时间都在聚会、唱歌、打牌，或者听音乐会，看舞蹈表演，看赛马，在闹市区闲逛，还有去戏院。他和其他富有的朋友一起旅行，在他们豪华的乡间住宅里唱歌、跳舞、打牌。威伯福斯总是有机会展示他取之不竭的智慧和魅力，纯粹只为炫耀，没有什么特别的目的。他没有明确的目标，却是以极快的速度在奔跑。

威伯福斯十分擅长结交朋友，尤其是结交那些地位显赫之人。凡是有名气的人，他几乎全都认识。他在剑桥和威廉·库克森（William Cookson）以及爱德华·克里斯蒂安（Edward Christian）成为好友。二人都来自风景如画的湖区（Lake District）。学校放假期间，威伯福斯去那里拜访他们，以后也多次在夏天和秋天去那里小住。湖区后来因诗人威廉·华兹华斯（William Wordsworth）而出名，而华兹华斯是库克森的侄子。克里斯蒂安则因弟弟而出名，只不过是恶名——他的弟弟正是邦蒂号叛变事件中的反叛者弗莱切（Fletcher）。

在剑桥还有两个人，对威伯福斯最终确定以废奴为终身志业起了关键作用。同在圣约翰学院读书的杰拉尔德·爱德华兹（Gerald Edwards）那时和威伯福斯关系密切，并成为他的终生挚友。杰拉尔德与米德尔顿（Middleton）勋爵的女儿结婚，勋爵及夫人都是福音派信徒，威伯福斯后来有机会和杰拉尔德夫妇一起拜访了勋爵一家，和他们成为了亲密的朋友，更在他们的鼓励下投身废奴事业。除了杰拉尔德，另一位是同在剑桥的威廉·皮特，此时皮特和威伯福斯尚未成为朋友。皮特的父亲曾担任英国首相，是一位伟大的人物，他们父子同名。皮特在出身方面要比威伯福斯优越。

　　到了 1779 年冬季,威伯福斯不再四处闲逛了,而是花大量时间在伦敦,和皮特一起坐在下议院(House of Commons)的旁听席,观看议员辩论。皮特似乎生来就属于议会;在父亲的精心栽培下,他在政治氛围里长大,一直呼吸着政治的空气。威伯福斯正是在这段时间对政治产生了兴趣,但究竟是什么吸引他,我们也不得而知。我们前面提到,他的祖父两次担任港口城市赫尔的市长,第一次是在三十二岁时。这肯定对他有些影响。或许,坐在旁听席的威伯福斯纯粹只是对当日的议题感兴趣,但很快他便受到激励,胸中涌起一股欲望想要加入辩论,畅谈自己心中所想,在历史上留下一笔;他可能认为,自己的即兴演讲并不比那些议员差,所以也想尝试一下。

　　当时,威伯福斯的表亲埃布尔·史密斯(Abel Smith)已经接管了家族生意,威伯福斯的收入来源仍然是家庭供应,数目和从前一样。和擅长经商的家人不同,显然,威伯福斯的天性决定了他不能坐下来翻看账本,也不可能为了在赫尔成为一名成功的贸易商而奋力打拼。的确,对于威伯福斯来说,这要求就像是让托钵僧人摆放茶桌。他是个活跃又随性的人,没法做到按部就班、循规蹈矩。但是如果威伯福斯真的动过回赫尔打理家族生意的念头,他此时也不太可能这样做了,因为他体会到了新的乐趣——和新结交的知心好友皮特在下议院旁听席畅谈政事。

　　皮特在这段关键时期对威伯福斯的影响十分巨大。威伯福斯在知识、魅力和机智方面与皮特相当,甚至更强,不过皮特更熟悉为政之道。皮特不仅有首相之子的身份,而且从他年少时起,父亲就刻意培养他成为一名政治家,期望他能进入议会,在议会推动改革,进而影响整个英国历史。威伯福斯插科打诨、玩牌跳舞的时候,皮特却在背诵古罗马诗人维吉尔(Virgil)的长诗,研习古希腊雄辩家狄摩西尼(Demosthenes)的演讲。威伯福斯直到 1779 年才接触议会辩论,而此时的皮特已经在旁听席观摩了多年,他不仅是旁观者,还是英国政治戏剧的主角之子,了解个中详情。皮特 1775 年一直在上议院(House of Lords)的旁听席观摩辩论,尽管此时父亲的政治影响力已经远不及从前,但父亲仍严词警告诺斯政府,不应对北美殖民地采取强硬态度。父亲再次就此发言时,皮特也在场,他听见父亲警告说,如果英国不与那些殖民地讲和,那么有可能被拖入和法国及西班牙更大规模的战争中,将来必追悔莫及。

皮特写信告诉母亲:"我抑制不住要向您倾诉,想到父亲能够充分运用他无人能及的激情和雄辩之才,我就感到一股无法言喻的兴奋。他首场演讲持续了半个钟头,和往常一样,尽显他的气势和魅力……他第二次发言时……口若悬河,措辞优美,充满力量,打动了在场的每一个人,真是不可思议!"

我们知道,英国和北美殖民地这场不幸的战争并没有立即停止。1777 年 10 月,英国在萨拉托加(Sratoga)惨败,形势转而对美国人有利,且从此不曾逆转。正如老皮特所料,此役失败,让法国有胆量加入战争。在战争中领导无方的诺斯勋爵则永远被贴上让英国"失去"北美殖民地的标签,他意气消沉,请求乔治三世接受他的辞呈,由老皮特接替他领导国家。但乔治三世厌恶老皮特,称他是"背信弃义之人",拒绝诺斯勋爵辞职。于是,诺斯勋爵不得不继续活在犯错的恐惧之中,局面也越来越难以收拾。

老皮特最后一次在议会亮相是 1778 年 4 月 17 日。当时的情形颇具戏剧性,他在十八岁的儿子威廉和女婿马洪勋爵(Lord Mahon)的陪伴下步入议事厅。全体议员起立恭迎,虽然他根本站不稳,说话困难,但他还是竭力把握机会最后一次发言,劝勉英国"奉上帝之名",不要在"世仇"法国面前退缩。他问道:"难道大英帝国要向波旁王朝(the House of Bourbon)屈膝?难道十五年前让全世界胆寒的民族如今要卑微地向世仇求和:'拿走我们一切所有的吧,只要给我们和平'?奉上帝之名……让我们至少再拼搏一次;即便失败,也要有骨气!"

讲完这番话,老皮特即昏倒在地。威廉和弟弟约翰立即冲到父亲身旁抢救。四个星期之后,老皮特去世了。皮特自然不会忘记这一幕,当他和威伯福斯一起坐在旁听席时,父亲临死前参与的政治角力仍然在议会中上演。

当时的下议院尽是风云人物,有几位议员的铜像至今还矗立在英国各地。诺斯勋爵、查尔斯·福克斯(Charles Fox)和埃德蒙·伯克(Edmund Burke)都是历史名人。伯克笃信保守主义,是十八世纪最出名的演说家之一。诺斯勋爵是国王的心腹,他的政敌福克斯则以奢侈糜烂的生活扬名国际。国王极其痛恨福克斯,不仅因为他在政治上与国王为敌,还因为他把国王的长子威尔士亲王引入歧途。不过,威尔士亲王本就如一头饿狼,领他入羊群易如反掌。* 诺斯勋爵的声音低沉浑厚,人们戏称他为"玻瑞阿斯"(Boreas),意思是"北方的风"。** 他和福克斯都体重超重,但是诺斯勋爵胖得尤其离谱。坐在旁听席看这些人妙语连珠,互相攻讦刁难,必是极为有趣的经历。

威伯福斯 1780 年春回到赫尔,正是在那段时期,他决定在当年秋季竞选下议院议员。他当时二十岁,竞选安排在 9 月 11 日,届时他刚好二十一岁,可以参选。赫尔是全英国排名前二十的重要选区,所以,参选议员是一个雄心勃勃的大胆之举,竞选的花费自然不会少。当时在英国,竞选几乎就是花钱买席位。晚年拥有严肃基督教信仰的威伯福斯曾说,如果他不得不再次以公开贿赂的方式参政,他宁愿不涉足政坛。参选人得邀请选民吃喝宴乐,席间发表竞选演说,整个过程庸俗不堪。当时的情形远比今天肆无忌惮,因为按照潜规则,参选人为了收买选民,要向每人支付两个几尼,*** 不仅如此,如果参选人愿意支付四个几尼,那么收到钱的选民则放弃行使二次投票权,这样做就增强了首次投票的分量。这些选民的投票权都是世袭的,他们把这笔收入看做与生俱来的权利。如果是住在伦敦的选民——有三百名赫尔的选民住在伦敦,他们会期待参选人支付旅费十英镑,而且按照以往的经验,这笔钱的确能收入囊中。

威伯福斯整个夏天都在"游说"选民。所谓"游说",就是举办奢华的宴会,邀请选民参加,在席间发表演讲。"游说"的高潮莫过于 8 月 24 日他二十一岁生日那天的庆祝活动。当时距离竞选刚好还有两周,威伯福斯决定举办一场传统的烤全牛篝火晚会。宴会上有美食、佳酿、音

---

* 据记载,威尔士亲王挥霍无度、酗酒、包养情妇,其放纵行径令其与乔治三世的关系渐渐恶化。
** 希腊神话北风之神。"北风"的英文是 North wind,诺斯勋爵的名字是 Lord North,这里为一文字游戏。
*** 1663 年英国发行的金币,1813 年停止流通,一几尼相当于二十一先令。

乐，大家围着熊熊篝火，气氛热闹非凡。

把一整头牛吊在篝火上烤绝对是壮观的场面。这是一种罕见的户外庆典活动，拉丁文称 *ne plus ultra*，意为"登峰造极"，通常表示所庆祝之事意义重大。1809 年为庆祝乔治三世登基五十周年金禧举办过一次类似的户外庆典，1887 年为庆祝维多利亚女王登基五十周年也举办过一次。在 1780 年的赫尔，为了庆祝已故"总督"的孙子、威伯福斯家族后代的二十一岁生日，举办了一场烤全牛篝火晚宴，而这位身材矮小、聪明机智、野心勃勃的年轻人两周之后要竞选国会议员。

大批饥肠辘辘的赫尔选民涌入威伯福斯的宴会，"大家共度了一段畅快时光"。一根长达十八英尺的特制烤叉穿过一头重约八百磅的公牛，使公牛在火焰上被不停地转动，烤了整整二十九个钟头，用掉十吨木炭。为庆祝威伯福斯当选，众人将整头牛吃得一干二净。仅仅几个月的工夫，威伯福斯为这场烤牛盛宴和其他宴会已经自掏腰包花费了大约九千英镑。两周之后，9 月 11 日竞选那天，据说竞争相当激烈。但威伯福斯最终获得了一千一百二十六张选票，他的对手曼纳斯爵士（Lord Manners）和大卫·哈特利（David Hartley）则分别获得了六百七十三张选票和四百五十三张选票。大家注意到，这位二十一岁的新晋议员得到的票数刚好是两位对手的票数之和，这让初进议会的威伯福斯颇有些底气。那头牛可真没白烤。

第 3 章
亮相议会

"我当时雄心勃勃。"

1780 年 10 月 31 日，二十一岁的威伯福斯第一次以议员身份坐进了下议院。他的朋友皮特却在 9 月份的选举中意外失利，没有赢得剑桥选区的席位，不过几个月后即赢得了阿普比市（Appleby）的席位。皮特仿佛"天生的议员"，迅速脱颖而出。当时不少新晋年轻议员都曾在剑桥读书，皮特很快就成为他们默认的领袖。

威伯福斯一开始颇为低调，我们不知道他第一次发表演讲的具体时间。但是皮特一踏入议会立即成为焦点。他第一次演讲就引起了轰动。诺斯勋爵称那是他听过的最好的演讲，身为伟大演说家的埃德蒙·伯克也惊呼，皮特"不仅仅是父亲的翻版，他自己另有一套"。不久之后，他再次发表激情澎湃的演说，威伯福斯写道："他和他的父亲一样，是天生的演说家，我毫不怀疑将来有一天会看到他成为英国首相。"威伯福斯不知道，自己的预言很快就会应验。

皮特有出众的政治谋略和经验，因此威伯福斯对他言听计从，面对自己从未涉足的陌生领域，他会向皮特寻求指点。不过，虽然他们是同盟，威伯福斯在政治上却并不依赖皮特。他们都支持托利党。辉格党当时是反对党，而辉格党的领袖是谢尔本（Shelburne）和罗金汉公爵（Duke of Rockingham），二人均反对首相诺斯勋爵的政策，尤其是北美殖民地战争；当时那场灾祸已接近尾声，英军陷入可怜的境地。

几个月前，威伯福斯坐在旁听席上观看议员就这场战争激烈辩论，如今战争仍在继续，辩论仍未停止。福克斯和诺斯两大巨头仍在互相撕咬，唯一不同的是，威伯福斯不再是旁观者，而是坐在议事厅前排的参与者。他有一次在信中讲述就某一议题投了诺斯的赞成票，"我和那又老又胖的家伙在一起；顺便提一句，他一天比一天胖，真不知道他最终会胖到什么程度。"同样笨重的塞缪尔·约翰逊曾说过，诺斯"能把整张椅子塞满"。据说，诺斯 1781 年接到康沃利斯（Cornwallis）将军在约克镇（Yorktown）惨败的消息时失声惊呼道："哦！完了！完了！"在威伯福斯众多社交才能中，模仿是其中一项，他模仿起笨拙的诺斯时惟妙惟肖，总能"让一桌子人乐翻天"。

威伯福斯的社交才能很快即在上流社交圈里得到展现。他在选举中大获全胜，这让他轻松进入伦敦社交圈，社会地位也随之上升。他得到五个俱乐部的提名，后来全部入选。很明显，威伯福斯是上流社交界新贵，他很清楚，身为赫尔的商人之子，他必然会被某些人轻看。不过现在他知道，自己打开了新的局面。

威伯福斯几年后回忆道："刚到剑桥时，我认识的人里几乎没有一个高过乡绅一级，但是在伦敦，我很快就和政界名流打成一片……我第一次参加布托路（Boodle's）俱乐部的活动就赢了诺福克公爵（Duke of Norfolk）二十五个几尼。我是五个俱乐部的成员——迈尔斯和埃文斯（Miles and Evans's）、布鲁克斯（Brookes's）、布托路、怀特（White's），还有古斯特里（Goostree's）。"刚刚毕业的威伯福斯突然之间意识到他已经和地位显赫的名人平起平坐，必然感到兴奋不已。那些人都是当时举足轻重的人物，有几位至今是英国历史上的传奇人物。

国会议员乔治·塞尔温（George Selwyn）就是其中之一。他才智出众，又是尸体、罪犯和死刑方面的鉴定专家，我们可以把他看做杜鲁门·卡波特（Truman Capote）* 和文森特·普赖斯（Vincent Price）**的混合体。有一次，塞尔温去拜访病危的夙敌亨利·福克斯（Henry Fox），却被告知不得进入，于是他留下自己的名片转身离开。福克斯后来得知此事，对家人说："如果塞尔温先生再次来访，请他进来。如果我还活

---

* 美国犯罪类纪实文学作者。
** 美国恐怖片演员。

着,我乐意见他。如果我已死去,我敢肯定,他必是非常乐意见我。"

威伯福斯写道:"我第一次去布鲁克斯俱乐部时,几乎谁也不认识,十分紧张局促。大家在打法洛牌*,我加入进去,那一局是乔治·塞尔温坐庄。一位朋友知道我没有经验,以为我是被骗来输钱的,就对我说,'威伯福斯,你怎么来了?'塞尔温对他的干涉十分反感,转过头,意味深长地对他说:'先生,请不要干涉威伯福斯先生,这里毫无疑问最适合他。'那些俱乐部极尽奢华。福克斯、谢里登(Sheridan)、菲茨帕特里克(Fitzpatrick),还有其他社会名流经常在这里出入,大家轻松地聊天、打牌、赌钱,好不尽兴。"

这位赫尔商人之子无疑是觉得自己进了天堂。威伯福斯被那五个俱乐部吸纳为会员,终于进入了梦寐以求的伦敦核心社交圈,那里尽是大名鼎鼎的人物。塞尔温是社交宠儿,又是小说家休·沃波尔(Hugh Walpole)的好友,后者善于讽刺挖苦的睿智文风一直为人所称道。理查德·谢里登是知名剧作家和国会议员。谢里登和福克斯是好友,当时刚刚进入议会。

但是威伯福斯最常去的却是一个规模较小的俱乐部,名叫古斯特里。皮特和其他剑桥校友几乎每晚都在那里用餐和打牌。那里的人以赌钱为最主要的消遣,威伯福斯也不例外。但是有一晚,在他赢了六百英镑之后,他决定彻底戒赌,不是因为认识到赌博不对,而是因为看到输钱的人在付给他钱时很为难,这让一向敏感的他感到内疚。

在古斯特里,威伯福斯和几位剑桥校友的关系日益深厚。杰拉尔德·爱德华兹、威廉·格伦维尔(William Grenville)、佩珀·阿登(Pepper Arden)、亨利·班克斯(Henry Bankes)和爱德华·艾略特(Edward Eliot)都是威伯福斯口中"古斯特里帮派"的成员。当然,皮特是这群人的中心,他在朋友面前极为放松,完全是另一个人。和这群人——尤其是和威伯福斯——在一起,能够让皮特暂时忘却作为首相之子兼政治新星那如影随形的压力和期许。

威伯福斯认为,皮特在他认识的人中最聪明,这绝对是极有分量的

---

* 一种纸牌赌博游戏。

称赞,因为在其他人看来,威伯福斯才是朋友中最聪明的。多年以后,法国知名女作家斯塔尔夫人(Madame de Staël)称赞威伯福斯是"全英国最聪明的人"。

"古斯特里帮派"成员不仅在政治上惯用机智作武器向政敌发难,日常生活中也喜爱类似的消遣。大家把巧妙运用双关语和其他诙谐机智的语言活动称为"锐智"(foyning)。这个词源于法语,本意是用西洋剑戳刺对方。当时的击剑运动已经改用轻巧的西洋剑,而不是早期用来斩或砍的大刀。对古斯特里帮派的成员来说,这个词意味着机智巧妙地闪躲或发起攻击。"语带机锋"(rapier wit)是"锐智"的近义词。当时的人们崇尚机智,威伯福斯和他的朋友们都是个中高手,爱德华·艾略特称大家为"锐智团伙"(Foinsters)。

威伯福斯那些年在伦敦的生活基本上是他在剑桥生活的延续。他和朋友们沉溺于"锐智"、饮酒、跳舞和唱歌。在十八世纪的男性俱乐部里,"重唱"(glees)和"轮唱"(catches)很受欢迎。"轮唱"包括三个或四个部分,歌词幽默,有时也颇为下流。"重唱"则更注重音乐而非歌词,这个词在我们如今所说的"合唱团"(glee clubs)中还存在着。

威伯福斯以歌声优美出名,被誉为"下议院的夜莺"。他能得到这样的称号,不仅因为出色的歌喉,也因为献唱的场合。1782 年,他在德文郡公爵夫人(Duchess of Devonshire)的舞会上歌唱,威尔士亲王显然十分欣赏,他当场表示,无论威伯福斯在哪里唱歌他都愿意前往聆听。乔治·塞尔温在离开一场欢快的聚会后写道:"我刚刚参加了一场年轻人的聚会,他们的活力让我真希望自己今晚能重返二十岁。小皮特、尤斯顿勋爵(Lord Euston)和伯克利(Berkeley)那桌一直在饮酒、唱歌,笑声不断,有几位唱得非常不错;一位名叫威伯福斯的议员唱得最棒。"

威伯福斯继承了伯父威廉在温布尔登的乡间别墅,别墅共有八间卧房,古斯特里帮派的成员们不时去那里小住,逃避伦敦的喧嚣和缠身的事务。几年之后,皮特担任首相,忧虑更多,压力更重。威伯福斯有一次写信给他:"你现在或许觉得,那能将烦恼抛掉几个钟头,拥有愉悦的心境,真是无比幸福。我猜想,必然是因为那段时光,让我现在无法把你这位英国首相当做怜悯的对象。如今每次我听到你与人唇枪舌剑……我都忍不住想,你真是忍受着各样忧虑和烦恼。"

那段时期两人的关系非常亲密,皮特随时可以去威伯福斯在温布尔登的别墅小住,像回自己家一样。威伯福斯写道:"有几个星期,甚至几个月,每天早上,当他处理事务时,我都会花几个钟头在他旁边……我可能有上百次叫他起床,他一边更衣,一边与我交谈。我是他倾诉内心秘密的心腹之交。"

威伯福斯和皮特都是出身优越的富家子弟,拥有从财富和地位而来的各样好处。和其他人相比,他们并非更自私,也并非更顽劣,只是无从得知在其视野之外,世上还有无尽的苦难深渊,更不用说为此感到不安。"位高责任重"(noblesse oblige)——生来拥有丰富资源的人应该利用这些资源帮助生来穷乏的人——的观念半个世纪后才出现,威伯福斯当时还无从察觉这种观念与他个人生活的关联。但是无论如何,威伯福斯拥有出众的道德品格,尽管他在道德上早已不似青少年时那般严肃,而且在娱乐自我和娱乐他人方面似乎十分投入。1782 年,杰拉尔德·爱德华兹写道:"感谢上帝让我和威伯福斯生长于同一时代,至少我认识了这位心怀道德又不乏趣味的人。"

* * *　* * *

威伯福斯在议会的最初十六个月里发言甚少,仅有的几次发言,其议题也只和自己的选区赫尔有关。但是在 1782 年 2 月 22 日,他第一次涉入深水。虽然他自己毫不知情,但这一天正适合首次正式亮相,因为那天是乔治·华盛顿(George Washington)五十岁生日。这个人把诺斯勋爵和国王乔治逼到了疯狂和绝望的边缘。正是那一天,威伯福斯向前跨出了一步,超越了先前的选区利益,展示了令人震撼的辩才,对诺斯勋爵及其政府发起了一场致命攻击。仿佛几个月以来不起眼的威伯福斯把一支大口径手枪藏在外套下,现在时机一到,他突然起身,朝着胖墩墩的诺斯勋爵开枪。诺斯惊得目瞪口呆,仓皇摆弄手上的弹弓。

在接下来的两年中,威伯福斯确立了其议会辩手的地位,经常用机敏应答和巧妙讽刺让对手溃不成军。1783年4月，诺斯勋爵和夙敌查尔斯·詹姆斯·福克斯暂时结盟，威伯福斯对二人毫无原则的结盟行为做出了精彩又有力的抨击。威伯福斯在发言中步步紧逼，尽情表达愤怒之情，其辩才让人久久难忘。尤其是让福克斯难以释怀，他在接下来数年间一直对威伯福斯此番致命攻击怀恨在心。

毫无疑问，福克斯-诺斯联盟无异于一场荒诞的马戏杂耍，仿佛有人胡乱把猫鼬和眼镜蛇拼在一起，然后将这只不伦不类的怪兽摆在了台上。二人曾经是不共戴天的仇敌，现在却结盟抵抗共同的敌人，而这敌人正是人类共有的尊严与常识！国王因这一联盟所显明的背叛而怒不可遏。福克斯是他最痛恨的敌人，诺斯则是他的朋友和对抗福克斯的同盟。如今这二人却结成了政治联盟，只有一个目的，就是击败二人共同反对的时任首相谢尔本勋爵。但对国王来说，还有一件事比政治上的恶毒和投机更恶劣，涉及个人恩怨，就是福克斯一直对国王的长子威尔士亲王施加有害的影响。

福克斯放浪形骸，其败坏和放荡远近闻名。前面提到过，威尔士亲王的生活在他怂恿之下越发不堪。国王乔治的政治观点或可商榷，但他却是一位忠诚的丈夫，他还坚定地认为当权者应该恪守礼仪，为国家的缘故而自律。他认为他的儿子作为王位的法定继承人尤其应当成为人民的榜样。但在现实生活中，王子的所作所为似乎表明他希望把国家搞垮，因此父子关系不和。国王在很大程度上将这一局面归咎于福克斯。如今诺斯和福克斯结盟，国王根本无法接受。

接下来的几周，国王竭力阻止这一被他称作"英国或任何国家有史以来最无耻的联盟"当政。但他最终别无选择。怪胎联盟于1783年4月2日上台。国王随后用各种方法竭力反对新成立的政府。福克斯提议从国库中拨款十万英镑作为威尔士亲王的收入，这更激怒了国王。王子的赌债已经令人咋舌，而且今后几十年都不会有所改观，但绝不应该让政府为王子买单。国王尝试劝说年仅二十四岁的皮特组建新政府并担任首相，无奈时机尚未成熟，于是，政治怪兽福克斯-诺斯联盟得以存续了一段时期。

＊＊＊　　＊＊＊

那年 9 月,威伯福斯、皮特和艾略特决定去法国旅行。不过,在出发横渡英吉利海峡之前,他们先去剑桥校友和古斯特里帮派好友亨利·班克斯在多塞特(Dorset)的乡间宅邸住了几日。他们觉得,应该在离开英国游历欧洲大陆之前安排一次打猎,呼吸一下英国乡间的空气,品尝英国乡间的松鸡。那次打猎的成果我们不得而知,不过我们却知道,深度近视、不善瞄准的威伯福斯,差一点一枪把未来的英国首相从历史书中抹去。皮特当然不像松鸡,可威伯福斯也没有射到几只鸟。这个因近视犯下的错误赋予了"一举成名"(a shot at greatness)一词新的含义,其他人为此事取笑他多年。当然,如果他当真铸成大错,历史将彻底改变。人们热衷于丑闻八卦,多年之后竟将此事透露给媒体。

威伯福斯、皮特和艾略特抵达法国后,喜剧变成了闹剧。他们发现,原来三人都没有合适的介绍信。当时的社会不似今日,那时社交规矩严格,缺乏合适的介绍信是非常麻烦的,而他们就将面临重重困难。到了最后关头,他们终于设法得到了一封介绍信,不过是来自兰斯(Rheims)的一位杂货商。这位杂货商亲切友善,尽其所能地尽地主之谊,但要想接触当地贵族,靠这位系着围裙、贩售无花果和葡萄干的杂货商恐怕不行。最初,三人确信他是一名贵族,以为他是在故意扮成杂货商,表演虽然精彩,但却有些过头。可他根本不是在表演,他的确是杂货商,这可怜的家伙真的是系着围裙干活儿,而不是在开玩笑。三人意识到实情之后,发现自己深陷窘境。整整十天,三个年轻人在小旅馆里无所事事。

夏日沉闷的兰斯小镇来了三个无所事事的年轻人,肯定让人生疑。果然,地方长官注意到他们,以为自己撞上了一宗阴谋,而且就在鼻子底下,于是上报担任宫廷书记官的拉吉德神父(Abbé de Lageard),这位神父在大主教出游期间代为管理其领地。这位地方长官把三人描述为"行迹非常可疑"的英国人。他告诉神父,三人的信使称他们是身份高贵的绅士——是爵爷——其中一个是著名的查塔姆伯爵(Earl of

Chatham)之子！可是这位地方长官确信，一切都是诡计；三人肯定在秘密策划阴谋，他们很可能是英国间谍。他向神父提出申请，对三人展开正式调查。

不过，三位闲散无聊的游客却也幸运，神父的直觉告诉他，事情并非如地方长官所虑。神父决定亲自拜访这三位爵爷，并且很快就摸清了底细。得知三人的身份之后，他主动提出给予帮助。皮特第一个发话：“我们在香槟之国，却找不到好酒！”这肯定不是皮特与朴实的杂货商共处十天期间第一次吐露不快，不过，除了威伯福斯和艾略特，现在终于有其他人听他诉苦了。神父立刻邀请三人次日赴宴，承诺供应上好的美酒，还提供了合宜的介绍信，介绍三人认识了当地贵族。这次是货真价实的贵族，当中没有卖葡萄干或无花果的商贩。

神父还允许他们在大主教的领地打猎，幸好这次没有人受伤。他们最终见到了大主教本人。大主教是法国著名政治家塔列朗（Talleyrand）的伯父，而塔列朗将在日后几十年里不断和威伯福斯等人打交道。不过，战争的惨烈依然遥远。此时此刻，先前被误认为间谍的三个人快活无比，根本无法想象许多年后要面对的黑暗势力。他们和大主教一起玩桌球，并多次和大主教及神父一同用餐。有一次，众人尽兴地畅饮美酒，神父看准时机，对英国政局发表了自己的看法。他问道：“如英国这般高尚的国家，怎能交由如福克斯这般品格低劣的人治理？”

三人离开兰斯启程前往巴黎。10 月 16 日，在大主教的引荐下，他们和法国王室成员见面。17 日清早，威伯福斯和艾略特乘马车觐见法国国王。威伯福斯在日记中描述国王“笨手笨脚，奇奇怪怪，脚上蹬着一双巨大的靴子”。在给班克斯的信中，威伯福斯形容路易十六（Louis XVI）“模样怪异如猪，绝对值得驱车一百英里去见上一面”。其他人对这位国王也有类似的描述，而他傲慢无比的神态在他的画像和雕像中也显露无遗，显然威伯福斯的这番描述并不为过。不过，他认为美丽的皇后玛丽·安托瓦妮特（Marie Antoinette）十分迷人。他写道，“我们在枫丹白露宫（Fontainebleu）和众大臣一起用餐，皇后每晚都到场，她的举止和外貌在皇室成员中最具魅力”，总是“态度亲切，与我们相谈甚欢"。

三人在宫廷时得知，他们起初在兰斯的尴尬在他们到达巴黎之前就已经在这里传开了。皇后玛丽·安托瓦妮特好几次挖苦皮特，问他当天和系着围裙、兢兢业业的杂货商朋友见面没有。

10月20日，三人在拉法耶特侯爵（Marquis de Lafayette）府上用餐，居然有幸见到当时闻名国际的本杰明·富兰克林，这对他们来说是极大的惊喜和荣幸。富兰克林当时在国际舞台上的声望无人能及。富兰克林仿佛启蒙运动的化身（只是不戴假发），代表了美国朴素的进取精神。按照法国财政大臣杜尔哥（Turgot）的说法，他"从天上攫取了一道闪电，又从暴君手中夺取了权杖"。伊曼纽尔·康德称他为"新时代的普罗米修斯"。此刻，这位集不同身份——发明家、出版商、开国元勋、亲 法 人 士、"无 名 好 汉"（Silence Dogood）*、"穷 理 查"（Poor Richard）**——于一身的名人就在眼前，用带着费城口音的法语和拉法耶特侯爵年轻迷人的太太谈天说地。

这是一个非比寻常的时刻：二十四岁机智过人的威伯福斯见到了同样机智过人的七十七岁的富兰克林。富兰克林应该知道，威伯福斯支持美国独立战争，反对英国对殖民地的掠夺，也反对诺斯勋爵的内阁。毫无疑问，拉法耶特侯爵也清楚这一点。但或许更重要的是，此时在同一张餐桌上的两人都支持废奴，并且将在几年后各自展开废奴事业。三年以后，即1787年，威伯福斯开始了其长达五十年的废奴斗争，而多次表态反对奴隶制度的富兰克林则在1790年通过宾夕法尼亚废奴协会（Pennsylvania Abolition Society）向国会提交请愿书，促请国会"凭智慧采取措施，按所赋予之权利授权，推动奴隶制度的废除，打击一切贩奴行径"，不过相关法案七十多年后才最终通过。正是在1790年，富兰克林逝世，享年八十四岁。

10月24日，皮特被召回国。三人不得不缩短在法国的行程。他回国后发现，国王想尽各种办法要终结可恶的福克斯-诺斯联盟。当福克

---

　*　富兰克林的第一个笔名。
　**　富兰克林以此假名发表了《穷理查的年鉴》，一本美国殖民地时代极为畅销的小册子。

斯提出备受关注的《东印度法案》(East India Bill)时,国王看到了曙光。如果该法案通过,福克斯将几乎独揽大权。他的贪婪已经尽人皆知,该法案凸显的政治机会主义更是令人作呕,反对派尤其反感。国王这一次祭出全部政治筹码,明确告知上议院,谁投票支持福克斯,谁就是国王的死敌。最终,《东印度法案》未获通过。1783 年 12 月 18 日,国王高兴地将福克斯-诺斯这对口是心非的无耻之徒扫地出门,任命二十四岁的威廉·皮特为首相。他是英国历史上最年轻的首相。

* * *　　* * *

即便是今天,让一个二十四岁的年轻人领导国家也是震惊世界之举。皮特的年龄立即招来各方力量的攻击。有反对者还做了一首打油诗《年轻如比利,发话有谁听?》,当时的报纸《先驱晨报》(*Morning Herald*)上发表了一组尖酸刻薄的俏皮话:

> 邻邦瞠目看奇景,
> 王国托付读书郎。

皮特虽然担任首相之职,但政治地位却极不稳固。新内阁中所有大臣都来自上议院,身为下议院议员的皮特在下议院也孤立无援。只有二十四岁的威伯福斯是皮特在下议院最可靠的同盟,他在那段时间坚定地支持皮特,他们两人将雄辩之才发挥到了极致。

不过动荡是暂时的,皮特必须解散议会举行大选,而大选将决定皮特的政治命运。英国政治的复杂在这里不细说,我们要关注的是在郡一级召开的市镇会议。3 月 25 日,在约克城堡(York Castle)前方宽敞的草坪上,召开了约克郡(Yorkshire)市镇会议。威伯福斯到场演讲,支持皮特及其政府。他非常清楚这次演讲对好友的重要性,也明白这次演讲对自己的政治前途意义重大。不过,威伯福斯此刻心中所想的,远远超过单纯为皮特助威。

他想利用这次机会,成为约克郡的两名议会代表之一,但这几乎是不可能的。我们无从了解威伯福斯怎么会有这个异想天开的想法,他自己也从未明确地解释一番。约克郡是全英国最重要的选区,其议会代表通常由拥有土地的士绅担任,那些人一向轻看威伯福斯这样的商人之子。此外,当时也没有空缺,两个席位都有人担任。考虑到这些因素,威伯福斯的野心实在莫名其妙。但是无论如何,威伯福斯已经下定决心,尽管他自己也不清楚这个想法的缘起,不明白自己为何执着,但他隐约觉得,这个想法自有来处。

威伯福斯后来向一位朋友坦言:"我当时心中有一个设想,就是成为约克郡的议会代表,这在任何人看来无异于痴心妄想。让一位赫尔商人之子身居如此高位,这和约克郡名门望族的贵族观念大相径庭。"他解释道:"这个想法非常大胆,不过我当时也雄心勃勃。"

会议召开那天,约克郡天气极差,风雨交加,还下着冰雹。但由于这次会议对国家命运至关重要,仍有四千位有投票权的土地所有者到场参加。演讲上午十点左右开始,共有十二位演讲者,持续了六个小时。在风雨冰雹中站立数小时听政治演讲,这在今天简直无法想象。终于,到下午四点左右,轮到威伯福斯上台演讲。

讲台是临时搭建的,上方是木制的顶棚,下面是一张桌子。曾经,威伯福斯被艾萨克·米尔纳举起站在课桌上,用朗诵征服全班同学;如今,他再次站到桌上,在宽阔的城堡草坪中央,用演讲征服四千名约克郡居民,为皮特助阵,改变整个国家的政治面貌。

天气越来越恶劣,狂风肆虐,一位在场人士担忧威伯福斯"瘦弱的体格无法抵挡凶猛的狂风"。但威伯福斯美妙的声音本就是一股自然之力,纵然狂风咆哮,他的声音却洪亮动听,与天气斗智斗勇,机敏地在风雨中穿梭,到达观众的耳中,仿佛孩子在笨重的巨人双腿间奔跑,终于安全抵达目的地。尽管狂风骤雨不止,每个人却都能听见他讲话,站在远处边缘的人也不例外。他们都被这声音震撼了。

当天的报纸这样评价他的演讲:"威伯福斯先生的演讲切中要害、生动流畅,全场屏息静听,结束时掌声雷动。他的演讲正面回应了每一项质疑。不仅如此,他措辞典雅,讲话铿锵有力,除非现场聆听,否则无法领略个中精彩。"

不可思议的是，詹姆斯·博斯韦尔（James Boswell）当天恰好路过此地。他从爱丁堡出发到伦敦探访终生挚友塞缪尔·约翰逊。博斯韦尔在听过威伯福斯演讲后有这番精彩的评论："我起初看到一只虾米爬到桌上，可是随着演讲继续，他在我眼中显得越来越大，最终虾米成了鲸鱼。"

"鲸鱼威伯福斯"的精彩发言持续了一个钟头；这是他历来最优秀的一次演讲，每一个字都抓住了风雨中的观众。会议召集人、名誉郡长丹比（Danby）称威伯福斯"讲起话来像天使"。我们今日很难想象当时威伯福斯那样的演讲者在公共演讲中散发的魅力。怀特菲尔德也有这种魅力，他可以让台下数千人全神贯注，一刻都不愿转离，生怕错过些什么。

威伯福斯能够跻身时代最佳演讲者之列，个中原因比较复杂。很多人认为，这主要归功于他声音优美，讲话抑扬顿挫。多年后，一位议会记者描述威伯福斯的声音"如此独特、悦耳，就算敌人也乐意洗耳恭听"。这位记者又说，"即便他言之无物，人们出于对他声音的喜爱，也觉得值得一听"。凡是听过威伯福斯演讲的人都同意，他卓越的演说能力不在于他说什么，而在于他如何说。

詹姆斯·斯蒂芬爵士（Sir James Stephen）对这一现象有精辟的见解。他说：

> 研习那段历史的学生，读过让他享有盛誉的发言之后，恐怕很难相信，他竟配得如此盛赞。但如果亲耳听过他演讲，亲眼见过他在台上独当一面的风采，听过他饱满的声音、流畅的表达、富有穿透力的声线，见过他双眼因奇思妙想闪过脑际而熠熠生辉，因谈及世上不公不义之事而发出怒焰——他弱小的身躯渐渐散发出英雄的气概，还有他的手势，如此快速果断，他每变换一种风格，口吻也随之调整；若现场领略过这一切，则没有人会怀疑，即便最普通的议题，经他之口也会引起关注，好比加里克（Garrick）* 或塔尔马（Talma）** 能让最无聊的演说也带有魔力。

---

* 英国演员。

** 法国演员。

在这特殊的日子,威伯福斯演讲的主题关乎到场每个人的切身利益。身材矮小的威伯福斯站在临时讲台上,留下一段具有历史意义的独白。不过,现场每个人都在这幕历史大戏中扮演了重要的角色。他这次演讲的影响将会延续数年。众人不放过任何一个字句,威伯福斯的声音穿过狂风暴雨,进入他们欣喜的耳中。

接下来,不可思议的事发生了,这幕戏再掀高潮:威伯福斯讲了一个钟头之后,国王的信使策马飞驰入城,仿佛按照剧本,此时轮到他上场。信使一路从伦敦赶来,大约前一天午后启程,在恶劣的天气中马不停蹄,不早不晚,正好此时赶到。所有人都把目光投向他,看他下马奔向威伯福斯,递上一封信——他在风雨中穿过半个英国正是为了将这封信送达威伯福斯手中。

威伯福斯停下演讲,阅读手中的信。这封信来自皮特。经皮特授权,威伯福斯向台下郑重宣布,议会已被解散。皮特在信的末尾单独对威伯福斯说:"将敌人撕碎。"

威伯福斯再次面对人群,开始一番精彩的即兴演讲。他利用突变的形势,直接向台下发出呼吁,仿佛事先已安排好如何用演讲衔接这封信的到来,但实际上他根本不知道竟会发生这一幕。他对众人大声疾呼:"现在,我们要对一场严峻的危机表态,你们正身处考验之中。"他完全主导了现场的形势,要求各人用手中的权利表态。

这是一场具有历史意义的演说,堪称威伯福斯一生中最精彩的演说之一。毫无疑问,正是这次表现,把他推向梦寐以求的约克郡议员席位。这个时刻是他人生的转折点,奇妙的是,它的发生似乎不可避免,而且只能以这种方式发生,但同时,它看上去又根本不可能发生。整件事无疑是个奇迹。单单那封信的到来就让人称奇。演讲即将结束时,人群中有人喊道:"约克郡应该选这个人做议会代表!"

在威伯福斯之后还有一位演讲者,局面对他实在不利,无论是时机还是天气。最后,会议进入最关键的投票环节。经过举手表决,皮特和支持皮特的国王轻松胜出。这场胜利对皮特具有里程碑意义,而台上从虾米变成鲸鱼的威伯福斯居功至伟!一切如此美妙,雨点和冰雹也仿佛变成了珍珠。

投票结束后，在约克酒馆（York Tavern）立即举行了一场大型晚宴。很快，有人在酒后出言不逊，场面陷入混乱，但当日的英雄、新鲜出炉的名人威伯福斯出面消除了分歧，这让在场的人更加钦佩他。他后来写道："推举我担任议会代表的呼声越来越高，晚宴上，各种身份的人都开始议论此事。"

到午夜，宴会即将结束时，有人大喊："年轻的威伯福斯，你真棒……我愿意出资五百英镑支持你做议会代表！"其他人也随声附和："永远支持威伯福斯！支持威伯福斯！支持自由！"但要成就此事还有不少难关要闯，有些困难几乎不可克服。不过，奇妙的是，威伯福斯似乎注定当选，而他后来也果真当选，成为英国下议院中地位最高的郡选议员。这样的飞跃前所未有，所有人都目瞪口呆，仿佛剧院里有人撑一根竹竿跳上二楼包厢，对着里面的贵族发问："此位归我？"

当时的选举通常会持续几日，毫无疑问，威伯福斯在约克郡的意外胜出一举奠定了胜选形势。最终，尘埃落定，皮特在下议院赢得了压倒性的支持，他此前的政治弱势由此彻底翻转。这场具有历史意义的逆转非常精彩，威伯福斯起到了关键的推动作用。4月18日，皮特在唐宁街的首相官邸给威伯福斯写信："亲爱的威伯福斯，就算我穷尽溢美之词，也不足以恭贺你取得的光辉胜利。"

这一戏剧化的逆转具有深远的历史意义，对英国政治的影响将持续多年。不过，另一个转变也正在来到。

第 **4** 章
巨大的转变

"奇异恩典,何等甘甜,

我罪已得赦免;

前我失丧,今被寻回,

瞎眼今得看见。"

威伯福斯回到伦敦时,俨然像个国民英雄,二十四岁的他雄心勃勃,他当时声望之高也远超自己的想象。他的儿子塞缪尔回忆道:"父亲所取得之成就足以令他陶醉,他的前途实在无可限量。他经常在新成立的议会中率先发言,壮大多数派的声势,从而进一步巩固皮特的地位。"

1784 年 5 月 14 日,他正式成为约克郡的议会代表。对皮特来说,在下议院有威伯福斯这样一位同盟至关重要,他称赞威伯福斯是在他认识的人中"天生具有无人能敌的辩才"的人。许多人以为,威伯福斯费尽心机赢得约克郡的议员席位,又如此卖力地帮助皮特,必然是为了在新内阁中谋取一个大臣职位。毫无疑问,只要他开口,他就能得到。但他和皮特的关系让他无法做出这等事。虽然他完全有资格提出要求,并且受之无愧,但他看重和皮特的关系,绝不愿利用皮特。

此时此刻,二十四岁的威伯福斯在议会中拥有最令人羡慕的席位。他看上去势不可挡,不仅辩才无敌、聪明机智,还是首相的心腹好友,前途不可限量。但他的前途在何方?威伯福斯自己也一无所知。

到了秋天,威伯福斯计划去法国和意大利的海滨过冬,这一安排主要是为姐姐萨莉(Sally)的健康着想。他们准备了两辆马车,母亲、姐姐萨莉、表亲贝茜·史密斯(Bessie Smith)和一名女仆乘一辆四轮马车在后,他和一位男性朋友乘一辆小型的驿马车在前。威伯福斯没有具体的行程计划,不过他知道,必须找一位谈得来的同伴同行,因为二人要共同在欧洲大陆上颠簸好多个小时。

他曾邀请来自约克郡的好友,聪明随和的爱尔兰人威廉·伯格(William Burgh),可伯格有事无法成行。那年夏末,威伯福斯和家人去了斯卡伯勒(Scarborough),那里是许多约克郡富裕人家夏天度假的首选。他在斯卡伯勒偶遇艾萨克·米尔纳,就是二十年前在赫尔文法学校担任助教的利兹市纺织工人之子。米尔纳当时已经在剑桥的皇后学院任教,在学术圈享有盛名。米尔纳的外形令人过目难忘,他极其高大,是名副其实的巨人。我们无从得知他具体的身高体重,但是按照亨利·桑顿之女玛丽安的描述,"他是我一生中在会客厅里见过的身材最高大的人"。他绝对是庞然大物。

米尔纳不仅身材高大,而且智慧超群。用今天的话说,他是"超级天才",仔细看一看他的成就就会发现,即便这样的溢美之词也不足以充分体现他的杰出才华:他在读本科时已入选皇家学会;由于他在学士学位毕业考试中表现极为突出,考官不得不在成绩册上标上记号,以区分他和其他应试者;他在物理、化学、几何和宗教领域都有建树,并有文章发表。他于1775年被按立授予圣职。我们在前面提到,他后来担任了卢卡斯数学教授和化学教授。不仅如此,米尔纳甚至吸引了全伦敦大众的注意力;当时有魔术师在莱斯特广场(Leicester Fields)表演"大变活人"的把戏,民众为之疯狂,米尔纳却识破了个中玄机,他因此而名声大噪。这些似乎仍不足以显示他的天才。他的睿智健谈也声名远扬,堪称延续了塞缪尔·约翰逊的传奇。他的幽默尽人皆知,喜欢用幼年时的约克郡口音讲笑话。威伯福斯说米尔纳"言谈活泼有魅力"。不过他也有弱点,人称他是严重的"疑病患者",而且他对雷声和"东风"有着强烈的反感,这很让人费解。

不熟悉年代的人很容易用G. K. 切斯特顿(G. K. Chesterton)来衡量米尔纳,因为切斯特顿也拥有高大的身材和巨大的成就。但米尔纳的存在始终是个奇迹，他仿佛只能出自吹牛大王闵希豪森男爵（Baron von Munchausen）*所讲的故事。如今，在斯卡伯勒的赛马场边，威伯福斯站在这位巨人的阴影下形同侏儒，这画面一定好似马戏团的海报。根据各方记载，威伯福斯身材矮小，刚过五英尺，看上去如同孩子。他晚年时的胸围是三十三英寸。

威伯福斯多年来都和米尔纳保持联络，还曾热心为他预留下议院旁听席的入场券。如今既然遇到，威伯福斯干脆邀请米尔纳加入这次欧洲大陆之旅。米尔纳接受了邀请，一行人在 10 月 20 日从斯卡伯勒出发。米尔纳和威伯福斯乘坐驿马车在前方探路。或许人们的脑海中会出现马车朝一边倾斜的滑稽场景。

虽然威伯福斯晕船，但横渡英吉利海峡的过程还算顺利。威伯福斯终生都有肠胃疾病，具体情况不得而知，似乎是某种溃疡性结肠炎。他们抵达法国后的第一站是里昂（Lyon），威伯福斯形容这个城市"地理位置优越，但却是一个极其脏乱的洞窟，我们入住的旅馆圣奥梅尔（St. Omers）尤甚"。到了尼斯，那里有许多富裕的英国游客，威伯福斯一行和他们一起宴乐，仿佛仍在英国一样。富人中间总会流行一些新奇玩意，在十八世纪八十年代的法国，"动物磁性说"**风靡一时。催眠术、颅相学、荣格分析法、格式塔疗法和电休克疗法等声称有奇效的手段似乎都是从"动物磁性说"衍变而来。当时知名的磁学家陶利（Monsieur Tauley）先生试图在米尔纳和威伯福斯身上施展这种肉眼不可见的超能力，但两人却不跟风，没有同意，威伯福斯解释说："可能是我们从不轻信的缘故。"不过一位名叫弗雷德里克·诺思（Frederic North）的人却对陶利极其推崇，并且深受其磁能量的影响。威伯福斯回忆道，诺思"一进入那些磁学家施展此术的房间就会倒在地上，他还坚持要我相信，即便他们在另一个房间，或者离你有一段距离，他们仍

---

* 德国作家埃·拉斯伯（Rudolf Erich Raspe）出版于 1785 年的冒险故事集《吹牛大王历险记》（*Baron Munchausen's Narrative of his Marvellous Travels and Campaigns in Russia*）中的人物。

** "动物磁性说"，最初是由奥地利精神科医生麦斯默（Franz Anton Mesmer，1734—1815）提出，他认为动物体内存在一种磁性流体，其分布的均衡程度会影响动物的健康。

然可以改变你的身体，而且你丝毫不会察觉"。

威伯福斯的儿子写道："父亲和米尔纳在这些场合总是形影不离，米尔纳的活力和智慧，再加上他极为淳朴的举止，使得朋友们笑声不断。"那些贵族男女如何对待这位身型是自己三倍、智慧是自己十几倍的纺织工人之子，我们不得而知，不过威伯福斯后来却经常拿米尔纳下面这件趣事逗朋友们开心。那天，两人去参加为格洛斯特的威廉王子（Prince William of Gloucester）举行的宴会，米尔纳用低沉的约克郡口音轻声逗九岁的王子："美男子！美男子！"他边说边抚摸王子的头。这种表达亲切的方式颇为瘆人，好像要把王子吃掉。年幼的王子居然没有立即哭着跑开，真是个奇迹。

威伯福斯说米尔纳"身上没有任何恶行，不过他对宗教也并不比别人更热心。虽是神职人员，他在尼斯却从未向我们诵读祷文。无论哪一方面，他都无异于世人。我们和各种各样的人打交道，他和大家一样，参加在周日举行的各种流行派对。事实上，在我们结伴旅行期间，我看不出来他在持守任何深刻的信仰原则"。

仅有一次，威伯福斯意识到他对待信仰很认真，当时他们仍在斯卡伯勒逗留。威伯福斯提到霍瑟姆（Hotham）的教区牧师斯蒂林弗利特先生（Mr. Stillingfleet），说他"是个好人，只是做事有些过火"。米尔纳当场反驳道："一点也不过火。"他们当晚继续讨论此事，米尔纳坚持己见。虽然他个性一向活泼，没完没了地和旁人开玩笑，但在这件事上，他表现得十分严肃。

威伯福斯后来说："他的立场让我非常惊讶，我们同意过些时候再认真探讨此事。如果我早点知道他的看法，我恐怕不会如此提议；的确有一双恩典的大手以我们不知道的方式带领我们，不按照、甚至违背我们的计划和性情来祝福我们。"

威伯福斯和同行的其他几位亲人一样，强烈批判伯父和伯母的循道会信仰。他们说所有循道会信徒"做事都有些过火"，可笑又跟不上时代。很显然，威伯福斯头脑中已经形成这种观点，即人们无需"做得过火"——高举过时又无用的神学讲论，也可以做一个善良有道德的人。的确，大多数朋友都认为他为人正直。皮特和佩珀·阿登同他一起住在温布尔登期间，他甚至带二人参加当地教堂的崇拜。这些做法都还可以接受。在十八世纪末的英国，古老的基督教教义和《圣经》文本是为了迎合他们的某种需要，而相信和宣扬这些东西则是固执且落伍的愚蠢之举。为何要阻挡那不可避免的人类进步的脚步？难道启蒙运动不是已经给世界带来理性之光了吗？令人舒畅的理性之光不是已经将宗教狭隘主义的一潭死水蒸发尽净了吗？难道雅典不是已彻底击败耶路撒冷了吗？

威伯福斯在伦敦期间有时会去埃塞克斯街教堂（Essex Street Chapel）听西奥菲勒斯·林德赛（Theophilus Lindsey）牧师的讲道，西奥菲勒斯是后来的神体一位论（Unitarianism）学说之父。林德赛不仅宣布自己反对英国国教的核心教义——例如基督的神性，更是大胆地脱离了圣公会，但其他持同样观点的神职人员却宁愿留下。所以，无论你在英国哪里参加教会——就像威伯福斯在温布尔登的教会一样——你都会觉得牧师的讲道不疼不痒，因为他不会用刺耳的《尼西亚信经》（Nicene Creed）撞击会众的心。

坐在旅行马车上，威伯福斯有时会嘲笑自己少年时的信仰，米尔纳则巧妙地回应，既坚定支持循道会的正统基督教信仰，又和循道会保持距离，表明它之于自己不过是一种神学解读。米尔纳身为神学家和逻辑学家，知道被威伯福斯嘲笑的教义的内在逻辑，本来可以像为数学理论辩护一样为之辩护，但很有可能，他自己也并非全然相信这些教义，仅把它们看作理论知识。或许威伯福斯的嘲讽刺痛了米尔纳的良知，他意识到自己和大部分人一样，在理智上认同这些教义，知道它们都是正确的，却对之保持一定距离，既不丢弃，也不信奉。或许二人的讨论激起了威伯福斯的兴趣，让他更深入地思考这些教义，但这番讨论同时也迫使米尔纳以前所未有的方式反思自己的信仰。

也有可能，威伯福斯的嘲讽不过是随性而为，和大多数嘲讽一样，其初衷根本不在于认真讨论，倒像是躲在大石头后面，胡乱扔出几块石子，不想也不敢"像男子汉那样出来打一仗"。恐怕正是这个原因，让米尔纳中途不得不宣布："威伯福斯，斗嘴我比不过你，但你若真的想认真探讨这些话题，我很乐意奉陪。"

　　威伯福斯在法国期间收到了皮特热情问候的信件,他在信中恳请威伯福斯尽快返回伦敦,支持自己提出的议会改革议案。于是大家决定,几位女士继续享受宜人的气候和充沛的阳光,威伯福斯和米尔纳则先行回国,等到三个月后议会结束再前往尼斯与几位女士会合。此刻,二人不得不暂时中断旅程。

　　1785 年 2 月 5 日,就在威伯福斯即将启程回国之际,他恰好看到贝茜·史密斯携带的一本书,就拿起来读了读。这本书名叫《宗教于灵魂中的产生和发展》(*The Rise and Progress of Religion in the Soul*),作者是菲利普·多德里奇(Philip Doddridge)。贝茜从她的母亲那里借到这本书,她的母亲又是从埃塞克斯的福音派神职人员威廉·昂温(William Unwin)那里获赠此书。昂温是大诗人威廉·考珀的好友。威伯福斯征询米尔纳对这本书的看法,米尔纳认真地告诉他:"这是有史以来最优秀的作品之一,我们带上它,路上一起读。"他们果真这样做了。

　　多德里奇于十八世纪四十年代初完成这本书,1751 年逝世。我们通常以为,那个年代的神职人员,尤其是投身神学研究的神职人员,必然沉闷阴郁,否则就不合乎体统。但多德里奇并非如此。他性格开朗,在人们眼中是个很有魅力的人。一位与他相识多年的老友曾这样评价他:"我从未遇见过像他那样性格开朗的人。"他的另一本书《旅行书简》(*Travel Letters*)深受上流社会喜爱,而威伯福斯和米尔纳即将阅读的这本也广受好评,被誉为"有理有据""文辞典雅"——非常适合像威伯福斯这样跟随潮流、对循道会过分不讲究礼仪十分反感的人。

　　于是,威伯福斯和米尔纳这对奇妙的组合离开尼斯,带着多德里奇的书,取道法国东南部港口城市昂蒂布(Antibes)上路了。马车一路颠簸,朝西北方向前行,穿过整个法国,二人在车上热烈地讨论。当时法国还风平浪静,不过四年之后,大革命爆发。法国南部的尼斯距北部的加来(Calais)大约六百英里,但十八世纪末欧洲的道路崎岖不平,因此实际旅程超过一千二百英里。所以,要准时赶回伦敦支持皮特的议案,马车必须飞速狂奔。威伯福斯说:"迪克森(Dixon)是我们的车夫。他勉为其难地带我们星夜兼程,常常天不亮就出发,夜深了才停下。"

　　他们经过法国境内的阿尔卑斯山时,遇到了大雪。马车在雪中行驶了十八天。他们蜷缩在小毛毯里,观看外面白雪皑皑的山景,讨论多德里奇的书,整个过程却也相当惬意。这是个极其幸福的时刻,马车奔驰于山间,两个智慧超群的人彼此交换想法,探讨永恒之事。仿佛童话一般,侏儒和巨人一起踏上旅程,在冰天雪地中找到了世界尽头的井 *,啜饮一口井水,随即便明白了宇宙的核心奥义。毫无疑问,对威伯福斯和米尔纳来说,这一切好像一场疯狂又美好的梦,但愿永远不醒。

有时遇到上坡,尤其是结冰的路段,他们必须下车,以减轻两匹马承担的重量。有一次在海拔相当高的地方,路面覆盖着冰雪,他们不得不下车,跟在两匹筋疲力竭的马后面爬坡,突然之间马车朝一边倾斜,马失去了平衡,被马车拖拽滑向悬崖。车夫使出浑身力气也拦阻不住,场面越发惊悚。米尔纳突然一跃而起,牢牢抓住马车,以大力水手般不可思议的力气阻止其滑向悬崖。他保持着这个姿势,直到两匹受惊吓的马恢复平衡,将马车拉回大路。

他们终于爬上了那座山的山顶,威伯福斯和米尔纳重新回到车里,钻进小毛毯继续讨论。车窗外,阿尔卑斯山的雪景如电影画面般一幕一幕地闪过。

威伯福斯的儿子塞缪尔写道:"一边是率真粗犷的哲学家,一边是亲切友好的政治家,两人就此结下深厚的友谊,并保持一生。"这场阿尔卑斯雪山中的讨论让威伯福斯深受震撼,他下决心要认真研读《圣经》。

两人到达加来后,横渡英吉利海峡,抵达伦敦。表面上看,威伯福斯仍然和往常一样,他内心深处发生的改变要隐藏一段时间方才显露:一颗种子已被深深埋进他灵魂的土壤,只要得到浇灌,很快就会萌芽,抽枝,成长为一棵举世瞩目的参天大树。

但是在目前这个阶段,一切如常。威伯福斯每周都有几晚和皮特共进晚餐,大家的注意力都在皮特的改革议案和其他措施上。每天晚上,唱歌跳舞都是例行的消遣,有时甚至通宵达旦。

但我们从威伯福斯的私人日记得以窥见他的观念正在发生变化,

---

* 英国作家威廉·莫里斯(William Morris)于1896年发表的奇幻小说是《世界尽头的源泉》(*Well at the World's End*)。

日后他谈及自己归信的"巨大的转变"(Great Change)已经开始。他在日记中提及一位富有的朋友时说:"奇怪的是那些出身高贵且笃信宗教的人居然不明白,财富越多,责任越重,将财富浪费在饮酒宴乐上会招致惩罚。"他形容《唐璜》(Don Juan)当中的一段舞蹈"令人震惊",但更触动他的是剧院里的观众居然毫无反应。我们可以对这些细节置之不理,说那不过是表现出他道德主义的一面,但我们应该留意,威伯福斯当时拥有他曾经渴望的一切:财富、享乐、荣誉、身居高位的朋友。他是世界的宠儿,想要什么都能得到满足。但是突然之间,他不再为世上的诱人之处所动。他似乎第一次领悟到,在这些之外还需要些东西。有些东西触动了他,他直到今日才开始领悟,而在暗昧之中的他尚无法理解具体是什么。

威伯福斯在那段时期出现了一些前所未有的不寻常的感受。比如,他心中对周围人产生了深刻的同情,这在他所处的优越群体中相当少见。有一次,他在皮特的首相官邸参加了非正式的内阁晚宴后写道:"我时常觉得,自大的T君和做作的C君,很快将和站在他们椅背后服侍他们的穷苦人平起平坐。"无论是谁,只要稍微了解他当时的想法,都会忍不住纳闷,威伯福斯怎么了?几个月前,他还快活自在,无所顾忌,在下议院毫不留情地嘲讽福克斯,并将其彻底打败,在约克郡的广场上用演讲"把敌人撕得粉碎",并让自己登上议会最令人羡慕的席位,几乎日日宴乐,跳舞歌唱直到清晨。而如今,这样的威伯福斯不见了,究竟发生了什么?

威伯福斯和米尔纳本来计划5月返回欧洲大陆,但是议会直到6月底都没有休会。于是,威伯福斯不等会议结束就离开伦敦前往法国,米尔纳依旧与他同行。他这一次横渡英吉利海峡时没有呕吐。他和船长闲聊,船长把自己亲眼所见的非法贸易勾当告诉了他:当时有大量的羊毛和羊被偷运到法国北部港口城市布伦(Boulogne)。威伯福斯把这个信息告知皮特,并且建议他采取行动,因为此举将会为他赢得整个制衣业坚定的支持。

由于出发太迟,他们无法赶到尼斯与几位女士会合,于是改变计划,在意大利西北部的热那亚(Genoa)碰头。威伯福斯和米尔纳调转方向,朝东南方的地中海海岸进发,这次他们选择了不同的路线,威伯福斯写道:"我们途经瑞士去热那亚。此时瑞士的迷人景致总能让我无比喜悦,尤其是度假胜地因特拉肯(Interlaken),那是横卧在阿尔卑斯山脚下的一座大花园,物产丰饶,景色秀丽。"

米尔纳和威伯福斯继续先前的讨论,不过不再讨论多德里奇的书,而是希腊文的《新约》,二人一同研读经文中的教义。威伯福斯在讨论过程中不断抛出各种"怀疑、异议和难题",米尔纳逐一接招,用带着约克郡口音的男低音认真解答。

威伯福斯一直对知识怀有一种罕见的令人钦佩的真诚。在剑桥读书期间,他曾被要求签名同意英国圣公会的条例。这是大学的一项传统,是颁发学位的一个条件,但仅仅是走形式而已,所有人都按照要求签名,以便得到学位。威伯福斯却拒绝了。他当时并不认同英国圣公会的官方教义,或者说,他并不确定自己的立场,所以不能随便签名表态,这导致他多年之后才获颁学位。无论当时还是今天,许多人都对类似违心之举感到无所谓,但威伯福斯不会如此。

现在,这种真诚开始在他身上反向运作。他在和米尔纳的交谈中重新审视了自己几年前无法认同的正统基督教的某些教义。他似乎一直渴望真理,但一直找不到满意的答案。他知道,如果发现了令自己满意的真理,他将别无选择,必须信奉并按其行事。正如他无法对自己不认可的信仰签名表态,他知道,一旦自己认可某一信仰,他就必须按照那个信仰的要求生活,不只是签名那样的小事,而是在人生的方方面面都要如此。他知道,小如芥菜籽也能长成参天大树,让空中的飞鸟在其上做窝。观念的影响力十分深远,所以,人要对允许何种想法进入头脑保持谨慎。随着和米尔纳的交谈不断深入,威伯福斯感到,鸟儿正朝他飞来,准备做窝。

* * *　　* * *

威伯福斯和米尔纳二人按照原定计划,和萨莉、威伯福斯夫人及贝茜·史密斯在热那亚会合。两位男士依然坐驿马车在前方开路,女士们乘四轮马车紧随其后，一行人于 7 月 11 日向北部的都灵（Turin）行进，然后前往日内瓦。这一次，威伯福斯和米尔纳之间专注的讨论引起了几位女士的注意，母亲抱怨说威伯福斯冷落了她们。或许威伯福斯对母亲的确照顾不周，但是威伯福斯夫人若知道，自己是在和集史蒂芬·霍金、迪克·卡韦特（Dick Cavett）* 和巨人安德烈（Andre the Giant）**之优势于一身的人物争夺儿子的注意力，那她恐怕就不会自怜了。

威伯福斯写道："我开始逐渐对米尔纳的情感有所了解，但我仍然视之为我能够理解并同意的观点，我的内心尚未被触动。不过到最后，他所言之重要性给我留下了深刻印象。米尔纳在这个问题上极其严肃，完全不似讨论其他话题时那样轻松随意，透过和他交谈，我对宗教的兴趣越发浓厚。"

在因特拉肯，威伯福斯被少女峰（Jungfrau）的秀丽壮观深深震撼。他终生热爱自然风光，此时此刻，大自然的超越之美必然在他心中激荡起对永恒事物的思索。

9 月初，一行人抵达比利时的阿登高原（Ardennes），在温泉胜地斯帕（Spa）逗留了六个星期。自从十四世纪起这里就吸引了大量游客，游客们尽情享受温泉和欢宴，几百年来始终不变。可威伯福斯却有所保留，不能完全投入其中。他和大多数上流社会的游客一样，跳舞、唱歌，不停地四处品尝各式各样的美味佳肴。但他正经历某些变化，如今在名流云集的温泉胜地，这些新的感受忽然之间彰显出来，尤其是在看戏和守安息日这两个方面。当时，对于福音派和循道会信徒来说，这两个方面是严峻的考验，让他们被非信徒视为异类。

威伯福斯在日记中写道："我认为不应该上戏院看戏，克鲁太太（Mrs. Crewe）表示不可理解。当她听说星期天停止做工是我的意愿而非我母亲的意愿时，她惊讶不已。"威伯福斯的言行必然招致克鲁太太的反感，她是当时的社交名媛，其风采远近闻名，著名肖像画家约书

---

* 美国谈话节目主持人。

** 法国职业摔跤选手。

亚・雷诺兹(Joshua Reynolds)曾为她作画。广受欢迎而智慧超群的威伯福斯当时也是知名人物,他的做法让克鲁太太十分扫兴。若换成另一个人,克鲁太太必然会完全不理会,并在自己的某次宴会上当众嘲笑对方,让对方难堪——这沉闷到极点的循道会信徒接下来又想抨击什么? 但威伯福斯是首相皮特的好友,是五个俱乐部的成员,而且非常机智,他反过来嘲讽我一番也说不定! ——恐怕克鲁太太会这样想。

到了 10 月份,威伯福斯在斯帕又做出了让人难堪的举动,不过克鲁太太很可能并不知情。他写道:"清晨早起已坚持了三四天,一人独处,与自我对话,产生了一些想法,我相信会有更深的领悟。"

很明显,威伯福斯正在以某种方式坚定地前行,但过程十分缓慢,他在计算每一步的代价。他写道:"每当我认真反思,我都会想到过去那些令我愧疚的事,还有我是多么忘恩负义,这些事情如同色彩强烈的画面冲到我眼前。我为自己浪费了宝贵的时间、机遇和才华而定自己的罪。"

威伯福斯"巨大的转变"并非一蹴而就。圣保罗被强光夺去视力、生命瞬间转化的经历或许能用绘画体现,相比之下,威伯福斯的转变则要缓慢得多。他的经历和圣奥古斯丁类似,即对基督教信仰的教义有清晰的智性认识,但对自己无法在生活中实践信仰而备感沮丧。威伯福斯几年后写道:"我从未对基督教教义有如此清晰的认识,但那只在我头脑中。我当时完全相信福音,但我也相信,如果我突然死去,我将于永恒中毁灭。我继续着享乐的生活。没办法,人就是如此。"

他在日记中写道:"我走在一条极其疯狂的道路上。我相信基督教所有伟大的真理,但我的生活却和不信的人没有两样。如果我在这种状态中死去,毫无疑问,我必坠入可怕的地狱。"他认识到自己悖逆上帝,可又不知道如何回转。他接着在日记中写道:"但我仍有可能变得敬虔。上帝不是应允将圣灵赐给向他祈求的人吗?"

他又写道:"我所担忧的并不是对惩罚的惧怕,而是一种负罪感,因为我长久以来一直忽略我的上帝和救主那无法言说的怜悯。这个想法让我数月以来深陷抑郁的泥潭,我确信自己是个罪人。我读过许多人对这种感受的描述,但都不及我那么强烈。"

　　阅读威伯福斯那段时期的日记和信件不难发现，他心乱如麻。不同线索交织在一起，对文化和社会的思索也汇入其中。他在给好友芒卡斯特勋爵（Lord Muncaster）的信中说，自己对富裕特权阶级身上根深蒂固的自私感到绝望，在他看来，他们好像那丢掉垂死的孩子，只顾自己饮酒作乐的父母。他第一次明确提出下面这一观点，在接下来的几年中，这将成为他两项终生志业中的一项："这个时代存在普遍的败坏和荒淫，源于富人和贵族的享乐侈奢之风蔓延扩散，其致命的影响毒害着社会各个阶层。"

　　威伯福斯似乎认定，接受基督教信仰并且实践信仰意味着离开议会，在接下来的五十年中忧伤痛悔，穷苦度日。除此以外，还能做什么呢？威伯福斯觉得自己必须向外界宣告他自己的新想法，至少要向朋友们宣告。他似乎在心中认定，若不这样做就是悖逆上帝，而他绝对不敢再做悖逆的事了。多年来，他否认上帝，追求享乐和成就，无视上帝之爱，也无视身边贫穷困苦之人，为此，他现在整个人陷入哀伤痛悔之中。他意识到，自己在这方面的亏欠永远也无法还清，此时的他和大多数有类似经历的人一样，陷入懊悔，无法自拔，看不到上帝赐予他的恩典。

　　威伯福斯对上帝的愧疚、对自己的懊悔深刻到一个地步，感觉除非戴上刑具游街示众，否则无法释怀。他决心卸下自己的重担，向朋友们宣告自己的信仰。他的情绪十分激动，我们无法想象他是如何将这一切诉诸笔端的，我们也无法想象朋友们读罢他的宣告后作何反应。当时有传闻说，才华横溢的威伯福斯"忧郁得神志不清了"，而他的确如此。

　　威伯福斯最重要的朋友当属威廉·皮特，他在 11 月 24 日前后给皮特写了一封信，写信的过程必然十分煎熬。他似乎在信中对皮特表示，威伯福斯——首相的心腹好友和政治盟友，必须脱离政治，必须转而离开他所熟悉的世界，必须从今以后"为上帝而活"。

　　当时在威伯福斯身边，没有人能够理解他或者帮助他整理思绪。或许正是这个原因，让他白白吃了不少苦头。米尔纳身在剑桥，而且他自己似乎也因两人一路探讨的内容而陷入纠结。此时的威伯福斯，除了米尔纳教导他的真理之外，再无其他引领——这些真理在他看来不证自明，已经带来巨大的改变。不过，他的信仰并不完整。他所认识的真理似乎已经摧毁了他以往的根基，但是并没有取而代之。他一直在坠落、坠落，不知何时才能跌到谷底，甚至不知这深渊究竟有没有底。

他急切需要找一个人卸下重担；他需要一个人理解他，知道应该怎样帮助他，还能够用智慧提醒他，他当下最迫切的需要是上帝的恩典——从上面而来的上帝的爱。但是对于从上面发出的上帝之爱，威伯福斯似乎尚未听到。他在罪疚之中将自己隔绝，整个11月，他在伦敦和温布尔登痛苦不已，并且惧怕未来。显然，威伯福斯11月24日前后提笔给皮特写信时，正是被这些情绪缠累。

透过他那天的日记，我们可以一窥他的精神状况和灵性状况："请人为我诵读《圣经》两个小时，读帕斯卡尔一小时十五分钟。祷告默想一小时十五分钟……皮特到访，推荐巴特勒（Butler）的《类比》（Analogy）——决定写信给他，向他吐露心中的烦恼：这会卸下我的重担，我渴望对自己能掌管的时间和行为有更多掌控。"

威伯福斯的视力很差，有时不得不请人为他大声朗诵《圣经》。按照他的记录，他听了整整两个小时的《圣经》，以及一小时十五分钟艰深的哲学著作《思想录》，随后又花了一小时十五分钟祷告。这真是不可思议，但也恰恰表明了他当时对信仰的渴慕程度。

11月25日，他提到去圣安东尼教堂参加崇拜。"步行，然后搭乘公共马车，节省租用马车的费用。"首相的这位富有的好朋友出于对多年来挥霍金钱的愧疚，如今搭乘公共交通出行，他相信节省下来的车费可以用来关怀穷人。11月26日："我决定不去热闹的卡姆登巷（Camden Place），也不去首相府邸；我在伦敦无法进行任何宗教思考，而我希望审视自己的处境和感受，好让自己卸下重担。"

11月27日，星期日："我必须从自己危险的境地中醒悟过来，除非和上帝重归于好，否则内心没有安宁。我的心太硬，我的眼太盲，以至于我无法对罪有充分的憎恶，我深知自己全然败坏、对属灵的事物毫无意识。"

11月29日："骄傲是我最大的绊脚石，它在两个方面带来危险：其一,因畏惧世界和朋友,还有其他种种属世的担忧,我放弃一个基督徒应有的生活;其二,若我坚持基督徒应有的生活,我又会因此自夸。"

11月30日,威伯福斯的情况终于出现转机。他想去拜访约翰·牛顿,自少年时分别后,威伯福斯就再没有见过他。我们无法确知这场朝圣之旅会对威伯福斯产生怎样的影响。二十年来,牛顿一直是公众人物,是当时伦敦最积极的福音派基督徒。怀特菲尔德十五年前已经逝世,约翰·卫斯理也已相当老迈。牛顿是十八世纪循道会的中流砥柱。人们一致认为,他拥有健全的情感和平衡的神学观点;牛顿自己对上帝"奇异恩典"的领悟尤其深刻,所以,他正是当时为信仰而备感苦恼的威伯福斯应该去拜访的人物。值得留意的是,威伯福斯交游甚广,朋友数以百计,当中却找不到一个循道会信徒。多年来,他已经彻底和那个世界隔绝,以至于要寻找一个能够理解他当下处境的人,他必须回到从前,回到童年。当然,想到拜访牛顿,他心中也有些担忧。他曾经视牛顿为父亲,而牛顿也把他视为己出。

威伯福斯鼓足勇气,于12月2日致信他的老朋友牛顿:

尊敬的牛顿先生:

您好!

……我恳切希望就某一要事与您商谈,虽未曾预约,我仍将于半小时后到访府上。若您不便相见,恳请您眷顾,留一封书信请门房交于我,告知我何时何地拜访为宜,我深望尽快与您见面。我内心有万千疑虑,真想向您敞开心扉,若有所拦阻皆因骄傲之故。我深信,您不会向外界透露我曾到访府上,直至我向您表示此举无碍。

另:鉴于议会旁听席时常座无虚席,公众熟知各位议员,我必须私下拜访府上,还望见谅。

读罢这封信,我们很自然会想到《圣经》中尼哥底母(Nicodemus)这个敞开心扉的法利赛人,他因为害怕被人看见,半夜私下来见耶稣。尼哥底母觉得这位拉比极不寻常，他必须去见耶稣，尽管他暂时还不想让旁人知道。威伯福斯也是如此。

就在同一天，12月2日，威伯福斯收到了皮特的回信。虽然他写给皮特的信已经无迹可寻，但皮特的回信却留存下来。这封信能帮助我们大致了解威伯福斯信中的内容，也让我们领略皮特的为人和二人深厚的友谊。全文如下。

亲爱的威伯福斯：

鲍勃·史密斯周三向我提及你写给他的信，这让我昨日收到你的信时心中有些准备。你似乎迈入了一个全新的时期，但相比之下，我更关心你心中的顾虑，因这对你个人以及朋友的影响甚为深远。至于你将会据此采取怎样的公开行动，我必须向你坦白，若论我心中最为关切之事，莫过于你我在重大原则上意见相左。

发生这种状况实在出乎我意料。在此之前，我因有你支持而备感喜悦，但如今，即便我感到痛心，请相信我，你我亲密的友谊必不动摇。若我丢弃这份友谊，就是不顾及往日情谊，冷漠无情。这份友谊镌刻在我心中，永不消退。似乎，你已就此事作出决定，但尽管如此，我若知道如何表达我的感受，并盼望你能够予以考虑，我还是有千言万语想要对你诉说。我相信，你不会怀疑我轻看你心中的道德或宗教动机；也不会认为我论断你误入歧途，失去判断或悟性。但即便如此，请原谅我不得不表达我内心的忧惧：你在蒙蔽自己，你让自己相信的原则迫使你违背人生目标，将你的品格和才华置于对你自己乃至全人类都无用的境地。我希望我的措辞足够强烈。你已表明，宗教的本质不是忧郁，亦非狂热。但为何你要作隐退的打算，难道你不会因此消沉或迷失？若一名基督徒希望在生活中某些方面践行信仰，他一定要为此将自己与世隔绝吗？毫无疑问，基督教的原则和实践并不复杂，不仅引人沉思，更激励人行动。

我不会在这封信中长篇大论。我希望你念及你我的友谊，又依照你坦率的本性，向我毫无保留，敞开心扉。请相信我，我将你的幸福视作自己的幸福。你在信中没有解释,你为自己安排的退隐要如何实现并会持续多久;你也没有告诉我你对未来有何打算,是否你认为没有必要向我透露。简而言之,你对从今以后人生的担当只字未提。我确定,你不会对我如此追根问底感到惊讶。唯有对话才能让我满意。你我之间不应因尴尬而回避,虽然对话当中或许会有张力:若你愿意向我完全敞开,告诉我对上述问题的思考。虽然我可能直接向你表达不同意见,也可能希望你重新检视我认为不妥的想法,但如果你心意已决,我绝不会强求你继续无谓的探讨。我相信你不会把我如此急迫的愿望和心情当做儿戏。我认为你不会拒绝我的要求:告诉我明日何时我可以拜访你。我明日去肯特郡,可以在温布尔登停留。我恳请你三思,任何原则都值得反复讨论,也请相信我,无论如何,我心中最渴望的无非是充分了解你为何产生如此想法和意向,以及你的认真程度。

永远的挚友

威廉·皮特

第二天,12月3日,周六,威伯福斯和皮特长谈了两个小时。他试图让好友接受基督教观点,不过没有成功,但是另一方面,这场对话似乎让他轻松了一些。

12月4日,周日,威伯福斯带上写好的信,亲自去牛顿位于霍思顿(Hoxton)查尔斯广场(Charles Square)的家拜访他,那里距离牛顿在伦敦的教会——伍尔诺斯的圣玛丽教堂(St. Mary Woolnoth's)——约一英里远。虽然威伯福斯急切地想要和牛顿见面,但牛顿却有事在身,二人约定12月7日周三见面详谈。两天后,威伯福斯再次来到霍思顿,他独自一人,"绕着广场走了一圈又一圈,最后终于说服自己,登门拜访老牛顿"。此行让他内心备受煎熬。二人上次离别时,牛顿四十八岁,如今已经六十岁了。时隔十二年,一想到再次与牛顿相见,威伯福斯便感到心绪不宁。

这会是怎样一幅场景?老迈的前贩奴船船长,当年对年幼的威伯福斯喜爱有加,且寄予厚望,多年后见面却发现,希望不过是失望。过了这么久,能够与威伯福斯再次相见,牛顿十分惊讶。我们不禁想起狄更斯(Charles J. H. Dickens)《远大前程》(*Great Expectations*)中皮普在冶炼厂和老乔伊重逢的那一幕。乔伊当年看着皮普长大,如今四目相对,感慨万千却一时语塞,只能用朴实的乡下口音说:"皮普,你成了绅士。"

威伯福斯写道:"这场交谈对我影响很深,他依然随和淡定。他告诉我,这些年来,他一直对上帝必将在某个时刻带领我重归信仰怀着盼望和信心。"

毫无疑问,威伯福斯必然向这位能够理解他苦情与困境的人倾心吐意。情况往往如此,威伯福斯发现自己的恐惧不过是幻想,事情根本没有那么糟糕。他本来以为,牛顿会告诉他,若要跟随上帝,必须放弃政治。牛顿的回应恰恰相反,他鼓励威伯福斯继续从政,因为上帝可以在议会里使用他。如果换一个人处在牛顿的位置,那人极有可能劝说威伯福斯离开议会——一个最需要他作盐作光的地方。幸好牛顿没有那样做。威伯福斯后来写道:"我离开的时候,感到平静安稳,更加谦卑,更加虔诚地仰望上帝。"

多年后,牛顿写信给威伯福斯:"当日你我于圣玛丽教堂会客室相谈之后,我心中油然生起喜悦和盼望,此情此景终生难忘。"

我们可以想象,牛顿多么希望能和约翰·桑顿还有威伯福斯的伯母汉娜分享这件事,他们必然也一直在为威伯福斯祷告。当年,他们如此喜爱这个聪明敏感的小男孩,却又不得不和他痛苦地分开。他们若是听到威伯福斯重拾信仰的消息,必定欢呼雀跃。他们会联想到浪子回头的故事:"因为我这个儿子是死而复活,失而又得的。"(《路加福音》15:24)

12月底,威伯福斯收到桑顿的来信:"昨天下午我和牛顿先生聊了几分钟,内心满足之感无以言表,但相信你定能充分体会。"

* * *　* * *

1月11日,威伯福斯到牛顿在伦敦的教会参加崇拜,结束后,他和牛顿一起乘马车返回温布尔登。牛顿和他共进晚餐,并留宿一晚。威伯福斯数年后回忆当天的情景时写道,他感觉过去十几年仿佛一场梦,如今自己终于从梦中醒来。他好像狄更斯《圣诞颂歌》中的老吝啬鬼斯克鲁奇(Scrooge),有机会重返童年。

1月12日晚,威伯福斯和牛顿一起穿过温布尔登公园时遇到一位熟人,这让他突然意识到,梦的确已醒。他写道:"从今以后,请期待我作为一名循道会信徒公开发声,愿上帝赐下真理在我口中。"

＊＊＊　＊＊＊

到了4月份,威伯福斯的生活和精神状态终于恢复了他期盼已久的平衡。他的灵魂经历了一个漫长而黑暗的冬天,终于迎来了春天。牛顿给朋友威廉·考珀写信说:"我认为他现在正坚定地走在正路上⋯⋯盼望上帝让他以基督徒和政治家的双重身份祝福别人。这两样难得聚集在一个人身上!但它们其实并不矛盾。"

4月14日,周五,受难日,威伯福斯第一次领圣餐。两天之后,威伯福斯第一次以基督徒的身份过复活节主日,那天他去埃克塞斯的斯托克村拜访昂温一家,再次领取圣餐。

他给姐姐萨莉的信中写道:"在我记忆中,我从没有像今天这样快乐,现在时间已晚,一天就要结束了。"

清晨六点我就出门了,广阔的田野是我的祈祷室,阳光明媚又温暖,仿佛仲夏一般。我觉得自己的祷告也越发热切,天地间一片欢歌,万物在如斯的清晨唱响了颂赞与感恩。毫无疑问,这个主日唤起了我极其深刻的情感,使我产生了一种在爱中合一并得胜的心境,同时心中涌动着对上帝的信心和毫无保留的爱慕。

他在日记中一如既往地用简洁的笔触记录道:"和昂温一家在斯托克——愉快的一天,几乎整日在户外——团契相交,非常幸福。"

第**5**章
你必须重生

蜜蜂唱："荣耀！荣耀！"

跳蚤叫："哈利路亚！"

鹧鸪鸣："赞美主！"

春天来到，万物重生。

——佚名

1786 年，威伯福斯重返下议院时，整个人彻底改变。虽然他尚未完全发现自己将会为之奉献余生的两项事业，即他后来经常提到的两个"伟大的目标"，但他似乎正在朝那个方向渐渐前行。他过去一直都在为成就自己的野心而活，不过现在他渴望为上帝而活，他需要时间去了解这个全新的人生目标。他的生活中很快即显出两项改变：一是新的金钱观，二是新的时间观。在"巨大的转变"发生之前，威伯福斯认为他可以随意使用属于自己的金钱和时间，他也据此理念去生活。但此时他突然意识到，自己的观念不对。在一个最基本点上，《圣经》的教导清楚而明确，不容否认：他的财富、才华和时间，全然都为上帝所有。一切都是上帝所赐，人要按照上帝的旨意来使用。他得到了上帝的祝福，因此他要以此来祝福他人，尤其是更为不幸的人群。

在处理温布尔登的劳里斯顿大宅（Lauriston House）这件事上，威伯福斯新的金钱观体现得最为明显和迅捷。他少年时和伯父伯母住在那里，当时牛顿和约翰·桑顿都是常客，他在剑桥读书时，也经常回那里小住。过去五年，他和一帮年轻人把那里当做避难所——皮特、爱德华兹和古斯特里帮派的成员们在那里抛开政治野心,卸下公务烦忧;"锐智团伙"在那里斗嘴直到凌晨;孩子气的首相和他孩子气的得力助手像孩子一样胡闹,有时让邻居甚是烦恼。1786 年春季议会期间,威伯福斯一有机会便独自逃回劳里斯顿大宅。但是现在,他开始考虑房屋的维护成本。一个单身汉真的需要这样一处大宅吗? 这处大宅值得请如此多仆人来打理吗? 他意识到,维护这座大宅的成本足以养活整整一个村的穷人。于是,他做出了一个说不清是鲁莽还是明智的决定——卖掉劳里斯顿大宅。

威伯福斯在时间观上的改变更引人注目。他现在为逝去的时间懊悔不已,极力想要挽回。一想到在波克灵顿和剑桥还有后来浪费的时间,他就痛心疾首。那时,他花大把时间去戏院看戏,现在想想,索然无味;除了看戏,他还流连乡村俱乐部,在那里唱歌跳舞、打牌吃喝,这样的生活毫无节制,也毫无益处。

他在 6 月 21 日的日记中写道:"今后将致力于在时间安排上改过自新。我盼望为上帝的荣耀和同胞的福祉而活。"人们有时对基督徒吹毛求疵,说他们"只想属天的事,毫不顾及属世的事",威伯福斯后来也经常遭此批评,但把这个批评用在他身上,绝对是错误。他的新观点使他比任何人都更热心于社会改良。我们后面将看到,在威伯福斯那个年代,除了敬虔的基督徒,社会上再没有其他群体会关心穷苦人的处境,帮助他们接受教育,为他们的利益奔走,致力于终结奴隶贸易和其他社会顽疾。由于威伯福斯和其他基督徒在关怀穷人和培育社会良知方面成果显著,到了下个世纪,即维多利亚时期,这种观念已经成为社会文化的主流。

既然明确了改进的方向,威伯福斯下决心立即着手弥补在剑桥荒废的时间和错失的机会。他在日记中写道:"待阅读书目:洛克的《人类理解论》,马歇尔的《逻辑》,还有《印度报告》。"这个决心绝不是随口说说的年初目标。从那时起直到他结婚的十二年间,每年夏天,他都会在乡间住上一两个月,每天独自一人刻苦钻研九到十个小时。他因涉猎广泛而出名——孟德斯鸠(Montesquieu)、亚当·斯密(Adam Smith)、威廉·布莱克斯通(William Blackstone)、蒲柏(Pope)。自从他下决心认真阅读以后,他的衣服口袋里总是塞满不同主题的书。到了晚年,他还会把墨水瓶也放在口袋里,因为他要随时记笔记和写信,这个习惯让他的衣服总有墨水渍。有一次,他正跪着和众人一起祷告,其中一只口袋不堪重负,里面的书籍和墨水瓶全都散落在地毯上,吓了大家一跳。

* * *　　* * *

威伯福斯在 7 月议会休会后离开伦敦,向北返回斯卡伯勒,准备与母亲和姐姐重聚。母亲听说他重归循道会,感到万分焦虑;她听说儿子"忧郁得神志不清",按照她的经验,只有循道会才会让人忧郁得神志不清。她听说儿子现在已经不去戏院,也不去唱歌跳舞了。还有什么能比这更糟? 此时威伯福斯正北上斯卡伯勒。正是两年前的夏天,威伯福斯在斯卡伯勒偶遇笨拙的呆子米尔纳,一切麻烦都是因他而起。一想起儿子重拾少年时过分认真地信奉的循道宗,威伯福斯太太绝望不已。如今,威伯福斯已经是二十六岁的成年人了,再度软硬兼施诱他回转已不太可能。他现在闻名全国,人人都知道他是首相的心腹好友。巧的是,当年在约克郡和威伯福斯朝夕相伴,又大力协助他的母亲除掉他循道会信仰的赛克斯一家,当时也在斯卡伯勒。眼下的局面让威伯福斯太太不知所措。

不过,威伯福斯没有穿着粗布麻衣出现在众人面前。恰恰相反,他看上去比原来更精神。他虽然在神学观念上很"严肃",性情却亲切开朗,有时甚至活泼得很。但最不可思议的是,他不时发作的暴躁易怒的脾气如今彻底消失了,尤其是在和母亲相处时。母亲由此察觉出他身上发生了"巨大的转变",而这是个令她欣喜的转变。其他人也察觉到了。赛克斯夫人对威伯福斯太太说:"如果这也叫神志不清,那我真希望他把我们咬个遍。"

* * *　　* * *

1785 年,在"巨大的转变"发生的头几个月里,威伯福斯对自己相当苛刻。他在日记中不断地责备自己身上任何一个小错，花很大篇幅自省。威伯福斯对自己的弱点了如指掌，他意识到，如果真的要改过自新，为上帝而活，他必须要有更强的自制力。他很清楚，一旦继续放纵自己，他就会和以前一样浪费时间，浑浑噩噩地度过余生。他知道自己不想重回老路，因此，他愿意采取任何方式以确保自己沿着新的道路前行。

他决定认真地观察自我。他知道自己倾向于一种天马行空的思维方式，一心多用，在不同主题间跳来跳去——他称之为"花蝴蝶式思考"。他也很清楚自己有暴饮暴食的倾向，这让他本就羸弱多病的身体更加脆弱。他经常因为饮食不节制而卧病在床，有时长达数星期，许多要事都因此被耽搁。他知道自己的睿智可以演变成最恶毒、最伤人的嘲讽与攻击。他有模仿人、开玩笑、唱歌取悦众人的能力，说到底就是打造自己魅力的能力，他施展这些才能无非是为了吸引他人注意力，高举自我，满足私欲和空虚的野心。威伯福斯彻底看清了自己的本相，也看清了自己内在的动机，看清了自己如果继续放任将滑向何处。如今，他被赐予重生的机会，他下决心走出一条新路，绝不回头。

威伯福斯知道自己一向缺乏自制力。回顾在波克灵顿和剑桥的日子，那本来是锻炼自制力的最佳时期，结果却助长了他的恶习。好友皮特自幼就在成就斐然的父亲身边接受严格的训练，为将来成为杰出的演说家和政治家打下了坚实的基础。威伯福斯却恰恰相反，他幼年丧父，朋友、母亲甚至导师无一不放纵他随心所欲。如今，皮特开始收获多年来在严父教导下取得的硕果，威伯福斯却是一派散漫的作风。他之所以能有当前的成就，完全是靠未经培育的天赋。他的余生都要为那些荒废的岁月付出代价。虽然他能言善辩，可是经常有人批评说，他的演讲过于随意，论证过于粗糙。在"巨大的转变"发生后的几个月间，他看清了一切，或者说，他充分了解了自己本相之可怕。上帝的怜悯让威伯福斯看到自己真实的一面，那是令他崩溃的真相。但是威伯福斯知道，上帝不会就此止步。也就是说，只要他敢于面对自己最丑陋的一面，他会发现，上帝将帮助他克服这些缺点并且成就大事，也就是达到上帝创造他的目的。一切为时不晚。

威伯福斯像五十年前年轻的本杰明·富兰克林一样，列出自己的种种恶习，记录自己每一次的跌倒，努力改进以使自己不再犯错。他在日记中直接对自己下命令："十一点睡觉，六点起床。"有一段时间，他和米尔纳互相约定，"实践这个极其有益的操练：坦诚告诉对方，何为对方主要的缺点和陋习。"

他在那段时期的某些行为，今日看来颇为不可理喻。比如，他有时会在鞋里放一块小石头，以提醒自己耶稣所受的痛苦。考虑到那个时代的鞋子本就不合脚，此举似乎多余。他经常禁食，有时过于频繁，这使他看上去比平日更加憔悴。他最激进的举动莫过于在一日之内退出了之前引以为傲的五个俱乐部。如此严苛恐怕没有必要，但我们也不能妄加论断，毕竟像他那样经历了深刻转变的人，往往是先朝一个方向跌跌撞撞，等到偏离得过了头，再转回正确的方向，沿着最合适的道路前行。从皮特的回信和威伯福斯的日记中可以看出，他最初认定自己需要"一段不确定的时间"远离世俗，使自己不再受搅扰。所以对威伯福斯来说，退出五个俱乐部是再正常不过的决定。

在那段时期，皮特和牛顿的建议至关重要。牛顿后来写信给威伯福斯，总结了自己对他处境的看法。信中这句话后来广为流传："众人深望且深信，主已经为他教会的益处和整个国家的益处提拔了你。"皮特在信中也表达了类似的观点："毫无疑问，基督教的原则和实践并不复杂，不仅引人沉思，更激励人行动。"

由于牛顿和皮特都建议威伯福斯继续从政，在政坛发挥他重新拾起的信仰的影响，1785 年 12 月成了一个历史性的时刻。在此之前，一名严肃的基督徒总是会迫于神学压力，离开"世界"，投身教会服侍。但威伯福斯决定继续从政，这使得将基督教观念转而应用于从前所谓的"世俗"社会领域成为了可能，为后世的基督徒所效法。

威伯福斯的母亲对他"忧郁得神志不清"依然深感担心，害怕他可能做出某些过于"脱俗"、过于"循道会信徒式"的举动，比如从公众生活中消失。威伯福斯给她写信，希望打消她的顾虑。他写道："有些人注定投身公共领域，有些人则注定离群索居……上帝按其旨意将我安放在这个位置……如果我逃离……那无异于悖逆。"

第**6**章
第二个伟大目标：重整社会道德

"全能的上帝已经为我设定了两个伟大的目标：
制止奴隶贸易和重整社会道德。"

美国人总是过分倾向于将以往的时代浪漫化，以为那时的社会平静安稳，仿佛田园诗般美妙。我们甚至以为十八世纪的英国就是这图画的真实写照，且丝毫不曾怀疑。提到那个时代，我们的头脑中会浮现扑了香粉的假发和衣着笔挺的车夫。如果不得不吹毛求疵，我们可能会说，当时没有抽水马桶，也没有牙刷。也有人会说，当时没有麻醉剂。但是如果提到奴隶制度，我们会把它看作社会上不可思议的畸形现象，很难把它和十八世纪的英国那种文明开化的社会相提并论。不过，这种看法大错特错。

让人瞠目结舌的是，十八世纪的英国社会实际上极其残暴、败坏和丑恶。奴隶制度不过是众多社会顽疾中最糟糕的一种。此外，社会上酗酒、嫖宿童妓和雇用童工等现象层出不穷。人们犯下轻罪即遭公开处决，遭处决的犯人的尸体被公开肢解和焚烧。而对动物施加的暴行则更令人发指。

在威伯福斯希望给予关注的众多社会问题中，奴隶制度在当时最鲜为人知，然而影响却最为广泛。事实上，惨不忍睹的奴隶制度之所以能在英国殖民地长期存在，原因恰恰在于缺乏关注。极少英国人对奴隶制度有起码的认识，因为多年来被英国奴役的三百万非洲黑奴绝大多数不曾踏上英国的土地。他们直接被掳去千里以外的殖民地甘蔗种植园。蔗糖和糖浆被运往英国供人消费,但制作过程中惨无人道的行径又有谁会了解?有几个英国人知道,英国经济能够蓬勃发展,依靠的是虐待远方殖民地的工人,而当中有许多是妇女和儿童?大多数英国人不曾见过烙铁、鞭子或拇指夹这些刑具。他们对于殖民地的惨状毫无概念,不知道许多奴隶在种植园内做工几年即被折磨致死,许多女性奴隶病到根本无法怀孕。在十八世纪后期的英国本土,尤其是七十年代以前,黑人面孔极为少见,并且他们的待遇大都不错。

今天的美国人不会去屠宰场看大型动物被加工成超市里的腊肠的恐怖细节,也没有机会目睹被囚于监狱的一百五十万人过着怎样屈辱和残暴的生活。同样,十八世纪的英国人也对发生在英国殖民地的骇人行径以及奴隶的惨状一无所知,但是,他们虽然和那些奴隶相隔千里,彼此的生活却息息相关。

威伯福斯固然不像其他英国人那样对奴隶贸易一无所知,但是此时此刻摆在他眼前的是其他各样的社会邪恶。重拾信仰之后,他对周围的社会败坏现象深感不安,他知道自己想要做些什么来改变现状。他也清楚,英国社会中各样邪恶和奴隶制度及奴隶贸易之恶同出一源。尽管英国在历史上曾奉行基督教信仰,国民身上有基督教品格,例如早在十世纪,英国即出现了救济院等帮扶穷人的机构,但是到了十八世纪,这些品格不复存在,整个社会也远离了信仰。救济院仍在,宗教的装饰仍在,但是活泼的基督教信仰,以及随之而来的对穷苦不幸之人主动给予关怀的高尚情操,已经荡然无存。

英国远离严肃的基督教信仰并非全无理由。十七世纪的宗教热情演变成暴力和战争,人们从此对热切的宗教行为避之唯恐不及。法国也经历了对宗教类似的抗拒,且比英国更加坚决,抵抗情绪愈演愈烈,终于在几年后,随着法兰西共和国的建立,彻底摒弃了基督教。但是英国毕竟不是法国。英国为了保留其国家特色,选择了一条看似更文明、更高雅的脱离宗教之道:坚决维护宗教的形式和礼仪——不得罪任何一方,又能让下层阶级守规矩——但不承认宗教有任何实权。它不是在民众面前拆毁宗教,而是慢慢地消解宗教的力量。英国继续使用宗教术语和象征符号，绝不像法国人那样公开处决神职人员，但是英国拒绝一切严肃认真的宗教表达。如果基督教信仰在英国曾经是一头高贵的雄狮，那么现在则退化成了供人玩赏的宠物狗，不叫不跳，更不敢咬人，人们若是心情好，就喂几块奶酪，拍拍它的头。

所以，保留宗教的外在，却轻忽宗教的实在，是当时的时代特征。这也可以解释某些沿袭下来的伪善举动，比如威伯福斯在剑桥时被要求签名，同意英国圣公会的信条。没有人再相信那些愚蠢之事，但是也没有人愿意公开与之作对。毕竟，英国人不是法国人。

到威伯福斯经历"巨大的转变"时，所有如瘟疫般折磨十八世纪英国社会的问题已全面爆发，因为在过去近百年的时间里，人们完全不受包含真正基督教信仰的社会良知的约束。远离宗教的恶果随处可见，以各种形式彰显于世，当然，穷苦人总是受害最深。

俗话说，臭鱼先臭头，上梁不正下梁歪，英国社会的堕落就是从上层贵族阶级开始的。因此，有必要首先回顾贵族的状况。十八世纪末期的英国贵族只在乎一己私利，从不考虑下层阶级的处境。他们好像豪华游轮宴会厅中衣着华丽的绅士淑女，只顾唱歌跳舞，享受美馔佳肴，完全不知道层层甲板下的统舱里有许多船员在挥汗如雨。英国贵族效法海峡对面的法国贵族已有一个世纪，他们得到了后者的真传，照搬其大革命前的骄奢淫逸。

不过有必要指出，国王乔治三世是个例外，他和环绕在其周围的道德败坏之人形成鲜明对比。他深知自己作为一国之君的象征意义，因此诚心希望做臣民的榜样。他是妻子夏洛特王后（Queen Charlotte）忠诚的丈夫，又是每晚给女儿们读《圣经》的亲切的父亲。但是他在道德、性情和维护家庭方面美好的品性却没有遗传给儿子们。几位王子残忍暴戾，品性极其恶劣，只知道寻欢作乐，全英国都对他们无可奈何。

长子威尔士亲王是这帮败类中当之无愧的领军人物。据说，他的成就之一是和七千名女子同寝，并且每次都会剪下对方一缕头发留作纪念。如果把这成吨的头发卖给假发商，或许能还掉一些他那堪称天文数字的赌债。1796 年，他总共欠债六十六万英镑，若换算成今日的美元，恐怕要动用大型计算机了（多亏他在议会中的朋友查尔斯·福克斯和理查德·谢里登多次动用国库帮他还债)。不过,这位将来的国王和国家信仰的守卫者没有卖掉那些头发,而是将每一缕都保存在信封内,又在信封上写下那名幸运女孩的名字——这女孩被独具慧眼的王储看中,成为七千名佳丽之一。

按照王位继承顺序,排在威尔士亲王后面的是约克公爵弗雷德里克和克拉伦斯(Clarence)公爵威廉。克拉伦斯公爵坚决支持奴隶制度,后来成为威伯福斯主要的反对者。他外号叫"可可果",因为他那皇族的脑壳外形很像可可,里面装的东西大抵也和可可差不多。威灵顿公爵在提到乔治三世的儿子们时说,"再没有哪个政府的脖子上拴过如此沉重的磨盘"。

沿着社会阶梯,贵族之下就是国会议员,而议员们酗酒成风。当时政坛两大巨头福克斯和谢里登,经常在下议院饮酒,也就是说,他们在公众面前履行公务时饮酒。即便是公认举止合宜的皮特,也曾以醉态现身议会。梅尔维尔勋爵(Lord Melville)也曾如此。梅尔维尔勋爵是个权力欲极强的苏格兰人,在 1792 年施展政治手腕,致使奴隶贸易又延续了十五年之久。

历史学家特里维廉(G. M. Trevelyan)曾写道:"乔治王朝时代的政治家在红酒之海上航行,在一处又一处舒适的府邸大宅间飘荡……对十八世纪历史的研究者来说,无论其关注的是社会还是个人,必然会对酒精给年轻和年长政治家带来的巨大影响留下深刻印象。"酗酒给穷人造成的伤害更重。他们喝的不是红酒,而是杜松子酒(gin),他们堪称在酒池中豪饮。霍加斯(Hogarth)在他著名的铜版画《金酒街》(Gin Lane)中描绘了醉酒的母亲完全不顾婴儿死活之类骇人的场面,这似乎是当时穷人那不堪的生活的真实写照,令人心酸。后世与之类似的情形,恐怕只有二十世纪八十年代的药物滥用。但狂饮杜松子酒和由此滋生的各样败坏行径不只持续了一二十年,而是整整一个世纪。当时无论政府还是私人机构,都无法让穷人摆脱绝望的艰难处境。威伯福斯此时正是把目光投向这样一个无底的深渊。

在"文明开化"的十八世纪,伴随着绝望和野蛮,是普遍的以残忍手段对待生命。公开绞刑是一项广受欢迎的娱乐项目。围观的人群多是吵嚷的醉汉。如果他们足够幸运，还能观赏到另一项娱乐节目或者警告——要看你怎样解读，即当众焚烧刚刚绞死的罪犯。有时候，尸体也会被公开肢解。1790年，一份苏塞克斯（Sussex）的报纸有如下记载："虽然并无消息说年轻的外科医生准备用这具尸体上解剖学课程，但是围观者中凡是留下的，都聚到台前观看肢解，他们或是出于好奇，或是出于对解剖学的热爱。总而言之，从第一刀切开皮肉到最后将骨头扔进沸水中煮，整个过程都展现在公众面前。"焚烧和肢解尸体的场面之恐怖自不待言，但这些行径真正可怕的影响在于，下层阶级相信，死刑犯经过焚烧和肢解，完全没有身体复活和进入天堂的可能。他们相信，围观焚烧和肢解是观看地狱真实面貌的一扇窗。

英国的统治阶级认为，围观的人群极其粗鄙，无可救药。但是统治阶级中也有人认为，公开处决罪犯的威慑效果可以防止犯罪。还有人对此持玩世不恭的态度，在他们眼中，下层阶级本性粗鄙不堪，需要这些娱乐来释放"激情"。如果没有释放的渠道，他们会犯下更多罪行，甚至像法国的下层阶级那样，心中涌起社会平等的观念。所以，最好分散群众的注意力，按照他们卑劣的本性提供些许娱乐。许多人相信，穷困是上帝的命定，是自然秩序的一部分，因此，穷人就应该在其悲惨处境中永远受穷。帮助穷人无异于向上帝挥拳抗议。将穷人的目光从公开绞刑这类恐怖场面移开，将会颠覆文明社会，因此绝不能尝试。另外值得一提的是，公开行刑在当时并不罕见。在十八世纪的英国，死刑犯的数量之多令人发指。英国直到十九世纪中叶还允许公开绞刑。查尔斯·狄更斯曾经抗议道，从这些公开绞刑的现场气氛可以断定，这样做完全无益于社会秩序，相反，围观人群的心灵因此变得更加残忍和冷酷。狄更斯所言极是。英国最后一次公开执行绞刑是在1868年。

没有绞刑可供观赏的时候，人们便通过虐待动物来满足自己的恶俗趣味，在众多富于想象力的虐待方式中，纵狗咬牛（bull-baiting）最为大众所喜爱。放狗之前，有人先牵着公牛绕城一周，然后用铁链把它拴在大坑或其他指定区域内。"为了让这只公牛大发雷霆"，通常先朝它的鼻子喷洒大量胡椒，然后开始放狗，有时是一只一只放，有时是几只同时放，这些狗的目标是公牛敏感的鼻子和面部。它们用利爪拼命抓挠,受攻击的牛则试图用牛角把冲上来的狗甩向半空。公牛若使出全力,当真能将狗甩到半空,狗跌下来则粉身碎骨。若这只狗还有力气,它会爬起来再度向牛发起攻击,这时场面进入高潮。

斗牛犬(Bulldogs)是专为纵狗咬牛而养。这种狗头大身小,拥有强壮的利爪,牛最易受攻击的鼻子一旦被它抓住,就难逃厄运,怎么也摆脱不掉。当时的一份记载写道:

> 受攻击的牛厉声号叫,狂踢狂跳,只为能甩掉身上的狗。到最后,除非这只狗撕掉咬住的那块皮肉,否则它会凭一股蛮劲一直咬住不放。呵斥它下来绝对是徒然,暴打它一顿也不顶事,唯一的办法,就是用刀砍向它的关节,它方才有可能松爪。接下来怎么办? 有些人按住牛,有些人则拿一根木棒塞进狗嘴,强行把狗嘴扳开。

有个人年幼时亲眼见过纵狗咬牛的场面,将其形容为“最野蛮的行径。那是一只幼小的公牛,根本不知道怎样摆脱斗牛犬,可斗牛犬已经撕咬下它的耳朵,又将它脸上的皮抓得血肉模糊,它的哀嚎骇人至极。我当时骑在树上,真害怕地会裂开,把我们全都吞下”。

还有其他更可怕的花样供人们消遣,比如削去一只牛角,让它用残余的牛角自卫。纵狗咬熊(bear-baiting)也很流行,并且花样繁多。启蒙运动的辩护者和激进的新闻记者威廉·科贝特(William Cobbett)直言不讳地推崇纵狗咬熊,这人后来反对威伯福斯和废奴运动。还曾出现过纵犬撕咬小马这一有悖常理的场面。一位西班牙贵族回忆,自己有一次围观背上绑了猿猴的小马被群狗攻击,他说:“这匹小马在群狗攻击下乱踢,背上的猿猴尖声嘶叫,恶犬咬住小马的耳朵和脖子不放,场面真是够可笑。”

在回顾了上述残忍、粗鄙、无可救药的行径之后,终于轮到卖淫,其猖獗程度超乎想象。当时在伦敦的未婚女性中,妓女所占的比例不低于百分之二十五。有些妓院专门提供不满十四岁的幼女给客人嫖宿,当时伦敦妓女的平均年龄是十六岁。

这些事不断在威伯福斯的脑际盘旋，他开始思考并且祷告，如何在自己的生活和工作中表达他重拾的信仰。这种表达信仰的方式直到1787年才明确，作为迈向正确方向的第一步，他首先提出了两项议案，不过均以失败告终。一项是议会改革法案，另一项则鲜有议员提及，涉及两个恐怖的行为：将妇女烧死在火刑柱上和出售绞刑犯的尸体供解剖之用。直到1786年，按照法律规定，犯下谋杀亲夫等不忠之罪的妇女仍然要被烧死在火刑柱上。不过和从前相比，她们那时已被恩待，不再被活活烧死，而是绞死后立即当众焚烧。威伯福斯认为，将刚被绞死的妇女烧成灰烬无益于社会良善，于是提议废除这一做法。这个法案本来能够通过，但因为他是政坛新手，结果心急走错一步，把另一个涉及盗取尸体和尸体解剖的法案与之合并，结果二者均未获通过。单独一个法案本来大有希望，但威伯福斯犯了一个致命错误，就是加入太多"猛料"，使法案内容过于庞杂，令人难以接受。

关于尸体的法案和1752年的一项立法有关，即允许将谋杀犯的尸体卖给需要新鲜尸体进行解剖的医生。在那之前，医生们靠黑市获取尸体。但是即便1752年的法案通过之后，尸体还是不够，于是，医生们转向盗尸者。对医生来说，他们不了解那些尸体的非法流通渠道，也没有兴趣遵守法律，他们只想有源源不断的新鲜尸体供解剖之用，仅此而已。威伯福斯提出的法案旨在打击盗尸者的营生，他建议除了谋杀犯的尸体之外，因轻罪被处死的犯人的尸体也可以出售。这样一来，纵火犯、抢劫犯、盗窃犯和强奸犯的尸体都可以为医学研究作贡献。不管怎样，这是威伯福斯的初衷。

于是，怪异又拗口的《关于处理因某些罪行而被处死之犯人的尸体以及变更妇女因某些严重和较轻不忠罪行而所受之刑罚的法案》应运而生，并且在下议院通过了。但是上议院议长拉夫伯勒勋爵（Lord Loughborough）否决了这项议案。按照他的看法，这项法案的两个部分都有问题，如果犯罪的妇女仅是在吵嚷的民众面前被处死，随后围观的人群就一哄而散，那整个刑罚有何益处？焚烧尸体的可怖场面和刺鼻气味旨在威吓，绞刑虽然有用，但仍嫌不够。犯人绞死后又被焚烧，这样，以儆效尤的意味才足够强烈。拉夫伯勒还认为，把出售非谋杀犯的尸体合法化也是个严重错误，因为公众可能形成谋杀和偷窃严重程度类似的印象，从而导致更多谋杀罪行。两种罪行，如果同样是死刑，谋杀需要更重的惩罚，而肢解正是恰当选择。盗窃犯应该被绞死，但是一名谋杀犯不能只是被绞死，他应该被公开肢解，没有任何商量余地。

* * *　　* * *

威伯福斯试图发现他人生的召命，寻找超越个人野心的人生目的和意义。到 1787 年年底，他后来认定为自己一生之久的两个"伟大的目标"同时显现了，这真是不可思议。我们会在接下来的章节探讨他如何走上废奴的道路以及整个废奴的历程，但让我们首先聚焦 1787 年显现的另一个"伟大的目标"。

威伯福斯在给朋友克里斯托弗·瓦维尔（Christopher Wyvill）的信中说：

> 绞刑这一野蛮习俗已沿用甚久，却没有取得预期的效果。预防严重罪行最有效的方法，莫过于惩罚较轻的罪行，努力打击那人人皆有的放纵心性，因为那才是滋生各样邪恶的根源。我深知，规范行为不能立即改变内心，但是最终，采取这些措施会带来相应改变，而我们至少可以先阻止诱惑的入侵，使之不会挑起欲念，否则，欲念就会涌动发作。

这些随手写给朋友的文字饱含真知灼见。威伯福斯在十八世纪末发表的见解，和两个世纪后约翰·Q. 威尔逊（John Q. Wilson）及乔治·克林（George Kelling）在《大西洋月刊》（*Atlantic Monthly*）上发表并因之成名的"破窗理论"（Broken Windows）相似。威尔逊和克林的观点是，如果执法者认定某一地区为重罪区域，因此不再惩治较轻的罪行，那么这将助长更多更严重的罪行，并最终导致该地区全面失序。纽约市（New York City）在应用了这一理论之后的几年间，从美国犯罪率最高的城市之一变成了犯罪率最低的城市之一。以前，执法者为了专注惩治严重罪行而忽视较轻的罪行——包括地铁逃票、强行乞讨等，现在不同了，轻罪也被重罚。这一转变所传递的信息是，任何罪行都不容姑息，不可思议的是，谋杀和其他重罪也显著减少了。

年仅二十七岁的威伯福斯在两百年前即掌握了"破窗理论"。更令人刮目相看的是，他在全英国——包括殖民地在内的整个大英帝国——着手实践了这一理论。可以这样说，年轻的威伯福斯运用这项观察，用一个充满文明和希望的社会替代了一个满是残暴和痛苦的社会，而这拥有文明和希望的社会正是后世所熟知的维多利亚时代。

第**7**章
阳光协会

"……让世风日善。"

威伯福斯"重整社会道德"的计划,或者说此项计划的初始阶段,围绕着一份过时的文件展开,即《关于鼓励敬虔、美德并防止罪恶、渎神及道德败坏的公告》。这个文件的名字虽然令人欣慰,但是在威伯福斯那个时代,它早已形同虚设。每一位国王或女王登基时都要按照传统颁布这样一份王室公告,但它一经颁布即被遗忘。国王乔治三世于 1760 年颁布的王室公告,即是如此。这种公告无非是表面文章,是十八世纪英国社会之伪善的一项证明。人们以此来敷衍基督教信仰,表面上点头称是,转身即忘得一干二净。

可威伯福斯另有打算。他在不经意间得到一本旧书,名为《1692 年重整社会道德的历史》(*History of the Society for the Reformation of Manners in the Year* 1692)。根据书中的介绍,威廉和玛丽(William and Mary)于 1692 年登基时,王室公告实际上产生了广泛而切实的社会影响。原因在于,除了颁布一份毫无约束力的公告,国王和王后还建立了"阳光协会"(Proclamation Society),这一协会按照授权执行王室公告中的内容。这一做法果然见效。威伯福斯由此想出一个好点子。乔治三世第一次颁布王室公告是在二十七年前,如今,威伯福斯希望说服国王重新颁布王室公告。与此同时,威伯福斯等人会组建阳光协会,让其发挥一个世纪前在威廉和玛丽治下所发挥的作用。

威伯福斯的主要支持者是新近被按立为伦敦教区主教的贝尔比·波蒂厄斯(Beilby Porteus)。波蒂厄斯曾是国王身边的专职神职人员,他人脉颇广,威伯福斯的计划恰恰需要他用心经营的社交圈。有他出谋划策并表态支持,人们便不会将这一计划和循道会挂钩。波蒂厄斯建议威伯福斯首先征求皮特的意见。皮特表示全力支持,并且询问了坎特伯雷大主教的意见,后者也给予了祝福。皮特又向王后夏洛特禀报了这项计划,同样获得了王室的允准,整个计划胜算大增。威伯福斯在这件事上第一次展示了他连接循道会和英国圣公会领袖的政治桥梁作用。这一能力对他日后成功实现两个"伟大的目标"至为关键。

事情进展得很快,威伯福斯大受鼓舞。他在 5 月 29 日给朋友的信中说:

> 你若能亲耳听到坎特伯雷大主教的热切回应,必定心花怒放……他对整个计划兴趣浓厚,并为此感到骄傲。他还向我透露,他已正式向国王提出这项计划,建议施行上述措施。国王深受触动,认为有必要遏制日益猖獗的败坏之风。这是我蒙服侍国王的要人正式邀请,于周日晚间赴宴时获知的信息。

＊ ＊ ＊　　＊ ＊ ＊

颁布王室公告并且建立阳光协会的重要性在于,威伯福斯计划中的两个部分都将得到推动:他对穷人所处环境的"破窗理论"分析和他探索如何"让世风日善"的努力。他通过指出国王实际上几乎从未向任何一个人提起过诉讼这一事实,来推动"破窗理论"这一部分。实际上,只有某种犯罪的受害者才会常常提起诉讼,要求赔偿。每当发生了危害全社会或整个共同体的罪行,却没有人被起诉,也绝对没有采取任何措施。所谓危害社会秩序的妓院和赌场,实际上是滋生犯罪的温床,多年来一直获颁营业许可。如果有人在社区中违法开设妓院,根本不会有人出面制止。当地的治安恶化,居民对此却无能为力。但是现在不同了,当地的阳光协会将提起诉讼。以前,违法犯罪行为好像汪洋之中的群岛,徒步或骑马都无法抵达,忽然之间,一群足智多谋的人提议,可以让警察开巡逻艇去制止。问题随即得到解决。许多骇人的罪行从此都要伏在法律之下。

　　重新颁布王室公告和建立阳光协会,通过传播社会领袖有责任成为道德楷模的观念,也会推动威伯福斯计划中"让世风日善"的方面。乔治国王治下的英国和今天一样,谁若提及上述观念,往往会引来嘲讽或怒斥。但此时已谙熟政治的威伯福斯清楚自己行动的意义,坚定地向前推进计划。每到一地建立阳光协会,当地的头面人物都会收到邀请。他们迫于社会压力,不得不接受邀请,然后很快即发现,自己处于一个微妙的位置,因为他们在阳光协会中的表现将暴露他们自己的道德标准。这是个具有颠覆性的政治策略,堪称绝妙。

　　王室公告中特别指出,拥有社会地位的权贵有责任成为榜样,并且帮助过着"败坏和堕落生活"的人改过自新。身居高位的执法者,比如法官和郡长,应该"以高度警惕和非常严格的态度,对任何犯下酗酒、渎神、诅咒、发毒誓、淫荡及其他败坏道德的罪行的人予以曝光和查处",并且应该打击发放"猥琐下流"的小册子及宣传单等行为。

　　王室公告于 1787 年 6 月 1 日颁布。虽然威伯福斯竭力推动此事,但他始终居于幕后,行事非常低调。对他来说,和此事扯上关系,有百害而无一利,因为整件事若显出任何循道会痕迹,必然会引起轩然大波。这必须是一个全然"体面"的计划,威伯福斯从未将它呈现为一项出于宗教的,甚至是基督教的尝试。一切只为了一个单纯的目的,即改善社会现状。威伯福斯的关注仅限于减少犯罪和重整日益堕落的社会风气,让穷苦人不再陷入绝望。如果他仍受过去那种旨在高举自我的野心所驱动,他永远不会成功。

　　王室公告一经颁布,威伯福斯立刻着手建立阳光协会,那是整个计划能否奏效的关键。6 月 7 日,他拜访了住在怀特霍尔(Whitehall)的蒙塔古公爵(Duke of Montague),邀请对方担任阳光协会主席。蒙塔古公爵没有任何宗教信仰,但他认同威伯福斯促进社会良知的理念,于是接受了邀请。6 月 13 日,蒙塔古的弟弟艾尔斯伯里勋爵(Lord Ailesbury)也接受了威伯福斯的邀请,成为阳光协会的一员。

　　当时的人们普遍认为,最贫穷的社区罪恶最猖獗,那里的人们生活在暴力之中,这固然不幸,却是不得不接受的必然现象。因此,一个聪明又有志向的政治家提出全新理念，立志改变社会面貌，这让人有耳目一新之感。曼彻斯特公爵(Duke of Manchester)写道："看到你和许多怀有人道主义理想的人士想法一致，致力于改变我国死刑之频繁和法律之残暴的现状，我感到甚为欣慰……如果你和其他政坛新秀能够肩负起修改我国残酷刑法的重担，即减少极刑的判决数量，我相信这将进一步改善国民素质。"

到 1787 年 6 月，威伯福斯在"重整社会道德"的漫长旅途中已经取得了不少进展。实际上，直到 10 月 28 日他才正式提出"重整社会道德"这个说法。他日记中这句话广为流传："全能的上帝已经将两个伟大的目标摆在我面前：制止奴隶贸易和重整社会道德。"

虽然他是在私人日记中写下这句话，并且多年来无人知晓，但最好将这句话理解为像是贴于威斯敏斯特教堂或议会的大门上，其重要性实在无可估量。写下这些话的威伯福斯当时只有二十八岁，若非痴人说梦，就是当真被这两大目标深深激励。对任何人来说，实现其中任何一个目标都难于登天，但历史不可思议的见证表明，在很大程度上，正是凭借他的努力，这两个目标最终得以实现。

现代人听到"重整社会道德"这个词组时会感到怪异不解，但是威伯福斯的用意不同于我们最初的理解。他针对的并非"行为礼仪"，而是"习惯"或"态度"。他在使用这个词组时，特别强调其道德的方面，不过并非清教徒的道德观念。他希望将文明和自尊带进一个长期深陷于邪恶和痛苦中的社会；他的目标之一就是，怀孕的少女靠卖淫来维持饮杜松子酒的恶习能够得到遏制。他越来越深刻地意识到，上述行为不仅仅是一项罪行，而是社会全面堕落的症状，需要当权者强力干预。

在威伯福斯那个年代，对穷人的处境无非有两种回应。一种是鄙视，从道德的角度断定他们本质上低劣败坏，根本不值得帮助。另一种是无视，认为他们的困境无可避免，是实现"现代文明"必须付出的代价之一。但是威伯福斯希望人们认识到第三种回应：对穷苦人的处境既不论断也不忽视，而是走向他们并伸出援手。

于是，1787 年整个夏天威伯福斯都在四处奔走，和上层人士见面，寻找同道中人。并非所有人都愿意帮助他或鼓励他。菲茨威廉伯爵

(Earl Fitzwilliam)就嘲笑威伯福斯，说道德败坏是财富积累的结果："我向他保证，如果人们没有闲钱出门寻欢作乐，那么这个国家的道德净化指日可待。"

另一个贵族则更为不屑。"这样说来，你想成为人类道德的改革家，"他说，"抬头看看，这种改革家都是什么下场。"他指向一幅耶稣被钉十字架的画。这个经历必然让威伯福斯痛苦万分，因为它生动展现了一个深刻的困境。在他眼前是一个富有的贵族，家中挂着耶稣受难的画像，他可能也自认是一名"基督徒"。但他的心中并没有信仰，他和彼拉多一样，把耶稣受难看做对行善之人严厉的警告。他们认为，谁若像拿撒勒人耶稣那样，满嘴关乎道德的胡言乱语，又四处惹是生非，只能招致悲惨的下场。

但总的来说，回应相当不错。威伯福斯在接触到有意相助的人时，也鼓励他们在当地成立阳光协会，他发现，人们有兴趣尝试他的想法。阳光协会在各地兴起。

* * *　* * *

那年秋天，威伯福斯再次感到身体不适，于是去温泉胜地巴斯疗养。他在那里遇到了汉娜·莫尔（Hannah More），此人和艾萨克·米尔纳以及后面将要出场的格兰维尔·夏普（Granville Sharp）一样，是个不可思议的传奇人物。她后来成为威伯福斯的终生好友，在实现废除奴隶贸易和重整社会道德这两个伟大目标的过程中，处于先驱和核心的位置。

在1787年秋天和威伯福斯见面之前，汉娜·莫尔已经是英国的知名人物。她是著名剧作家，她的好友大卫·加里克主演了她的作品《珀西》（Percy），此剧是当时最成功的悲剧。此时三十九岁的她不仅才华横溢、聪慧过人，而且风情万种，极富魅力，不仅是当时最受欢迎的作家——她作品的销量超过简·奥斯丁数倍——也是公认最有才华的作家。她的朋友塞缪尔·约翰逊盛赞她"运用英语之技艺堪称巧夺天工"。现藏于国家美术馆的塞缪尔·理查森（Samuel Richardson）的著名画作《九位缪斯》(*The Nine Muses*)中就有她的形象,她被描绘为悲剧女神墨尔波墨(Melpomene)。但是十八世纪最知名的演员加里克认为,莫尔集九位女神的特质于一身。加里克夫妻和莫尔共居多年,三人互相倾慕。

莫尔是一名基督徒,但在她遇见威伯福斯之前,并非热切的循道会信徒。不过,即便在她信仰进深,甚至得名"循道会女王"之后,她仍然和有"渎神的魔术师"之称的霍勒斯·沃波尔(Horace Walpole)等文学界名人往来密切。沃波尔因愤世嫉俗和放浪形骸而出名,他开创了哥特小说(Gothic novel)这一文学体裁,早年和诗人托马斯·格雷(Thomas Gray)是一对同性恋人。他住在自己设计的哥特式建筑草莓坡中,创作了一部相当生动翔实、读来却令人感到不安的关于乔治王时代的回忆录。另外,英语中"serendipity"一词也是由他首创。这个词的意思是"意外发现有趣事物或珍贵事物的运气"。莫尔和沃波尔及约翰·牛顿二人均是好友,由此可见她交友之广泛和神学观念之包容。

莫尔比威伯福斯年长十五岁,是十八世纪七十年代伦敦文化界的核心人物,也是"女学究"(Blue Stockings 或 Bas Bleu)这一知名女性团体的中流砥柱。自十八世纪五十年代起,这班女性就在蒙塔古夫人(Lady Montague)的召集下定期聚会,探讨文学和其他学术议题。玛丽·奥尔登·霍普金斯(Mary Alden Hopkins)在 1947 年出版的《汉娜·莫尔及其社交圈》(*Hannah More and Her Circle*)一书中有这样的描述:

> 这些上了年纪的女士们,口才远好过舞技,而那些上了年纪的男士们,看重她们的智慧和辩才,不在乎她们的年龄和皱纹……只要约翰逊博士现身,众位女士必然蜂拥相迎,博斯韦尔只要在伦敦,也会和约翰逊结伴前往。如果约翰逊不在,又老又无趣的谢里登会到场,而他的儿子理查德·布林斯利·谢里登则无论如何都会到场。约书亚·雷诺兹爵士有时会参加。当然不能漏掉大名鼎鼎的爱德华·吉本,不过女士们好像都不太喜欢他。

　　莫尔是一位多产的作家,热衷于各种文学体裁。她的格言警句和她其他体裁的作品一样,既有严肃的神学反思("爱从不算计,而是慷慨给予;好像鲁莽的浪子给出一切,继而又惊恐颤抖,唯恐自己给出的还不够多"),也有道德训诲("奢靡对青年人的毒害最深,比风暴或流沙更甚,比贫穷或锁链更甚"),还有毒舌妙语("去看戏就好像喝醉酒,这桩罪行自带惩罚")。

　　莫尔一直是基督徒,在遇到威伯福斯前后,她的生命正经历深刻的转变。1779 年加里克去世,她从此对戏剧意兴阑珊;1785 年约翰逊博士去世,似乎终结了她人生中的一个时代。她很快和贝尔比·波蒂厄斯、米德尔顿夫人及约翰·牛顿成为了朋友,这些人共同重燃了她的信仰之火。在威伯福斯的鼓励下,她和四位姐妹共同创办了专门服侍贫穷儿童的门迪普学校(Mendip Schools)。这所学校的学生一度多达一千人。此外,她还撰写了许多阐述宗教和道德的小册子。虽然她终身未婚,但按照当时的惯例,她被冠以"夫人"的尊称。科贝特曾戏称她为"着裙装的老主教"。

　　莫尔和威伯福斯一样,对一切都充满好奇。她有个独特的癖好,就是尽力收留乡村奇人。其中一位是身无分文的挤奶女工,精通诗文创作,莫尔给她取名"Lactilla"。* 还有那位号称"干草堆中的疯女仆"的路易莎(Louisa),这位神秘的少女是莫尔的一位朋友在乡间骑马时偶然"发现"的。她二十五岁左右,很明显精神疯癫;她住在干草堆中,自己在周围添加了些许装饰。她几乎一言不发,但是每当听到德语就泪流不止。外界猜测,她可能是德意志皇帝的遗孤。莫尔和她的姐妹们尝试帮助路易莎,最终让她住进了汉南(Hannam)一家精神病院。约翰·卫斯理曾两度拜访路易莎。他在 1785 年 9 月的日记中写道:"我又到了汉南,见到了忧郁的路易莎,她依旧裸身披着毛毯,不愿和任何人交谈。上面提到的关于她是德意志皇帝之女的故事,不过是信口开河的谣传。医生来给她做了二十四次检查,而检查结果堪比穆罕默德穿越七重天的可信度。"

---

* 该名从"lactic"(乳汁的)一词而来。

汉娜·莫尔在巴斯第一次与威伯福斯见面时就对他赞不绝口,而在接下来的数十年间,他们经常在巴斯见面。莫尔在文中这样评价威伯福斯:"我从未遇到品格如此出众的年轻绅士,论到才华、美德和敬虔,无人能出其右。"而威伯福斯对莫尔也十分仰慕。二人初次见面仿佛老友重逢,后来果真成了终生挚友。莫尔心系穷苦人,同时在上层社会深具影响力,这一得天独厚的条件使她在威伯福斯推动各项道德改革时起到了关键作用。威伯福斯去世后不过数月,莫尔离世,二人终生为无数的重大议题并肩奋斗。她出版了《对社会自上而下道德重整之重要性的思考》(*Thoughts on the Importance of the Manners of the Great to General Society*)一书,此书面向同时代读者,是一系列作品的先锋之作,读者广泛,影响深远。

回到威伯福斯"重整社会道德"的努力,1787 年 11 月,第一个阳光协会成立。查尔斯·米德尔顿(Charles Middleton)和爱德华·艾略特(Edward Eliot)均在场,威伯福斯和后者的关系非常亲密。艾略特的妻子是皮特的妹妹哈里奥特(Harriot),此前一年因分娩而去世。妻子死后,艾略特向威伯福斯倾诉哀伤,进而又转向上帝寻求慰藉。二人成为好友,多年来一起祷告;他和汉娜·莫尔均是威伯福斯第二个"伟大的目标"最坚定的支持者。在首个阳光协会成立的大会上,威伯福斯还邀请了六位公爵、十一位"低阶贵族"、一些像威伯福斯这样的平民以及多位主教。

威伯福斯向众人表示:"今日邀请各位,并非为宣布任何事项,乃是因各位出于迫切之情,渴望响应国王的号召,同心协力,落实王室公告。"威伯福斯在筹备过程中心思缜密,接洽了众多人士,包括诺斯勋爵。他的目的只有一个,就是这一举措能在上层社会中得到最热切的认可和最广泛的支持。当然,查尔斯·福克斯不在考虑之列,原因众所周知。

威伯福斯考虑甚为周详,鉴于查尔斯·福克斯浑身酒气、酗酒成性、臭名远扬,威伯福斯避免他参与其中实在是明智之举。即便他最初愿意出面支持,最终也可能出尔反尔,不愿作出任何承诺。另外,考虑到他一向生活放荡,他若参与,恐怕会成为反对者攻击阳光协会的把柄。

第**8**章
第一个伟大目标:
废除奴隶贸易

"……奴隶贸易丑恶至极,国民品格因之受辱。"

威廉·威伯福斯将废除英国的奴隶贸易设为自己的第一个伟大目标,并终生致力于此,他究竟缘何作出这样的选择,个中细节不得而知。前面提到,威伯福斯第一次接触奴隶贸易是在十一岁或十二岁左右,当时他住在伯父伯母家里,认识了约翰·牛顿,二人后来形同父子。牛顿大约在此前十年完成了自传《真实的叙述》(*Authentic Narrative*),虽然年幼的威伯福斯未必读过那本书,但牛顿肯定多次谈到自己作贩奴船船长的经历。前面还提到,威伯福斯十四岁时写过一篇强烈谴责奴隶贸易的学校作业。此外,威伯福斯后来还告诉儿子们,早在 1780 年他二十一岁第一次当选国会议员时,他就"非常关注西印度群岛的奴隶们,希望纠正让那些可怜人陷入苦难的错谬"。他记得,1783 年他曾在剑桥好友杰拉尔德·爱德华兹家中和詹姆斯·拉姆齐(James Ramsay)探讨这个议题。拉姆齐是一位海军医生,他在威伯福斯最终决定扛起废奴运动大旗的过程中扮演了重要角色。

但是,正如说不清究竟是蛋生鸡还是鸡生蛋一样,我们也无法按照顺序厘清促使威伯福斯最终担负起废奴这一历史使命的众多事件。不过,有一个关键人物绝不能漏掉,他就是格兰维尔·夏普——这个人参与了废奴运动的全过程,他也称得上是个怪人。

* * *　* * *

格兰维尔·夏普相当古怪。但是他古怪到一个地步,以至于你和他交谈时会禁不住想,古怪的不是他而是你自己。换句话说,古怪至极,方才正常。

格兰维尔·夏普是十八世纪中叶有名的音乐家。以下并非开玩笑,而是确有其事:他的妻子名叫"降调小姐"(Miss Flat),二人婚后育有七个子女,名字刚好组成一个音阶(Doey,Ray,Mimi...)。夏普全家精通音乐,他们住在一艘大型驳船上,沿水路遍访英国各处。他们每隔一周会全家头戴三角帽,脚蹬带扣靴,为贵族和上层人士举办音乐会,在当时经常引起轰动。英国国家美术馆收藏了一幅夏普一家十六口人站在驳船上的名画。夏普全家个个才华横溢。他的哥哥既是家庭乐队的成员,又是国王的御医。不过最特立独行的当属格兰维尔·夏普自己。他个性倔强,不屈不挠,是个不折不扣的性情中人。

夏普年轻时即是虔诚的基督徒。有一次,一名神体一位论者批评他,说他相信三位一体是因为读不懂《新约》的希腊文原文。夏普立即自学希腊文,学成之后,从语言学和神学两个方面反驳那名糊涂的神体一位论者。他还写了一本论证相当严谨的小册子,名为《论希腊文新约圣经中定冠词的用法》,在文中纠正了长期存在于《圣经》译本中的错误(后来的译本全部修改过来了)。后来,又有人拿《旧约》的希伯来文原文挑战他,他立即接招,不久即征服了另一门古代语言。若不是被1765年发生的事打断,他恐怕会卷起袖子继续攻克巴比伦人那天书一般的楔形文字。

1765年,夏普不屈不挠的性格和虔诚的基督教信仰再次结合,只不过,这次无关语言,而是关乎法律。促成这一结合的不是信仰有误的神体一位论者,而是一名浑身血污的非洲人。那天,在伦敦的街头,这人跟跄着朝夏普走来,告诉夏普,自己被人用手枪柄狠命击打,直到枪柄都折断了;这个年轻人当时几乎双目失明,双腿也近乎残废。夏普立即把这个非洲人带到身为御医的哥哥那里,兄弟俩把他送进一家医院治疗了四个月，等他出院后，又帮他找了一份工作。这个非洲人名叫乔纳森·斯特朗(Jonathan Strong)，当年只有十七岁。带他来伦敦的是他的主人，名叫莱尔(Lisle)，是一名加勒比海巴巴多斯岛(Barbados)的律师。两年后，莱尔和斯特朗在伦敦偶遇，莱尔惊奇地发现，先前属于自己的财产不仅没有丧命，而且健壮如初，于是决定把握时机，把这失而复得的财产变现。莱尔认为斯特朗能卖上三十英镑，于是四处寻找买家，同时雇用了两个人绑架并囚禁了斯特朗。但是斯特朗托人把自己的危险处境转告夏普，夏普当机立断，将此事呈给市长大人，而市长也认为，应该还斯特朗自由。莱尔自然很不高兴，但夏普犀利的目光、鹰钩般的鼻子和咆哮起来凹陷的双颊让他意识到，对方绝不会轻易放弃，莱尔决定让步。斯特朗得以重获自由。

此番经历激起了夏普的好奇心，他开始研究英国法律。在奴隶制这一问题上，他的发现让他深感不安。根据他的研究，在威廉和玛丽当政期间，一位名叫霍尔特(Holt)的大法官做出了一个明智的裁决："英国境内可有农奴，但不可有奴隶。"因此，英国境内曾一度禁止奴隶制。但几年之后，霍尔特的裁决即被推翻，自1729年起，在英国境内拥有奴隶是合法的。夏普此前只研读过一部律法书，就是《圣经》。这个执着的天才相信，《圣经》是上帝的话语，绝无错谬，是英国法律的根基。英国任何一项法律皆源于《圣经》公义和高尚的土壤，允许在英国拥有奴隶的裁决是错误的，必须视之如杂草，迅速清除。夏普甚至还就此事请教了英国法学家威廉·布莱克斯通。在权衡了这位泰斗从法律平衡角度给出的意见之后，夏普认为布莱克斯通的看法仍有欠缺。于是，夏普决心像对付那些遭误译的希腊文动词*一样，亲自和这些错误的裁决搏斗：找出病根，连根拔起，然后连同其他沉疴一并抛进身后浪花翻腾的大海。

格兰维尔·夏普是那种较真的基督徒，严格遵守"爱邻舍"的命令，即便那些邻舍是希望从英国人手中争取自由的非洲人，而帮助他们无异于惹麻烦。很快，他"爱邻舍"的美名就传开了，奴隶们在听闻夏普的

---

* 原文如此，但据前页，此处"动词"(verbs)似有误，应为"定冠词"(definitive article)。

故事后，纷纷找他帮忙。而夏普也激动不已，因为释放这些穷苦的灵魂是为主做工——每次帮助一名奴隶都是一个全新的机会，能够成就意义更为深远的美善，即改进英国司法体制中的缺陷。

1772 年，事情发展到了极点，因为在这一年，夏普锐利的目光聚焦在一个案件上，就像穿透杂草，聚焦在了问题的深层之根上。这一深层之根即所谓的"萨默塞特案件"(Somerset case)，它将错综复杂的不公义现象集中呈现于法官面前。案件的主角是一个名叫萨默塞特的非洲人，从弗吉尼亚(Virginia)被带到伦敦，身为奴隶的他希望夏普能帮助他重获自由。可是，负责此案的曼斯菲尔德勋爵(Lord Mansfield)不想做出裁决，因为他深知此案影响之广泛。如果他宣布萨默塞特在英国是自由的，那么在法律意义上，英国境内一万四千名奴隶都将获得自由，如此一来，按照曼斯菲尔德的观点，各种恼人的社会问题会随之而起，最终出现无法控制的混乱局面。曼斯菲尔德的担忧不无道理，贸然结束奴隶制度会引发许多社会问题，但是格兰维尔·夏普不理会这些，他强烈意识到奴隶制度本身即是一项社会顽疾，更不用说它为上帝所厌恶。即便会产生其他社会问题，他也宁愿冒险，他仿佛日后那些福音派信徒，只要看到社会问题，就会竭尽全力去纠正。

于是，自学成才的法律专家夏普希望迫使曼斯菲尔德做出裁决。他一切的努力只为得到一个明确肯定的判决。对任何法官来说，夏普无疑是噩梦的化身，不出所料，曼斯菲尔德不得不做出裁决。

不过，曼斯菲尔德也相当精明，在裁决中措辞谨慎，宣布获得自由的只有萨默塞特这一个非洲人。但是不知为何，公众根本没留意或者根本不在乎这个细节。总而言之，奴隶制度在英国已被废除！这是不容置疑的，因为公众的头脑中已经形成了这一印象。

裁决一出，掌声一片，废奴运动在英国人的意识中沸腾起来，这在不久前根本无法想象。亚当·斯密、查尔斯·卫斯理、塞缪尔·约翰逊等名人都公开表态反对奴隶制度，诗人威廉·考珀用下面两行凝练的诗句为这一判决大声叫好：

奴隶不能在英国呼吸；他们一旦

吸进英国的空气，就是自由的人。

　　"萨默塞特案件"的结局是一个相当伟大的胜利，不过，一次胜利只会激励夏普瞄准下一场战役。他清楚，虽然英国境内的奴隶获得了自由，但是每天都有成千上万的奴隶被"合法地"从非洲运往在西印度群岛的英国殖民地。很明显，让那些可怜的灵魂受苦是违背上帝律法的。夏普清楚，必须废除奴隶贸易，而奴隶制度本身，也必须从大英帝国的整个版图中废除。上帝赐给格兰维尔·夏普鹰钩鼻，恐怕就是让他四处找麻烦，现在这位不屈不挠的基督徒把注意力转向更广泛、更骇人的不公义。

＊＊＊　＊＊＊

　　整个十八世纪七十年代，社会上并没有什么关乎废除奴隶制度或奴隶贸易的联合行动，但是公众的关注却与日俱增，一项运动也渐渐成形。1774 年，公开反对奴隶贸易的知名人士之一约翰·卫斯理撰写了一本小册子，名为《关于奴隶制度的思考》，影响甚广。同年，格兰维尔·夏普遇见了曾经是奴隶的奥拉达·艾奎亚诺（Olaudah Equiano），此人堪称整个废奴运动中最传奇的人物之一。艾奎亚诺成长于今日的尼日利亚（Nigeria），十一岁被卖为奴。他凭借己力，为自己赎回了自由并且周游世界。有一次，他搭乘英国皇家海军极地探险船来到了距离北极点不足六百英里处，同船有一个十四岁的男孩，胆子极大，后来成了大名鼎鼎的海军将领纳尔逊勋爵（Lord Nelson）。1789 年，艾奎亚诺出版了一本引人入胜的自传，名叫《非洲人奥拉达·艾奎亚诺（又称古斯塔夫斯·瓦萨）的精彩人生》（*Interesting Narrative of the Life of Olaudah Equiano, or Gustavus Vassa, the African*）。这本书极大地帮助了英国公众了解奴隶制度和奴隶贸易的真实情况以及种种丑恶。此外，它也有力地反驳了非洲人是劣等人的观点。读者会发现，这本书的作者感情细腻、头脑敏锐，而且是非常虔诚的基督徒。

　　不可否认，英国废奴运动有明显的基督教特质，因为其领袖都有深刻的信仰,并有意识地践行信仰的原则。但是对废奴运动坚定的反对者来说,人人平等的观念并无客观基础,不过是挂在嘴边无谓的重复,仿佛一条试图吞食自己尾巴的蛇。虽然废奴运动的支持者中有许多人是公开的无神论者,但另一些人只是挂名基督徒。对此,不仅圣公会的信徒要负责任,圣公会的领袖也全部难辞其咎。当时英国圣公会向西印度群岛的种植园投入了大量资金,在他们眼中,基督教信条和废奴运动无关。认为二者有关的都是局外人,包括循道会信徒和所谓的"持异见者",比如贵格会信徒(Quakers)和摩拉维亚弟兄会信徒(Moravians)等。当时的英国圣公会无非是贩售冒牌基督教的承包商,由政府资助且伪善成性。这样的评价不算刻薄。

* * * * * *

或许,"萨默塞特案件"最大的成就在于为废奴运动赢得了越来越多公众的关注。可十一年过去了,其间没有任何重大突破。不过,到了1783 年,废奴运动历史上又一里程碑事件发生了,废奴主义者再次受到激励,联合起来为铲除这一人类邪恶而战。那年 3 月 18 日,奥拉达·艾奎亚诺找到格兰维尔·夏普,和他探讨一件令人毛骨悚然的事。这件事发生在一年多以前,报纸已开始关注它,其超乎想象的骇人细节在审判期间逐渐为公众所知,英国人简直不敢相信确有其事。

在讲述"桑格号"(Zong)贩奴船上的罪行之前,我们要先了解一下背景,描述在所谓的"中间航道"(Middle Passage)上从未停止过的种种邪恶。

横跨大西洋的中间航道集中体现了奴隶贸易之种种恐怖之处。这段旅程是臭名昭著的"三角贸易"的中段,因此得名中间航道。首先,货船将欧洲的商品运往非洲,在那里卸货;然后,货船载满奴隶,经过中间航道到达西印度群岛,在那里把奴隶卖掉;最后,货船将西印度群岛的商品运回欧洲。英国公众后来知晓的令人发指的、必须不惜一切代价彻底终止的种种恶行,正是发生在中间航道上。

有关中间航道最著名的记载来自亚历山大·福尔肯布里奇

(Alexander Falconbridge)，此人是贩奴船上的随船医生，他把噩梦般的一幕幕真实情景化为文字，在这里值得大段引述。

他写道：

　　……这些黑人被送上船后，立即两两一组，手腕用手铐铐在一起，腿则用铁链拴在一起，铁链又用铆钉固定……他们通常都是紧挨着，除了侧卧，别的姿势根本不可能。甲板之间的高度有限，只有在格子板正下方，才有可能享受站立的奢侈。

　　（甲板上）放置着三到四个圆锥形水桶，底部直径大约两英尺，顶部直径仅有一英尺，深约二十八英寸，黑奴们有需要就去那里方便。离桶较远的奴隶要挪到水桶那里，经常会跌在别人身上，因为带着锁链行动不便。这种情况难以避免，船上的奴隶总是因此争吵，然后有人被打得鼻青脸肿。形势陷入僵局，想解手的奴隶根本无法到达水桶，索性放弃努力，但总要排泄，于是就地解决。新一轮的躁动和混乱随之而起，本就不堪的生存环境再度恶化。麻烦事不仅这些，水桶容积太小，很快就会装满，而每天只清理一次……

　　黑奴在中间航道上遭遇的不便和艰难不胜枚举。和欧洲人相比，他们的晕船反应更剧烈。经常有人晕船而死，尤其是妇女。但最无法忍受的还是缺乏新鲜空气。为了能让船舱内有必要的空气，大部分贩奴船都在船的两侧开了五到六个通风口，每个大约五英寸长、四英寸宽。但是每当风大浪急、天降暴雨的时候，这些通风口和其他所有通风设施都必须关闭。没有空气流通，挤满黑奴的船舱内很快就闷热难耐。空间封闭再加上排泄物臭气熏天，而黑奴们又不得不呼吸这样的空气，于是热病和痢疾迅速横行，大批黑奴因此丧命。

　　我在航行中多次亲眼目睹因为缺乏新鲜空气而造成的惨剧。我只讲一个例子，让读者对黑奴的悲惨遭遇有个大致的概念……海上开始刮风下雨，通风口和格子板都不得不关闭，痢疾和热病随之而起。我在这种时刻会尽量下去，看看他们的情况，等到船舱里实在闷热难耐、停留片刻都无法忍受的时候，我再上来。但高温并非让他们痛苦的唯一因素。甲板，也就是他们的地板，布满了血污和痢疾患者的排泄物，船舱里的景象和屠宰场无异，其恐怖与恶心绝对超过人类所能想象。许多奴隶晕倒，被抬到甲板上，有些很快就死了，有些经过抢救，勉强活了过来。这环境几乎也要了我的命。由于天气太热，我顶多穿一件衬衫，而每次下去看那些奴隶，我都要把衬衫脱掉……热气和臭气让我在下面只能停留一刻钟，我几乎晕倒，靠人搀扶才回到甲板上。这一趟下来，我很快也患上了和黑奴一样的病，几个月后才康复。

而奴隶们要在船舱里忍受数个星期。福尔肯布里奇还描述了一艘从利物浦出发的贩奴船的情形，比前面所说的更恐怖。那艘船虽小，却塞进了大约六百名奴隶，"由于过于拥挤，奴隶们被层层堆叠。尽管航行中没有遭遇极端天气，航行的时间也和往常一样，但那艘船上奴隶的死亡率却相当高，船到达西印度群岛时，几乎一半的奴隶都丧命了。"

福尔肯布里奇描述的处理生病和垂死奴隶的方式则更加恐怖：

在半甲板下方有一块空间，生病的黑奴被抬到那里，躺在粗糙的木板上。也就是说，由于船一直摇晃，这些已经奄奄一息的奴隶，他们的肩膀、肘部和臀部等突出的部位，经常被粗糙的木板磨得皮开肉绽，有时甚至磨到露出骨头。有一些奴隶，因为长期躺在血污和根本无法清理干净的排泄物中，皮肉已经溃烂，更容易被粗糙的木板磨掉，因此，他们比只需和船身摇晃做斗争的病友更痛苦。这些奴隶不得不一直忍受这种折磨之苦，有时长达数个星期——如果他们能活那么久，个中恐怖无法想象，不可尽述。

最后，终于来到贩卖奴隶的关键环节。奴隶贩子在抓捕和运输可怜的奴隶之后，会采用无耻的手段将他们卖掉，这一点无需惊讶。福尔肯布里奇讲述了"处理生病奴隶的各种方法"：

> 只要人性尚未泯灭，在得知这些方法后心中都会涌起阵阵恐惧。有一次，一位利物浦的贩奴船船长向我吹嘘自己怎么用下面的手段欺骗了几个犹太人。船马上要到达目的地了，可是很多奴隶依然因痢疾排泄不止，船长于是命令医生用填塞船缝的麻絮把奴隶的肛门堵住。船靠岸后，奴隶们被带到通常进行交易的地点，考虑到他们不能长时间站立，船长允许他们坐下。买家在挑选时会要求他们站起来，检查有没有排泄物流出，如果没有，就说明状态良好。那次由于船长想出了把奴隶的肛门堵住的办法，所以蒙混过关，顺利把奴隶卖了出去。但真相很快就暴露了。患有严重痢疾却不能排泄，可怜的奴隶根本无法忍受这生不如死的痛苦。麻絮后来被取了出来，买家立刻明白自己上当受骗了。

第**9**章
桑格号事件

强迫他人为奴是否合法？

下面就是奥拉达·艾奎亚诺急匆匆跑去告诉格兰维尔·夏普的那则新闻。

1781 年 9 月 6 日，一艘重量为一百零七吨的贩奴船"桑格号"（Zong）离开非洲大陆向牙买加（Jamaica）驶去。船上有四百七十名奴隶，他们按照福尔肯布里奇描述的方法被塞在甲板之间。在这段漫长的旅程开始之前，不少奴隶已被困在船舱内达数星期之久。当时的贩奴船先是沿着非洲大陆的海岸航行，尽可能多地购买奴隶，等到奴隶贩子觉得人数足够，才开始横渡大西洋。桑格号的船长名叫卢克·科林伍德（Luke Collingwood），此人航海经验十分匮乏，在航行期间犯下诸多错误，导致梦魇般的旅程耗时四个月，远超正常的航行时间。

随着航行耽搁的时间越来越长，奴隶的死亡率也越来越高。到第三个月的时候，船上已经有六十名奴隶死亡，这是相当高的死亡率，虽然不算最高。奴隶的尸体往往被抛进大海，正是由于这个原因，贩奴船往来的航线上总会聚集大量鲨鱼。剩下的奴隶中，很多看上去已经奄奄一息。科林伍德船长的航海错误让他本人损失惨重，因为大部分贩奴船船长的收益都和整条船的利润挂钩。死去的奴隶没有任何利润，而在到达目的地之前，死去的奴隶肯定越来越多。另外，生病或半死不活的奴隶即便抵达牙买加，也未必卖得出去，而船上数以百计的奴隶都是这个状态。

科林伍德知道，他从"自然死亡"的奴隶身上赚不到钱，从死于暴乱的奴隶身上也赚不到钱——因为暴乱被视作船长之过，船长有责任确保奴隶被锁链锁住无法自由活动。但是，或许有其他合法途径能够助他脱困。科林伍德知道，奴隶若因"海难"（Peril of the Sea）而死——即不受船长控制的情况——相关损失将会由保险商承担。当时每名奴隶的价格大概三十英镑，相当于今天的四千美元。科林伍德此时想到一个奇招。这个招数比虐待奴隶的行径还要残忍，但却完全合法，听上去也合乎逻辑，虽然从没有人试过。

科林伍德把船员召集起来，向他们陈述了利害。他命令船员将病得最重的奴隶抬出舱外，卸下枷锁，扔进大海——把奴隶扔进大海，留下值钱的枷锁。这样一来，每丢出去一个灵魂，都会换来一笔利润。只要让他们被大海吞没，他们就不会死在船上，变成一文不值的尸体。科林伍德知道，按照《海事法》的规定，如果船长判断有必要，就可以丢弃一些货物以挽救整条船脱离危险。他命令船员，如果有人问起，就说船因航行时间过长而缺水。把濒死的奴隶扔进大海以保证其他人存活，这从商业角度来看合情合理。

一开始，有些船员拒绝执行命令，虽然他们对常人无法想象之恶已经司空见惯，但他们在听到这个泯灭人性的提议后，还是无法下手。但是，贩奴船船长从不理会所谓民主。水手们知道，这艘船属于船长，违背他命令的后果可能和溺死的非洲黑奴一样恐怖。所以，那一天，桑格号的船员将五十四名病重的奴隶扔进了滔滔大海。有些奴隶已毫无挣扎之力，即刻被浪花吞没，有些则没那么幸运，在海中挣扎了一番。当天晚上，科林伍德在床上盘算的时候，必然感到心满意足，因为整条船已经有一千六百二十英镑进账。

第二天——或者这一天之后的一天，已经无法确定——另一批生病的奴隶被挑选出来并带到了甲板上，他们显然没有第一批溺死者病得那样严重。我们无法想象这些奴隶当时在想些什么，很多人根本不知道自己究竟被送往何方，或者为何被抓。身为奴隶之初最可怕的一点就是对未知所怀有的纯粹的恐惧。这些捆绑他们又虐待他们的是人还是魔鬼？大部分黑奴都不曾见过大海，他们不知自己是不是已经离开了活人之地？第二批选出了四十二名黑奴，他们被带到甲板上，然后被强行抛进大海,桑格号又稳赚一千二百六十英镑。

第三天,又有三十六名黑奴被选中,用来实现科林伍德提高利润的计划。但这批奴隶尚有体力。或许他们判断事情不妙。总之,他们奋起反抗。结果有二十六名奴隶又被戴上了枷锁,另外十名奴隶在被卸下枷锁后自己跳船逃生。其中一个生病的奴隶有足够力气抓住挂在船边的麻绳,随后又爬回船内,侥幸无人发现。正是他后来补充了诸多细节。

如科林伍德所料,桑格号的保险商赔付了不幸损失的"货物"。但出乎科林伍德所料的是,这些保险商后来决定向法院提出质疑。桑格号的大副对自己在整件事中的角色充满愧疚,他做出了有利保险商的证词,整件事真相大白,包括航行期间其实降雨充足,缺水不过是编造的谎言。但不知为何,法院仍然支持科林伍德和桑格号。保险商于是提起上诉。格兰维尔·夏普此时挺身而出。他希望以谋杀罪对当事人提起刑事诉讼,因为他意识到,桑格号事件将是一个难得的机会,甚至会改变英国的法律,使得贩奴即犯法。

奇妙的是,此案的法官正是十一年前在萨默塞特案件中含糊其辞的曼斯菲尔德勋爵。再次与夏普在法庭上碰面,不知他心中作何感想。遗憾的是,曼斯菲尔德勋爵这次仍然无动于衷。他维持原判,并称从法律角度来看,桑格号上发生的事件无异于"将马匹丢进大海"。此案就此结案。

面对懒得思考的法官,格兰维尔·夏普绝不就此罢休。故意溺死一百三十一条人命以谋取利润,这种恶行为上帝所恨恶,更不用说它显明了英国法律体系中一处良心泯灭的污点。夏普竭尽全力抗争到底,他所做的第一件事就是给全英国众多神职人员写信,告诉他们此案令人发指的细节。当中有些人在讲道中提及此事,于是,有关谋财害命和法理歪曲的指责扩散开来。一位名望甚高的圣公会牧师彼得·帕卡德(Peter Peckard)在得知此事后大为震惊。帕卡德于1785年被任命为剑桥大学副校长,他本就厌恶奴隶贸易,现在桑格号事件又让他了解了更多内幕。他决定采取一些行动,他的行动后来被证明影响深远。剑桥大学副校长要设定每年拉丁文论文比赛的题目,这项比赛极负盛名,胜出者通常终生以此为荣。由于帕卡德的废奴主义热情日渐强烈,他将1785 年的论文题目设定为:*Anne liceat invitos in servitutem dare?*(意即"强迫他人为奴是否合法?")最终胜出的论文在日后的废奴运动中起到了重要作用。

那年的胜出者是一位名叫托马斯·克拉克森(Thomas Clarkson)的神学生,他在威伯福斯几年前就读的圣约翰学院读书。克拉克森当时二十五岁,是一名虔诚的基督徒,此前他从未特别留意奴隶贸易及其合法性的问题。他热衷于学术研究,在深入钻研这一题目的过程中,这位年轻的学者发现了一些关于奴隶贸易的真相,使他的内心备受煎熬。那段时期,一幕又一幕恐怖景象在克拉克森的脑中盘旋,这段经历彻底改变了他。虽然他的初衷是追求学术荣誉,但在研究过程中,他对人口买卖这一庞大议题有了全面的了解。要知道,人口买卖已经存续千年,且当时盛行于大英帝国,可是了解的人却少之又少。

克拉克森毕业后离开剑桥,骑马奔赴伦敦,打算进入教会服侍。一路上,他屡次试图将那些令人作呕的虐奴场景从头脑中除去,但都失败了。他到了赫里福德郡(Herefordshire),在一个名叫韦德士磨坊(Wades Mill)的小村庄停下,坐在路边休息。翻腾的思绪让他无法继续赶路,这是他终生难忘的时刻,因为就在那里,他第一次深刻地意识到,如果他在获奖论文中的发现正是当下这个世界的现实,那么是时候有人出面将其终结了。

克拉克森决定将他的拉丁文论文翻译成英文并四处分发。在此期间,他很快结识了一些为废奴运动奔走多年的人,当中包括格兰维尔·夏普和奥拉达·艾奎亚诺。废奴运动即将迎来一个关键时刻。志同道合的人们聚集起来,分享经历,开始制定战略。克拉克森很快遇见了詹姆斯·拉姆齐,此人认识威伯福斯,两年前,正是他在米德尔顿夫妇位于泰斯通(Teston)的家中让威伯福斯关注废奴运动。

＊＊＊　＊＊＊

1783 年是废奴运动历史上关键的一年。这一年,威伯福斯认识了拉姆齐,而桑格号事件则将公众的注意力集中在奴隶贸易上,如此高的关注度前所未有。同样是在这一年,贵格会的废奴主义者成立了一个六人委员会,目的是"解放西印度群岛的黑奴,打击非洲海岸的奴隶贸易"。格兰维尔·夏普和奥拉达·艾奎亚诺很快参与其中。一场运动蓄势待发,只欠两个关键因素:关于西印度群岛奴隶贸易的详细资料,以及实实在在的政治影响力。虔诚的夏普和贵格会成员们向上帝献上祷告,耐心等待上帝的回应。

威廉·威伯福斯和詹姆斯·拉姆齐正是补足这两处欠缺的不二人选,介绍他们二人认识的是威伯福斯在剑桥圣约翰学院读书时的校友杰拉尔德·爱德华兹。爱德华兹当年是古斯特里帮派的一员,年纪轻轻即迎娶了米德尔顿夫妇的女儿——查尔斯·米德尔顿上校当时负责皇家海军的审计工作。米德尔顿夫妇位于肯特郡泰斯通的住宅名为巴勒姆庄园(Barham Court),威伯福斯在 1780 年至 1785 年间经常去那里拜访爱德华兹。米德尔顿一家都是循道会信徒,想来十分奇妙的是,在威伯福斯远离循道会、尚未因遇见米尔纳而重拾信仰的这段时期,他却经常到虔诚的基督徒家中做客。

米德尔顿夫妇是废除大英帝国奴隶贸易这场运动中的关键人物。回顾历史,我们不禁感慨,改变世界的重大事件总是以微妙的线索串联起来。米德尔顿夫人似乎正是线索之一。她结婚前的名字是玛格丽特·甘比尔(Margaret Gambier),她在怀特菲尔德的布道会上归信基督。她是一位海军上校的侄女,查尔斯·米德尔顿是这位上校手下的一名中尉,二人在十八世纪五十年代相遇后于 1761 年结婚。米德尔顿曾说,"我在宗教信仰中所得到的一切"皆要归功于妻子。玛格丽特是杰出的画家和音乐家,画家约书亚·雷诺兹、演员大卫·加里克和学者塞缪尔·约翰逊皆是她的朋友。她和汉娜·莫尔也是好友,在她的影响下,莫尔的信仰更加深刻,后来更关注废奴运动。

查尔斯·米德尔顿爵士于 1759 年随阿伦德尔号(Arundel)来到英属西印度群岛,他命令船上的医生到刚刚从法国人手中夺回的贩奴船斯威夫特号(Swift)上查看。这名医生正是詹姆斯·拉姆齐。那天,他和米德尔顿爵士亲眼见证了斯威夫特号臭气熏天的船舱,二人感到恐怖震惊。可以想象,那艘船上的情况应该和福尔肯布里奇描述的差不多。没过多久,拉姆齐因受伤离开了英国海军,寻找陆上的工作机会。他后来在加勒比海的一个岛屿——圣克里斯托弗岛(St. Christopher,即今日的圣基茨岛)——被按立为圣公会牧师,服侍两个教区。同时,他也是当地甘蔗种植园的医务主管。拉姆齐内心柔和敏感,那段时期目睹的一切在他心中留下了深深的烙印。他迫切祷告,希望尽力帮助那些受苦的奴隶。他敞开教会的大门欢迎那些奴隶,又为他们开设查经小组,这些做法很快惹来当地白人种植园主的仇恨。那时的他无从得知,自己日后将成为废奴运动至关重要的一环。

1781 年,拉姆齐昔日的上司米德尔顿爵士邀请他离开西印度群岛,来泰斯通担任教区教会的牧师,那间教会离米德尔顿夫妇的家很近,就在巴勒姆庄园的山坡下。拉姆齐接受了邀请,回到英国。他在泰斯通经常和米德尔顿夫妇热烈地探讨奴隶制度的种种恐怖。米德尔顿夫人和波蒂厄斯主教都鼓励他将自己的见闻和思考记录下来,他于是动笔写了一篇长长的论文,题为《论英属甘蔗种植园奴隶的待遇和归信》(Essay on the Treatment and Conversion of Slaves in the British Sugar Colonies)。1783 年,拉姆齐在写作期间通过爱德华兹介绍,第一次和威伯福斯见面。毫无疑问,拉姆齐必然希望威伯福斯这位如日中天的国会议员能够尽一份力,于是和他认真探讨了西印度群岛上奴隶的情况。拉姆齐担心自己这本著作带来的后果——我们后面会看到他的担心不无道理,但他还是坚持在 1784 年将其出版了。此书立刻引起了轩然大波,拉姆齐成为众矢之的。一场真正的斗争终于开始。

* * * * * *

1786 年,废奴运动又有新进展。这一年,克拉克森的获奖论文出版了。为拉姆齐出书的贵格会出版商将这篇论文转交给拉姆齐,虽然两人本不相识,但拉姆齐在读过论文之后,邀请克拉克森来泰斯通一见。

1786 年 7 月,米德尔顿夫妇邀请波蒂厄斯主教和本杰明·拉特罗布(Benjamin La Trobe)来泰斯通做客。米德尔顿夫人希望介绍二人认识,因为拉特罗布是"摩拉维亚弟兄会"的领袖,而摩拉维亚弟兄会是唯一一个向奴隶宣教的团体。摩拉维亚弟兄会的成员都是了不起的基督徒,他们和当时的贵格会成员以及追随卫斯理的循道会信徒一样,对英国圣公会领袖满嘴高调的轻蔑言论不屑一顾。他们在信仰上不曾妥协,而是按部就班地按照上帝的呼召去实践信仰。而波蒂厄斯主教坚守正统神学,在圣公会主教中是个例外。

那年夏天,克拉克森在泰斯通和众人共进晚餐时首次公开宣布,他决定奉献自己、全时间投入到废奴事业中。他从那时起将不遗余力地在各地分发自己的论文,以激起公众的关注。

在废奴运动中,米德尔顿夫人起到了无可否认的关键作用。拉姆齐和米德尔顿爵士意识到,若要取得成果,必须在议会内展开行动,但是真正起到推动作用的却是米德尔顿夫人那年秋天一次早餐上的话。她对丈夫说:"查尔斯爵士,我的确认为,你应该将此事呈上议会,要求议会对这一人口贩卖行为的骇人本质展开质询,奴隶贸易如此不堪,令英国国民的品格蒙羞。"说这番话时,在座的还有其他人。

米德尔顿爵士却认为,自己并非合适人选,因为他口才欠佳,面对废奴这一极富争议的议题,他感到力不从心。但是米德尔顿夫人的这番话却引发了众人更广泛的讨论,究竟议会中谁能担当此任?果然,威伯福斯的名字浮出水面。米德尔顿爵士很快致信威伯福斯,但是威伯福斯在回信中却不置可否。他称自己认同此事意义重大,但认为自己尚不足以担此重任;他不排除自己会在议会中推动此事的可能性,但希望首先和米德尔顿夫妇深入探讨。1786 年秋冬之际,他到访巴勒姆庄园。

那时,威伯福斯已经把自己在温布尔登的产业劳里斯顿庄园拿到市场上出售,并买下了位于王宫庭院 4 号(4 Palace Yard)的一处住宅,位置就在上议院国王入口的对面。现在,他去议会仿佛去自家后院,极其方便。

1787 年新年刚过,一天,克拉克森敲响了王宫庭院 4 号的大门。威伯福斯不在,克拉克森于是留下一份自己的论文。几天后,他再次造访,终于见到了威伯福斯。这次见面绝对是废奴运动历史上的一个重大时刻,虽然两人的回忆不尽相同。威伯福斯此前已经反复考虑过废除奴隶贸易一事,并在几个月前收到了米德尔顿的信。那似乎是他第一次考虑是否要在议会中推动这项事业。不久前,他还和米德尔顿夫妇在泰斯通见了面,毫无疑问,对方当时的目标一定是劝他担此重任。

克拉克森认为,威伯福斯对奴隶贸易的关注是因他的论文而起。虽然事实并非如此,但克拉克森绝对是关键的助推力量。接下来几个月,他多次拜访威伯福斯,二人彼此交换信息,他也将谈话的内容告知了贵格会成员。威伯福斯当时似乎已经开始考虑在议会中采取行动。而克拉克森好像尚未意识到,除他以外,背后还有其他力量在起作用,因此,他迫切希望促使威伯福斯公开表态,宣布自己会在下议院采取行动。

克拉克森一心希望得到威伯福斯明确且公开的承诺,于是,他在 3 月 13 日邀请威伯福斯到一位富有的林肯郡地主家赴宴。这个人名叫贝内特·兰登(Bennet Langdon),身高二米二十公分,外形如鹳。兰登是约翰逊博士的朋友,当晚赴宴的还有约翰逊的传记作者博斯韦尔、画家约书亚·雷诺兹、查尔斯·米德尔顿爵士以及另外两名国会议员。威伯福斯在席间被问及,是否会在下议院提出有关废奴的议案。威伯福斯的"同意"具有典型的政治家特色,即一个坚定的"或许",实际上则附带了两个条款——除非再也找不到更合适人选,以及除非让他有更多时间收集资料。

但克拉克森不理会政治家的含糊其辞,他只听到了同意,然后向贵格会成员报告说,威伯福斯已经公开承诺投身这项事业。人们一直把这次晚宴看作威伯福斯决心投身废奴运动的开始。然而,事实却并非如此。威伯福斯遇事一向多方权衡,有时甚至过度谨慎。他在议会发言时往往明言自己的顾虑,对待每个议题都如悉心呵护婴儿一般。眼前这个议题比其他任何议题都更重要,事关他如何度过余生,或者起码是大部分时光。因此,他不会让自己在被软硬兼施的情况下作决定。按照他的说法,他要清楚知道上帝的心意,他之所以从未在任何场合中明确表态,正是鉴于此。威伯福斯为自己曾经荒废年日而懊悔不已,他逐渐意识到,废奴应该就是上帝呼召他留在议会并且要他完成的使命。

他要和过去空虚的日子告别,开始一个有意义的人生。但是威伯福斯不打算贸然挺进这场斗争,在此之前,他先要"计算代价",他去兰登家赴宴时正处在这一权衡的阶段。

虽然他还在犹豫,但是做决定的压力却与日俱增。就在他去兰登家赴宴后刚好一个月,波蒂厄斯主教写信给他,告诉他拉姆齐那篇极具感染力的论文所言不假,一位受人尊敬的名叫斯图尔特(Stuart)的先生证实了文中的内容。据斯图尔特称,事实上,奴隶在西印度群岛的遭遇比拉姆齐的描述更为悲惨。看上去似乎万事俱备,已经有足够强烈的理由向议会提出废奴议案。但是威伯福斯没有立即行动,而是等了一个月后才决定破釜沉舟。

威伯福斯家族传统认为,他真正下定决心的日子是 5 月 12 日。那天,威伯福斯去皮特的乡间大宅霍伍德庄园(Holwood Estate)拜访皮特,二人出去散步,走了一会儿,坐在一棵苍翠的橡树下小憩。这一幕堪称完美。质朴的英国橡树是这个国家的象征,此刻恰是二人头顶的庇护,其年代和身姿仿佛将他们的谈话置入某种具有历史感的情境。当日和他们在一起的还有皮特的表弟威廉·格伦维尔,他后来接替皮特成为英国首相。日后证明,他当日在场恰是上帝的安排,是出于上帝的护理。皮特认为威伯福斯是担此重任的不二人选,他也一直力劝威伯福斯做决定。或许皮特已经察觉,威伯福斯"巨大的转变"绝非儿戏,他害怕失去这位好友,于是希望威伯福斯能投身某项事业,以确保自己在议会中仍有这位挚友和得力帮手在左右。

皮特对他说:"不要浪费时间,否则别人会抢占先机。"他这句名言想来有些可笑,因为皮特并不清楚,眼前这个人做事的动机已经不再是实现个人的野心。但是皮特所言不无道理,威伯福斯也认为,既然上帝呼召他完成这个使命,那么如果他裹足不前,上帝完全可以委派他人。

威伯福斯数年后写道:"我记得很清楚,那天在霍伍德林间一棵古老的橡树下,面前就是通往凯斯顿溪谷(vale of Keston)的陡坡。一番谈话之后,我下定决心,择机于下议院表明我要提出废奴议案的意图。"

历史就是这样:三个人,名字皆为威廉,年龄皆为二十七岁,于 5 月的一天在山坡上一棵古老的橡树下畅谈,一位是时任首相,一位是继任首相，一位是从此要担当一项伟大运动的核心人物。这项运动意义非凡，绝非某人单枪匹马可以完成，而这棵谦卑的橡树，这个已经矗立了数百年又将继续矗立近两百年的受造物，此刻被选中，默默地为这一切做了见证。

第 10 章

不遗余力废除奴隶贸易

"……彻头彻尾的一团邪恶。"

既然威伯福斯已经公开宣称投身废奴运动——战场上竖起了醒目的旌旗，置身事外的人也无法视而不见——废奴运动的战士们曾经各自为营，现在终于可以团结一致。大家制定了作战计划，选出了领军人物，明确了行动目标——让议会通过废除奴隶贸易的法案。废奴运动由此全面展开。

1787 年 5 月 22 日，格兰维尔·夏普出任新成立的废除奴隶贸易委员会（Committee for the Abolition of the Slave Trade）主席。委员会成员们决定，必须尽快收集所有和奴隶贸易有关的信息，以应付议会针对议案的质询。此事只能秘密进行，因为一旦支持奴隶贸易的利益集团得知会有议会质询，他们必然利用一切手段防止信息泄露并且会进一步阻挠。不过，仍有时间。克拉克森计划这年夏天走访英国多个奴隶贸易港口以收集信息。他在这场运动中的勇气配得上永载史册。可以想象，利物浦和布里斯托尔等地必然有人对克拉克森恨之入骨，因为正是他那篇该死的拉丁文获奖论文成为所有麻烦的导火索，而如今麻烦越来越多。接下来几个月，他的生命多次受到威胁，但他越是亲眼见到奴隶贸易之恐怖，就越迫切希望将其终止。他写道："我发现，奴隶贸易这一体系的各个环节都同样野蛮残酷，一言以蔽之，奴隶贸易是彻头彻尾的一团邪恶。"

他每到一处，总会被新的恐怖场景震撼。他爬进一艘贩奴船，测量了分配给奴隶的空间；他购买了用来捆锁和折磨奴隶的骇人刑具，从手铐、枷锁、拇指夹到烙铁，甚至还有一种专门用来撬开绝食奴隶的嘴的工具。克拉克森尽可能和更多了解内幕的人交谈，他收集的大量案例细节详尽，令人发指。他揭露得越多就越想揭露更多。克拉克森坚持不懈的努力让他取得了不可思议的成果：他总共访问了多达两万名水手。

另外，克拉克森和威伯福斯逐渐清晰地意识到，奴隶贸易和其他邪恶的体系一样，腐化甚至毁灭所有参与其中的人。参与这场恶行的几乎所有人都是受骗者：有的是经拐卖被迫投身其中，有的是为了还债不得已而为之，却从来不曾把债还清。奴隶贸易仿佛海上集中营，囚禁了不同阶级的囚犯，暴虐成性的船长对水手施加身体和精神的双重虐待，船长和水手一起，又对奴隶施加身体和精神的双重虐待。威伯福斯、克拉克森和夏普在整理收集到的信息时，发现了一些十分出乎意料的证据。这些证据表明，英国白人水手同样因奴隶贸易而受到羞辱和伤害。奴隶贩子和西印度群岛的种植园主们一直在鼓吹一个谎言，就是奴隶贸易可以为英国海军输送训练有素的年轻人；按照这种说法，在贩奴船上服役是关乎国家安全的大事。但克拉克森的发现却恰好相反：白人水手的处境非常糟糕，他们一心想要逃离，但是害怕和奴隶一样遭鞭打。他们同样无能为力。

另外，也有证据表明，贩奴船上的水手和奴隶们死于同样的疾病，而且死亡率相差无几。这些事实都不为英国公众所知。废奴主义者们希望，公众在得知真相后能受到触动，那些对废奴持开放态度、和殖民地种植园没有利益往来的政治家们也会受触动。克拉克森的工作又有新的进展，他得出了一个超乎想象的结论：贩奴船上英国水手每年的死亡率为百分之二十五。水手们当然知道自己处境危险，但是为时已晚，他们已深陷奴隶贸易罪恶的体系之中，和奴隶一样无处可逃。这些骇人听闻的事实正是奴隶贸易肮脏的秘密，揭露它们要冒极大的风险。

威伯福斯知道，英国水手在贩奴船上的悲惨处境将会成为一个强有力的论据，可以用来说服公众和议员终止奴隶贸易。因为事实和奴隶贸易支持者所声称的截然相反，贩奴船根本不是英国海军重要的练兵场。威伯福斯说，贩奴船岂止不是"水兵的摇篮，简直是他们的坟墓"。

克拉克森在利物浦听说了一件不可思议的事,但经过证实,此事属实。一名贩奴船船长鞭打自己的船员长达两个小时一刻钟,不出所料,那名船员最终丧命。这类故事屡见不鲜,克拉克森感到内心背负着沉重的负担。他写道:"想到奴隶贸易明天还将继续,我就痛苦不堪,从早到晚心烦意乱。"

克拉克森在搜集证据期间遇到了福尔肯布里奇,我们在前面引述了他关于中间航道的记录。福尔肯布里奇对克拉克森鼎力相助,不仅告诉他自己亲眼所见的事实,还几乎整个夏天与他并肩奋战。福尔肯布里奇总是随身携带手枪,因为他比年轻的克拉克森更了解正在对抗的力量是何等邪恶。

有必要解释一下,为什么废奴主义者仅仅争取废除奴隶贸易,而不是彻底废除奴隶制度。这个问题没有简单的答案。总而言之,这和策略有关,因为在那个时间点直接要求废除奴隶制度似乎有些不切实际。事实上,当时废除奴隶贸易的要求已经在经济上被视作疯狂之举。威伯福斯肩负的重任,就是证明废除奴隶贸易不仅是道德上正确的选择,也是经济上有利的选择——或者至少证明最终这将是经济上有利的选择,虽然英国会在短期内蒙受损失,但长远来看是值得的。

废奴主义者还相信——现在我们知道这不过是一厢情愿的想法——废除奴隶贸易会迫使西印度群岛的种植园主们善待奴隶。既然不再有新的供给,他们不得不确保奴隶不会像从前那样做工至死,也不得不照顾好女性奴隶,好让她们生儿育女。在西印度群岛甘蔗种植园的奴隶,其处境远比北美殖民地的奴隶更为悲惨。种收甘蔗绝对是难以描述的血汗苦工。种植园主们的确会让奴隶做工至死,然后再购买新的奴隶。威伯福斯等人认为,这种状况在奴隶贸易废除后能有所改变。虽然他们判断错误,但这的确是最初支撑他们政治策略的信念。

废奴主义者还认为,奴隶尚未做好准备迎接彻底解放,那应该是一个渐进的过程。这的确是一个完全基于现实的考虑,和法官曼斯菲尔德在萨默塞特案件中的担忧一样,如果英国一万四千名奴隶根据他的判决获得自由,那些奴隶根本无力谋生。但是,这种基于现实主义的道德观念很难站得住脚。

＊＊＊　＊＊＊

　　威伯福斯想到一个迅速结束奴隶贸易的方法，就是和其他参与奴隶贸易的国家签订国际协议，尤其是和法国。如果不能和法国达成协议，他的议案根本无望通过，因为可以预料，议会反对废除奴隶贸易的第一个论点必然是，只要英国放弃任何贸易，法国一定会捡便宜。此事对英国的经济利益至关重要——支持奴隶贸易的一方持这种观点——除非法国也采取相同行动，否则英国绝不能放弃。因此，威伯福斯和皮特竭尽全力希望与法国达成协议。

　　在英国与北美殖民地发生冲突时曾被派驻北美的威廉·伊登（William Eden）当时正在法国，他按照威伯福斯和皮特的指示，就废除奴隶贸易一事和法国外交大臣蒙莫兰伯爵（Comte de Montmorin）进行谈判。蒙莫兰伯爵希望了解更多细节，于是威伯福斯在 11 月 23 日给他写了一封长信，详细列举了废奴主义者们挖掘到的恐怖细节，戳穿了有关奴隶贸易的虚假宣传和误导。他在信中特别指出，被送往西印度群岛的奴隶绝大多数都不是被免于死刑的罪犯或战俘。当时大多数人都有此误解，若不予以澄清，人们根本不可能接受废除奴隶贸易，因为不值得为这些人牺牲国家经济利益。但那根本不是实情，而是蓄意的虚假宣传。怎么可能有如此多的妇女和儿童要被作为战俘而处以极刑？即便这些奴隶真的是所谓"战俘"，战争的起因也不过是非洲酋长的借口。他们利欲熏心，想尽办法抓捕平民牟取暴利，败坏的行径比比皆是。非洲酋长很快发现，欧洲的奴隶贩子只想尽快把贩奴船塞满，为此可以毫无底线。他们在购买"战俘"时根本不会盘问部落领袖，导致"战俘"被抓的战争是否符合圣奥古斯丁为"正义战争"（just war）设定的标准。

　　威伯福斯的调查还表明，奴隶贸易破坏甚至摧毁了非洲的经济。他认为欧洲亏欠了非洲大陆。威伯福斯余生都在尽力帮助非洲。这并不是说，和欧洲人相比，非洲人在奴隶贸易中的所作所为具有道德优越性。在这个链条上，每个人都罪孽深重。非洲酋长不遗余力地拐卖人口并施加虐待,把奴隶们送上死亡之旅,在港口将他们卖给奴隶贩子。奴隶贩子又将他们卖给贩奴船船长,贩奴船船长又将他们卖给西印度种植园主,种植园主又让他们做工至死。被抓捕的非洲奴隶在贩奴链的每个环节都痛苦万分,死亡率之高骇人听闻。不过,威伯福斯一针见血地指出关键——启动这部丧失人性的机器又往邪恶的火焰上不断浇油的正是欧洲人。他愿意竭尽全力偿还欧洲对非洲大陆欠下的债。

到了 12 月,有关法国的策略突然有变。威伯福斯相信,一旦英国放弃奴隶贸易,法国必然跟随。他当时觉得,很快就能取得废除奴隶贸易的胜利。他在信中对伊登说:"至于胜利的前景,我向你保证,我丝毫没有怀疑。证据如下:该议案引人注目的正当性;首相皮特的鼎力支持;下议院的整体氛围,我本来并未期待议员们在运动初期就如此大力支持。一些位高权重的人士不停谈论此事,纷纷发表意见,热情高涨。"

威伯福斯仍然年轻,而废奴运动也刚刚起步,众人激情似火,想法天真单纯。不过也有饱经沧桑之士,表示对废奴的前景并不十分乐观,其中一位就是八十四岁的约翰·卫斯理。他在 1787 年 10 月写给格兰维尔·夏普的信中说:"我第一次听说奴隶贸易时,内心涌起极度的厌恶……我愿意尽一切力量,推动你们的光荣义举……那些心中无视尊严、良知和人道的人,会集结各种反对力量前来碾压……他们为保利益,不择手段。"卫斯理深知夏普等废奴主义者必然要面对的邪恶。"在各样患难之中,想到有一位上帝(虽然这想法与时代潮流相悖),这是何等的安慰! 对,千真万确(人们对此却甚少思想!),上帝仍然掌权,既在天国掌权又在地上掌权! 我将你们和你们光荣的使命交托给上帝。你亲爱的仆人,约翰·卫斯理。"

卫斯理历经苦难,他知道,领受呼召与世上种种罪恶作战的人必然受苦。二十八岁的威伯福斯有才华、有财富、有人脉,但他刚刚成为基督徒,尚不清楚将为信仰的缘故面临哪些争战。他还没有受过考验,也很难想象自己会因努力改善同胞的福祉而被诋毁。他还没有见过这样一幕:受人尊敬的达官显贵面对眼前超乎想象的残忍与邪恶,只是打个呵欠,耸耸肩,然后转身离去。也就是说,面对善恶分明的抉择,他们宁愿选择邪恶。这种反应会令威伯福斯感到费解,毕竟,他本性乐观又善良。正因为本性如此,他根本无法理解,为什么其他人在知道真相后不愿为正确的事努力。他真的不了解人性。

威伯福斯读过耶稣在《约翰福音》第3章第19至20节中的教导:"光来到世间,世人因自己的行为是恶的,不爱光倒爱黑暗……凡作恶的便恨光,并不来就光,恐怕他的行为受责备。"只是,他还没有亲身经历这当中的真实。

威伯福斯尚不十分清楚,自己生活在马丁·路德所言"恶魔盘踞世上"的星球,而他正是一名深入敌后的战士。乐观的威伯福斯于1787年12月底在下议院宣布,自己将于明年年初提出废除奴隶贸易的议案。他感到胜利在望。政坛元老福克斯承诺给予支持,另有不少人表示赞成!英国全地的人民都将发声!各个郡县乡镇都在收集请愿书,成千上万的平民签名反对奴隶贸易,议员们将清晰地听到发自英国人民良知的声音。试问谁有胆量逆势叫停,谁敢?

且慢,法国人此时正冷眼旁观,心中充满疑虑。他们惊觉自己有可能上当受骗,因为英国人从未保证会和法国一起放弃奴隶贸易。但是威伯福斯的乐观之火不会轻易被浇灭。他在1788年1月写信对伊登说:"要有信心,不要怀疑,我们会胜利的。"两个世纪后的今天,即便我们面对这种情形,也会退缩疑惑的。但当时的他始终保持乐观态度。他在给一位选举人的信中说:"我欣慰地意识到,这场(关于非洲)的运动已经激起了公众的热情,我相信一团火已经被点燃。这团火将烧到成功的那天,不会半途熄灭。"

何谓勇敢的信仰?何谓天真的理想?二者的差别极其微妙。威伯福斯说得没错,的确有一团火被点燃了,在使命完成之前,这团火的确不会熄灭。但是他当时根本不知道,这团火要整整燃烧二十年。经过艰苦岁月之后,使命方才成就。倘若这团火指的是废除奴隶制度而不仅是废除奴隶贸易,那它还要再燃烧四十五年。

2月19日,第一个重大挫折来袭:威伯福斯几乎丧命。他上一年夏天生了一场大病,事实上,克拉克森在启程去调查之前曾拜访过他,当时他即卧病在床,不过后来恢复了健康。到了11月中旬,他再次生病,病愈后又开始拼命工作,专注废奴议案和重整社会道德这两项使命。他希望 2 月初提出议案，但是后来发现，恐怕还要再多一个月的时间方能准备就绪。可是就在 2 月 19 日这天，他旧病复发，不得不暂时搁下所有工作。他发烧，极度疲劳，吃不下东西。2 月 23 日，他请来当时的名医詹姆斯·皮特凯恩(James Pitcairne)，可是医生诊疗之后，他仍然没有好转。威伯福斯的好友米尔纳取消了在剑桥的课程，飞奔到他身边来探望他，凭借自己的医术担当起医生的角色。

威伯福斯很快恢复了健康，重新开始工作。3 月 4 日，他去约翰·桑顿在克拉朋(Clapham)的宅邸小住。自从卖掉温布尔登的劳里斯顿庄园后，每当他需要乡间的新鲜空气，他就会去克拉朋住上一阵；所谓"乡间"，距离伦敦市中心也不过四英里远。威伯福斯回到伦敦后再次感到不适，医生劝他去巴斯泡温泉。这些医生似乎认定，威伯福斯时日无多，巴斯的温泉可能会让他的身体状况有所改善，即便不能，至少也会让他舒服些。但是 3 月 8 日，威伯福斯还没来得及启程去巴斯，突然间彻底病倒了。医生诊断说是"消化功能完全衰退"。发烧和痢疾再次来袭，看上去情况非常不妙，他似乎危在旦夕。

众人将威伯福斯的姐姐和母亲接来，此时出现了另一位名医——理查德·沃伦(Richard Warren)。这位名医的诊断令人绝望："这个肠子如印花棉布的小个子活不过十二个月。"沃伦以悲观出名，所以大家又请来了其他医生，不过那些医生的综合意见比沃伦的还要悲观。他们的结论是，威伯福斯"撑不过两个星期"。但是我们知道，这个"肠子如印花棉布"的小个子还会再活四十五年，让这些医生无地自容。到了 3 月 27 日，他明显脱离了危险，情况一点一点好转。究竟发生了什么？是什么把我们垂危的英雄从死亡线上拽回了人世间？救命稻草似乎是当时一种神奇的新药，这种药在十八世纪最后几十年被广泛采用，但后来逐渐被医学界放弃，它就是鸦片。

在威伯福斯那个年代，医生们经常让病人服用鸦片剂和液体的鸦片酊，这次也不例外。威伯福斯终生都服用鸦片。毫无疑问，鸦片不仅这次帮助他减轻了痛苦，后来更多次奏效。但是，服用鸦片也在日后的几十年间让他的整体健康状况渐渐恶化，最终导致他本就不佳的视力更加模糊，在某种程度上，也影响了他的思考能力。但是和今日吸食鸦片的情况不同，威伯福斯似乎并没有上瘾；他在接下来的几十年里控制住了服用的剂量，他颇有自制力。

威伯福斯的状况越来越好，终于在 4 月 8 日动身前往巴斯。鸦片虽然能缓解症状，却不能根除病因，一般认为，他得的是溃疡性结肠炎。威伯福斯离开伦敦之前，皮特向自己体弱多病的朋友承诺，会在他休养期间代替他向下议院提出废除奴隶贸易的议案，这让威伯福斯深感欣慰。威伯福斯在巴斯休养了一个月，饮用温泉水，享用温泉浴。自古以来，当地具有神奇疗效的温泉水就为贵族所推崇。

与此同时，皮特和波蒂厄斯主教负责监督枢密院（Privy Council）就废除奴隶贸易展开的质询。5 月 9 日，皮特做出一项决议，要求下议院在接下来的议事环节正式调查奴隶贸易。他以老练的姿态发表了一场演讲，假装对此事态度中立，但他也表示，希望威伯福斯能尽快恢复健康，"重新领军"。福克斯的表态比较随意，不过他一向如此。他说："我起初即没有任何疑虑，这是一个重大议题，按照我的意见，奴隶贸易不应被监管，而应被废除。"埃德蒙·伯克也公开表示支持。常在议会中针锋相对的两人居然都支持废除奴隶贸易，这实在不可思议。

议会中代表西印度群岛种植园利益的一方纵然内心焦躁，却一直保持沉默，甚至没有反对皮特的决议。那些人选择按兵不动，显然要等时机成熟再予以反击。

威伯福斯当时已经离开巴斯前往剑桥。巴斯神奇的温泉水助他恢复了元气，而大块头米尔纳的医术也明显见效。威伯福斯在曾经就读的圣约翰学院住了一个月。他在日记中写道："生活有规律并且很安静，长久以来不曾如此。傍晚通常和米尔纳在一起。"

让我们再回到议会。5 月 26 日，牛津郡议员威廉·多尔宾（William Dolben）让支持贩奴的一方头痛不已。据说，他前不久在一艘停靠于泰晤士河边的贩奴船上，亲眼看见了奴隶们挤在一起的惨状，深受触动，备感不安。这番经历促使他提出一项议案，要求按照载重量限制贩奴船上的奴隶人数。支持贩奴的一方终于坐不住了。他们知道，套在自己脖子上的绳索越勒越紧。他们罪恶的贩奴勾当禁不起任何质询，只要黑暗的内幕被公布于众，舆情必然对他们不利。一直以来，他们第一个狡猾而无耻的谎言就是声称奴隶有足够的空间。他们曾说，船舱的实际空间比申报的要大，故意低报是为了少缴港口税。但是现在，多尔宾揭穿了他们瞒天过海的招数。议会还了解到，贩奴船航行于中间航道期间，奴隶的死亡率至少为百分之五至百分之十。有充分证据显示，在某一次航行期间，整条船上足有三分之一的奴隶丧命。下议院第一次听闻这些数字，而接下来披露的真相比这更糟。多尔宾的议案似乎将一束光打进了蛇窝，这阴湿的角落从不为人所知，如今在强光照射下，惊恐的毒蛇缠绕在一起痛苦地扭动。

支持贩奴的一方脱身乏术，丑态尽出。为了反击，他们的所言所行已经到了不顾廉耻的地步。他们仿佛顽童一般善变，每逢有新的事实揭穿谎言就变换说词，甚至察觉不到自相矛盾之处。那些人睁眼说瞎话。多尔宾引述一位利物浦船主的话，对方称越拥挤的船卫生状况反而更佳。代表种植园利益的人此时也表示，任何监管英国奴隶贸易的措施，都无非是将属于英国的奴隶和金钱拱手送入法国人手中。他们已经走投无路，只能打这张"法国牌"。

但这招非但不奏效，还适得其反。皮特极其反感这些言论，他按捺不住愤怒，发表了振奋人心又充满激情的演讲，称如果奴隶贸易继续以这种方式进行下去，他会坚定地投票将其废除。他称奴隶贸易之丑恶"骇人听闻"，"无论在任何国家都惹人厌恶"，"让英国议会和大英帝国蒙受奇耻大辱，如果按照支持奴隶贸易的请愿者所言不加监管，继续进行这种奴隶贸易，那无疑是违背人性、违背基督教信仰原则，也完全违背激发人性美善的美好情感。"皮特堪称十八世纪末持守古典理想的典范，这点和乔治·华盛顿十分相像。对他来说，以最纯粹的方式持守古罗马美德即相当于宗教，而他是这个宗教坚定不移的践行者。当他提到"激发人性美善的美好情感"时，并非空谈华丽的辞藻，而是真心相信。野蛮人已经得到警告，但野蛮人通常不会被高尚的言语说服。

1788 年夏天和秋天，威伯福斯的大部分时间都在雷利格（Rayrigg）度过，他自 1780 年起即在壮丽的湖区租了一处宅邸。母亲和姐姐也来和他同住，他在那几个月基本上恢复了元气。他后来写道："我从未像这次一样，如此享受乡间生活。清晨，我通常独自泛舟，在湖中央树木茂盛的岛上寻一方静谧的空间。"他会打开《圣经》，阅读上帝的话语，"在美好的秋日清晨祷告。湖面平静如镜子一般，四周群山笼罩在雾霭之中，仿佛有许多头睡狮环绕着我；阳光洒落在眼前色彩斑斓的围场上，如此美妙的景致，我还是第一次见到。"

第**11**章
第一轮较量

"我们不能再佯装无知……"

1788 年 11 月 5 日,在温莎城堡的晚宴上,国王乔治三世第一次显出疯癫的迹象。头戴假发的君主从餐桌上一跃而起,揪住大儿子威尔士亲王的头往墙上撞。悲剧从此拉开序幕,直至国王去世。乔治三世那天的惊人之举没有人拦得住,不过,如此决绝的惩戒并没有让败坏的王子改过自新,他依然如故。国王突然发疯和王子屡教不改这两大不幸引发了政治危机,尤其是对时任首相的威廉·皮特而言。皮特很清楚,如果国王因病不能处理政务或者去世,王子将会继位,然后罢免皮特,任命他的狐朋狗友福克斯为首相。王子也会宣布举行大选,辉格党毫无疑问会胜出。如果国王久病不愈,皮特作为首相,有义务任命摄政王,而摄政王只能由威尔士亲王担任。无论是做国王还是摄政王,他都会惹出大麻烦。

曾经把威伯福斯的肠子描绘成"印花棉布"的沃伦医生,带领一个顶尖的医疗团队为国王治病。在医疗技术欠发达的十八世纪,沃伦等人对国王的病根本束手无策。11 月 22 日,他向皮特汇报国王的病情,其自成一派的推诿逃避从病情描述中可见一斑:"国王今早精神完全错乱,表现形式相当幽默。"两天之后,"沃伦风格"的诊断再次出现:"国王一整天都处在十分狂躁的状态中。"

具体来讲,乔治三世相信自己能透过望远镜看到德国。或许,正因为他是汉诺威家族(House of Hanover)的一员,一想到轻易就能够回归故土,他就喜不自禁。另外,有一天在户外,国王把一棵树认作普鲁士国王,按照皇家礼仪向对方致敬且握手。所谓"手",其实就是一根低垂的枝条,但很明显,枝条上没有手指。

现在似能确定,国王患上的神秘而可怕的病是遗传性卟啉紊乱,这种病的症状之一即是短暂癫狂。卟啉症是一种遗传病,摄入砒霜可引发此病,并导致病情恶化(2003 年在大英博物馆里意外发现了国王乔治三世的一缕头发,经过检测,当中含有致命剂量的砒霜)。当时流行的泻药"詹姆斯粉"(Dr. James's Powder)即以砒霜为主要原料,而御医们在给国王治病时曾让国王大量服用此药。沃伦团队非常自信地断定,国王患的是一种痛风病(flying gout,这似乎是一种杜撰出来的病),使用芥子膏药和詹姆斯粉正是对症下药。另外,国王的头皮也被刮得干干净净,以方便排出头颅内的有害体液。

皮特发现自己陷入非常艰难的处境。他只能拖延时间,期待国王痊愈。但他不能一拖再拖,终于,他被迫做出有关摄政王的安排。他希望尽可能限制摄政王的权力,在接下来这段时期,他和王子以及王子的朋友福克斯展开了政治斗争,整个过程相当令人不快。福克斯和王子堪称一丘之貉,两人不仅性情一样傲慢,身材也一样臃肿肥胖。他们公开表示对正人君子皮特的不满,迫不及待要夺取权力并将皮特扫地出门。但是,1789 年 2 月 27 日,国王仿佛定要力挽狂澜,他恢复了理智,皮特因此大获全胜。在接下来的几十年里,国王的精神状态时好时坏。不过在那个关键时刻,国王的神智非常清醒,危机终于化解。

那段时期,威伯福斯一直在皮特身边和他共渡难关,并且对他的领袖才能大加赞赏。他在给好友瓦维尔的信中说:"他自始至终以人民的福祉为念,我真希望你能和我一样,自始至终见证这份单纯和赤诚,你对他的深深爱戴将会有增无减。"

曾经以其深刻信仰影响了少年威伯福斯的伯母汉娜,在 1788 年的最后一周去世了。1789 年年初,威伯福斯结识了另一位虔诚的基督徒,此人几年之后将与威伯福斯家族联姻。詹姆斯·斯蒂芬(James Stephen)是一名苏格兰律师,他在威伯福斯的姐姐萨莉的第一任丈夫去世后和萨莉结婚,此人后来成了威伯福斯生命中的一个关键人物。二人既是好友,又是同盟。斯蒂芬出现的时机恰到好处,因为他能帮助威伯福斯准备下议院的辩论。他在拉丁美洲国家巴巴多斯做过律师,亲眼目睹了西印度群岛奴隶贸易的丑恶现实。他对奴隶制度深恶痛绝,对废奴一事极其热心。这份热情和他的辩才对日后的废奴事业至关重要。此外,斯蒂芬还很有创意,他在 1806 年提出的另类想法不仅让废除奴隶贸易成为可能,还意外地引发了"1812 年战争"。*

詹姆斯·斯蒂芬于 1783 年抵达西印度殖民地,并从那时起对奴隶制度有了越来越深入的了解。他到达当地后不久,即参加了一个上流社会的晚宴。席间,众人提到了一起引发热议的谋杀案,此案不日即将宣判。四名黑奴被控谋杀了一名白人医生,只有一位目击证人出庭作证,是一名显然被吓得魂飞魄散的女奴。她在法庭上给人的印象是,除了指控那四人,她别无选择。需要强调的是,法庭一般不会听取黑奴的证词。但这一次,一名黑奴的证词居然能决定四个人的生死,实在令人费解。斯蒂芬旁听了审判,他很确定那四个人是无辜的,可他们却都被判有罪。更让斯蒂芬震惊的是,法官判决他们火刑。其中两人不知为何免于一死,另外两人则按照判决被绑在立起的柱子上,从头到脚浇上汽油。斯蒂芬后来听说,其中一人在痛苦中把柱子拔起,在地上打滚熄灭了身上的火焰。人们随后又把柱子立了起来,再次把汽油浇在那人身上,点火。斯蒂芬写道:"说二人是被活活烤死,这一点也不夸张。"

斯蒂芬对奴隶制度的痛恨始于这残忍的一幕。在接下来的几年间,他亲眼目睹了更多恐怖的暴行,对奴隶制度的痛恨也与日俱增。他有一次写道:"我宁愿和勒死我亲生儿子的人重归于好,也不愿支持一个放任奴隶贸易、对此不闻不问的政权。"要知道,他一向不喜欢夸张的表达,而且他很爱自己的儿子。和威伯福斯一样,斯蒂芬是虔诚的基督徒,他向威伯福斯保证,回到圣基茨岛后会尽可能提供反对奴隶贸易的证据。考虑到他有家庭,并且在当地靠做律师谋生,他必须秘密行事,因为他们全家人直到 1794 年才离开圣基茨岛返回英国。

1789 年 4 月,枢密院向议会发出了质询报告,废奴之战此时风起云

---

* 1812 年战争,又称第二次独立战争,发生于美国和英国之间,为美国独立后第一次对外宣战。

涌。整份报告长达八百五十页,议员们只有三周时间用来消化理解,随后就要展开辩论。但是威伯福斯越了解奴隶贸易可耻的细节,他就越确信,凡是和他一样读到眼前这份报告的人都会认定,除了废除奴隶贸易,再无其他选择。这些事实从不为人所知,现在终于要公布于众。但是当西印度种植园利益团体意识到这份报告将会促进废奴之后,他们立即改口,宣称监管奴隶贸易才是明智之举。为了拖延时间,他们信口开河,扭曲事实真相。

这年 4 月,威伯福斯再次去泰斯通的巴勒姆庄园拜访米德尔顿夫妇。詹姆斯·拉姆齐、托马斯·克拉克森和汉娜·莫尔也在那里。汉娜·莫尔当时想到了《大宪章》(Magna Carta),* 她希望泰斯通能够成为"黑人的兰尼米德(Runnymede of the negroes),解放非洲黑奴的大宪章将在此地诞生"。

众人尽可能动员所有力量。约翰·牛顿被问及是否可以请他的好友威廉·考珀创作一首诗歌。牛顿当然义不容辞,考珀也欣然接受了邀约。《黑人的怨声》(The Negro's Complaint)虽然不是考珀最优秀的作品,但在当时的确有助于将废奴的观念传遍英国。最让考珀和所有参与这一神圣事业的基督徒无法容忍的是,自称为基督教国家的英国伪善至极,它利用基督教的仪式和规条满足私利,刻意违背上帝最根本的诫命,残酷压迫成千上万的人类同胞。考珀的诗中有这样一节:

> 你们时常对我们说,诸天之上
> 有一位统管全地,此事当真?
> 他是否从高天之上的宝座发声,
> 命令你们将我们买卖?
> 你们要向他发问,多节鞭、镣铐,
> 还有那紧到勒出血的铆钉,
> 是否是实现他意志之人

---

* 《大宪章》又称作《自由大宪章》,是英格兰国王约翰最初于 1215 年 6 月 15 日在温莎附近的兰尼米德订立的宪法性质的文件,旨在限制王权,保障教会和封建贵族的权力。

为完成使命所需用的工具？

陶艺家乔赛亚·韦奇伍德(Josiah Wedgwood)也收到邀请，用他的巧工为废奴运动发声。他创作了恐怕是人权运动史上第一个标志性形象——或者说，第一个标识。一名手脚都被镣铐捆锁的非洲黑奴跪在地上，神情恳切地问道："难道我不是人类同胞，不是你的兄弟？"这个形象随即被大量复制，出现在鼻烟盒及妇女们用来装饰头发和衣服的浮雕贝壳上。盖在信件封口处的印章也采纳了这个形象，如此一来，就连信件的封口也能够引起人们对废奴的关注。

当时还有一幅非常有冲击力的图像，全国随处可见。艾奎亚诺获得了一艘贩奴船内部设计的图版，上面描绘了如何摆放奴隶才能使空间利用效率最大。艾奎亚诺将副本交给了克拉克森。这幅图简单明了，默默地诉说黑奴梦魇般的遭遇。克拉克森将这幅图稍作修改，以利物浦布鲁克斯家族拥有的著名贩奴船"布鲁克斯号"(Brookes)为蓝本，详细标注了船体内部构造的尺寸，极为精确。这幅引人注目的图解立刻在全国激起愤慨，不断有人将其复制并到处张贴。按照多尔宾提出的限制人数的议案，布鲁克斯号的法定承载人数是四百八十二人，恰好如图中所示。不了解奴隶贸易的人会认为，按照这幅图将如此多的人塞进船舱内简直不可思议，但更不可思议的是，这幅图揭露的恐怖情形竟然是根据贩奴利益相关者所谓的更人道的新规所描绘的。在新规定之前，同样一艘船可以运载最多七百四十名奴隶。这张图是废奴主义者打出的王牌：四百八十二个生命被如此对待。一眼望去，观者并不清楚眼前究竟是什么，只知道是一幅图解，仔细看看，图上似乎有一排排小虫、横竖画线或象形文字。但近前再看一看，原来那一排排全是人。画面上呈现了充足的细节，整幅图非常逼真，直接对观者发起视觉冲击和道德叩问。观者慢慢发现，图中的细节将恐怖的真相一点一点揭开。有些人形比其他人要小，原来他们是孩子；有些看外形就知道一定是装排泄物的大桶，旁边躺了好多人。这幅图仿佛把人带到深渊的边缘，让人被眼前骇人的景象吓得目瞪口呆。

关键时刻即将到来。5月12日，威伯福斯上场了。有趣的是，两年前同样是这一天，威伯福斯在橡树下对皮特和格伦维尔许诺，发誓废除奴隶贸易。为了准备演讲，威伯福斯认真阅读并且消化理解了枢密院长达八百五十页的报告。他在辩论中慷慨陈词，即兴发言三个半小时，逐一阐述列举在几张纸上的要点（这些纸现藏于牛津博德利图书馆）。他从下午五点开始发表演讲，呼吁议员们投票支持废除奴隶贸易这项议案。此时此刻，第一个"伟大的目标"似乎唾手可得。

威伯福斯在提到中间航道时说："如此庞大的苦难被压进如此窄小的空间，实在超过人类所能想象。"他说，正是中间航道促使他在议会挺身而出。"奴隶贸易的丑恶骇人听闻，无可救药，我全部心思都被废除奴隶贸易所占据。它的根基毫无公义，它的施行惨无人道，它必须被彻底废除，无论代价如何——无论后果怎样，从这一刻起，除非奴隶贸易被成功废除，否则我绝不停止抗争。"

威伯福斯滔滔不绝，详细描述了整个邪恶交易的方方面面。在这个过程中，非洲的男女甚至儿童遭受非人的待遇，成了西印度群岛种植园主的产业。不过，威伯福斯在演讲中极其注意自己的表达。他本可以用激烈的言辞对那些可恶的人渣发起猛攻，他们不仅促成了这贩卖人口的罪恶勾当，现在又试图使之延续下去，只为能填满自己无底洞般的钱袋。但威伯福斯没有采用这种口吻。他的信仰让他首先对自己的罪性有深刻的认知，所以，当他发表演讲时，他的话语中透露出难得的气度和恩典："我的本意并非指责任何人，我和大英帝国议会中其他议员一样，为自己允许恐怖的奴隶贸易进行下去而深感羞愧。我们都有责任——我们都要认罪，我们不能用指责他人来为自己开脱罪责。"这番话当然有政治的考量，但绝非虚情假意。威伯福斯对自己所言的真理深信不疑。

在前几个月的听证会上，威伯福斯详细梳理了事实，以此来反驳对手提出的所谓证据。他在回应对手卑鄙无耻的言辞时，从未指名道姓。可以想象，对敌人发起个人攻击的诱惑一定相当强烈。有一个名叫诺里斯(Norris)的人尤其值得一提。此人来自利物浦，受支持贩奴的利益团体驱使，用尽各种下流手段破坏废奴运动。他曾经去找克拉克森，假装自己也支持废奴，向克拉克森提供了大量虚假信息，后来却在枢密院的听证会上作证反咬克拉克森一口,目的就是混淆视听,让克拉克森出丑。他还到处散播关于克拉克森的谣言,比如说克拉克森本人曾经申请过贩奴船船长的职位。

但是诺里斯虚假证词中最令人咋舌的,当属他对奴隶们在贩奴船上生活的描述。他的描述天花乱坠,竟然称跳舞是每天的惯例,仿佛奴隶们在航行中快乐得难以言表。威伯福斯在演讲中多处提到诺里斯荒谬的证词。他解释道,奴隶们的确在那些地狱之舟晃动的甲板上跳舞,但却不是出于喜悦,而是因为受水手们的鞭笞所迫。水手们为了取乐,逼迫奴隶们跳舞唱歌。想想看,这些人被折磨得只剩下一具躯壳,只想一死以永远逃离噩梦,但却被迫跳舞唱歌,可见现实比噩梦更加残酷。

把贩奴船描绘为乐土的不只诺里斯一人。一位前贩奴船船长给出如下证词:

> 天气闷热时,如果他们的皮肤渗出一点点汗水,他们会走上甲板,这时会有两个人过来,拿布把他们身上的汗彻底擦干,还会有人递来饮品……然后奉上烟斗和烟草……船上有他们本国的乐器供娱乐之用……如果唱歌跳舞还不尽兴,他们就聚在一起赌博。

威伯福斯在演讲中并没有羞辱给出上述描述的恶人,虽然他辩才一流,让对手无地自容简直易如反掌。相反,他冷静地用事实逐一反驳这些虚假陈述。他清楚,除了事实,再无需赘言。

"老迈的非洲亵渎者"约翰·牛顿也前来作证。他在枢密院的证词堪称是对奴隶贸易的迎头痛击。牛顿有着高尚的道德情操,而他的个人经历也让他深知奴隶贸易的每个细节。例如,他解释道,许多奴隶在登上贩奴船时已经半疯,因为通常已被非洲的奴隶贩子折磨了几个星期、几个月,甚至几年。大部分奴隶从不曾见过大海,也不曾接触过白人,他们分不清白人究竟是人是鬼,不过他们确信,这些人的意图是要吞掉自己。艾奎亚诺在他的自传中也提到,他在非洲奴隶贩子的手上被虐待后,辗转落到了同样残忍的英国奴隶贩子手中,牛顿所说的恐惧和精神紧张他都经历过。凡是亲历了这种种恐怖的人都会禁不住想，自己一定是从这个世界腐烂的破口直接掉进了地狱的深处。

支持贩奴的利益团体极尽说谎之能事，把奴隶贩子描绘成救赎者，而不是压迫者。在一份名为"奴隶制度无关压迫"的单张上，有如下典型的谎言：

> 众所周知，非洲东西海岸散居着愚蠢且未开化的部落，他们行为极其野蛮残暴，头脑极其冥顽不灵，思想黑暗如其肤色，拼命生育，脾性急躁，懒散邋遢无可救药，生性残忍堪比当地猛虎。和嗜杀的野兽相比，他们在智性上毫无进步可言，唯一的差别在于语言。不过，他们完全不谙语言之运用，出言粗鄙，发音刺耳，口齿不清。这些民族常年争战，彼此掠夺毁灭，以残忍手段维持基本生存，时常朝不保夕。战争中被抓获的俘虏若能被送往他处，实在是脱离水火的幸事。

威伯福斯用事实反驳对手每一个或荒谬或严肃的论点。他还告知下议院，法国对废除奴隶贸易的态度也很积极，他向各位议员汇报了近期在外交方面的努力，凭借这些努力，英国将会同法国及其他参与奴隶贸易的国家达成协议。他还解释道，非洲拥有丰富的自然资源及其他物产，可以用商品贸易取代奴隶贸易，使英国和非洲大陆的经济获益。他还提到了奴隶贸易对英国水手的伤害。在详述了所有论点之后，威伯福斯准备结束演讲，他郑重强调，虽然废除奴隶贸易从经济和其他各个角度来讲都是良善的政策，但促使他推动废奴的根本原因却无关政治，也无关经济：

> 各位，政治不是我的原则，我如此表态，并不感到羞愧。有一项原则，高于一切政治考量。当我思想"不可谋杀"这一诫命时，我相信它是出于神圣的权柄，我怎能用自己的各种心思与之对抗？各位，当我们思想永恒以及思想行为的长远后果时，我们要扪心自问，自己在世上有哪些行为违背了自己的良心，违背了

公义的原则，违背了宗教的律法，更违背了上帝的诫命？

　　各位，奴隶贸易的本质和所有相关事实现在就摆在眼前。我们不能再佯装无知，不能逃避，它是我们前面一个实实在在的障碍，我们不能绕过去。我们可以咒骂它，可以把它踢到一旁，但就是不能转过身去佯装不见。因为它此时此刻已经逼到眼前，议会必须做出决定，必须向全世界、也向自己的良心证明，这个决定的根基和原则是公义的……惟愿议会不是唯一一个对国家正义浑然不知的团体。

　　无论从哪个角度评判，这篇演讲都是威伯福斯一生中水准最高的演讲之一。有人甚至认为，这篇演讲将他提升到可以永载史册的伟人之列。当时是演说家的黄金时代，埃德蒙·伯克堪称最优秀的一位。他称威伯福斯这篇演讲阐述的"原则令人钦佩，表达井然有序、铿锵有力"。他这样评价这篇演讲："在我听过的演讲中无出其右者，恐怕只有古希腊雄辩家德摩斯梯尼（Demosthenes）能够超越。"

　　波蒂厄斯主教也为这篇演讲激动不已。每个人都激动不已。整篇演讲精彩地呈现了无可争议的事实和无从辩驳的论点，它也是对众多祷告的回应，有威伯福斯自己的祷告，也有站在他身后共同反抗奴隶贸易之恶的战友们的祷告，包括艾奎亚诺、牛顿、汉娜·莫尔、米德尔顿夫妇、拉姆齐、克拉克森、夏普、贵格会信徒、查尔斯·艾略特、艾萨克·米尔纳、约翰·卫斯理。可是，卫斯理的预言应验了，议员们的石心紧紧抓住利益不放，他们完全不为所动，废除奴隶贸易的议案以失败告终。

　　究竟是怎样失败的？议员们辩论后的决定是"听取更多证据"，也就是没有任何决定；可实际上，威伯福斯等人拿出的证据已极为翔实，根本无需更多证据。于是，恐怖至极的奴隶贸易仍要一如既往地继续下去，又有成千上万被绑架的奴隶从非洲海岸登上贩奴船，在臭气熏天、令人窒息的船舱里颠簸两三个月，在疯狂和绝望中挣扎，到达目的地后被卖给种植园主，受尽苦工的折磨，最后做工至死。这都是拜大英帝国上下两院议员仔细权衡后的结果所赐。议会接下来将进入夏季休会期。

第*12*章
第二轮较量

"……正如阿塔那修对抗世界。"

1789 年 7 月 14 日,巴士底狱被攻陷,法国终于一头扎进暴力之中。虽然形势日益严峻,但是威伯福斯的头脑则完全被废奴占据,他仍然准备赴法国与当地的废奴主义者见面。朋友们极力反对他的这个想法,尤其是吉斯伯恩。他们很清楚,一名富有而显赫的英国政治家在法国必然遭遇不测,因为那里充斥着杀红了眼的"平等主义者"。威伯福斯听从了朋友们的劝告,不过心怀遗憾。他还记得六年前的夏天,在风景如画的兰斯,他、皮特和艾略特三人住在杂货商家里,没有推荐信,处境尴尬,多亏那位和蔼可亲的神父出手相救。他本来计划这次去法国和神父见面,不过现在只能以道歉信代替了。

克拉克森代表威伯福斯去了巴黎。当地高举人权的火热气氛让他兴奋不已,他感到废除奴隶贸易在法国势在必行。他在信中对威伯福斯说:"如果法国人一夜之间做出投票废除罪恶的奴隶贸易这一高尚之举,我丝毫不会感到诧异。"但他很快就发觉,自己对大革命理想主义的看法和政治现实相去甚远。法国革命者似乎突然之间不愿和废奴扯上任何关联,因为他们认为,一些法国港口城市会因此和他们划清界限,不支持他们的运动。克拉克森乌托邦的理想幻灭了,在法国废除奴隶贸易不是不太可能,而是根本不可能。

克拉克森后来和法国殖民地圣多明各(Saint-Domingue,后来的海地共和国)的穆拉托人(Mulatto)* 领袖见面。在圣多明各,百分之九十

---

* 黑人和白人的第一代混血儿。

的人口为非洲黑奴,其余百分之十为白人殖民者。白人害怕奴隶起义,长期生活在恐惧之中,因此,凡是可能煽动暴乱者都遭到残酷镇压,而这又反过来激怒了奴隶们,使他们在动乱期间更残忍地报复法国人。克拉克森听说,前不久就有一起残酷镇压奴隶暴动的事件。起义领袖被"轮刑"处死,其细节过于恐怖,我们在此不详述。这次事件之后,所有关于耐心、渐进或政治妥协的谈论都戛然而止。对于法国国内反对奴隶制度的人来说,现在的形势是全面开战,只有全部阵亡或全部解放两种结局,再无回头路。局势发展至此,包括克拉克森在内的许多人都感到回天乏术。废奴运动陷入严重倒退。

回到英国,废奴运动在那里也遭遇了挫折。7月份,威伯福斯在泰斯通和米德尔顿夫妇同住时接到消息:詹姆斯·拉姆齐在伦敦病逝。拉姆齐只有五十五岁,虽然身体欠佳,但真正让他丧命的应该是支持奴隶贸易者恶毒且不间断的攻击,让他时常受到无耻谎言的轰炸。拉姆齐的离去必然让引荐他参与废奴之战的米德尔顿夫妇伤心不已,威伯福斯也一定十分难过。眼前的现实让众人逐渐明白,正如《圣经》所言,我们的确不是与"属血气的争战,乃是与那些执政的、掌权的、管辖这幽暗世界的,以及天空属灵气的恶魔争战"(《以弗所书》6:12)。

约翰·卫斯理给夏普的提醒,此时重新萦绕在众人耳边。当年约翰·卫斯理和查尔斯·卫斯理兄弟二人无惧旅途遥远,骑马到英国各地巡回布道,宣讲福音,并帮助穷人,因为无论政府机构还是个人都不愿对穷人伸出援手。卫斯理兄弟因此遭到整个英国圣公会的排挤。英国圣公会极尽所能迫害他们,这种状况从 1740 年一直持续到 1780 年。一些跟随卫斯理兄弟的"未接受按立的传道人"(lay preachers)甚至被暴民杀害,或被海军抓兵队绑架。

* * *　* * *

8 月 21 日,威伯福斯和姐姐萨莉一起去黄花绿地(Cowslip Green)拜访汉娜·莫尔和她的姐妹们。汉娜的妹妹玛莎(Martha)知道威伯福斯热爱大自然的美景,于是强烈建议他去看看附近的切德峡谷(Cheddar

Gorge)，那里的秀丽风光堪称全英国之最。切德峡谷是英国最大的峡谷，谷间有许多洞窟。不过，威伯福斯并没有为这处美景所震撼，而是被当地居民赤贫的景况所震惊。当地没有学校，也没有教堂，有些人可怜到连茅屋都住不上，只能把洞穴当做栖身之所。眼前的一切搅起他万千思绪，回到莫尔的住处后，他独自在房间祷告，没有吃任何东西。过了一阵，他心中涌起一个明确的异象，他对莫尔说："汉娜·莫尔小姐，我们必须为切德的居民做些什么。"

他们探讨了各种方案，直到天色已晚。威伯福斯最后表态说："如果你肯出力，我就愿意出钱。"他言出必行，任何资助当地穷人的计划，他都愿意倾囊相助。他恳请汉娜不要羞于向他要钱，否则就是虚假的谦卑，绝对的骄傲。威伯福斯一生捐款数额巨大，如今为了支持汉娜在切德地区帮扶穷人，他开出了第一张大额支票。汉娜·莫尔很快在切德设立了第一所学校。此后多年，威伯福斯的资助从未间断。

9 月份，威伯福斯在好友海伊医生（Dr. Hey）的推荐下去巴克斯顿（Buxton）尝试水疗。在巴克斯顿，人们用一种新奇甚至怪异的方式享用温泉，即所谓的"肌肤循环"（skin rotations）。那是一种按摩式水疗，病人躺在平坦如桌面的铜制水槽中，专业水疗师将当地神奇的温泉水喷洒在病人的患处。威伯福斯接受了水疗之后，前往吉斯伯恩夫妇的约克绍（Yoxall）小屋住了两周，随后返回巴克斯顿又接受了一轮水疗。神奇的是，"肌肤循环"似乎很见效，他接下来数年间几乎每年秋天都去巴克斯顿接受水疗。

1790 年 1 月，威伯福斯回到王宫庭院 4 号的家，新一期议会开始。如前所述，议员们希望听取更多有关奴隶贸易的证据。威伯福斯敏锐地指出，必须成立一个专门委员会，由这个专门委员会，而不是全体议员来听证。身为委员会的一员，威伯福斯有机会直接盘问每一位证人。诺里斯也受到盘问，他在自己的诚信被公开质疑时对威伯福斯口出恶言，但是听一听他的无耻证词，便会发现他的诚信实在不堪一击。支持奴隶贸易的证据于 4 月份听取完毕，随后是支持废除奴隶贸易一方提出证据，整个过程一直持续到 6 月初。

听证结束后，威伯福斯又去了巴克斯顿。当时同在巴克斯顿的还有约翰·桑顿的儿子亨利·桑顿，以及和威伯福斯在赫尔时即相熟的赛克斯一家。玛丽安·赛克斯后来和亨利·桑顿结婚。想想看真是奇妙，这些朋友在巴斯、巴克斯顿和各自家中不时相聚，总有交集。亨利·桑顿后来成了威伯福斯的好友，而威伯福斯在信仰上给了他诸多鼓励。亨利的父亲约翰是个慷慨又善良的人，但是亨利认为父亲的信仰过于刻板，让人不想亲近。亨利后来加入了克拉朋联盟，他在威伯福斯身上看到了基督教信仰富有魅力的一面。威伯福斯的传记作者约翰·波洛克（John Pollock）写道，亨利"有些厌恶父亲身上的习气，一些和父亲有商业往来的人嘴上大谈敬虔，做生意却不择手段。但是亨利发现他单身的表亲'威尔伯'不是这样"。

1791年年初，威伯福斯又来到斯塔福德郡的约克绍小屋，不知疲倦地备战接下来的议会辩论。威伯福斯的母亲和玛丽安·赛克斯也随他一起来到约克绍，不过三人共处的时间很少。正是在约克绍，麦考莱、威伯福斯、巴宾顿这些名字连在了一起。前面提到，托马斯·吉斯伯恩是威伯福斯在圣约翰学院读书时的邻居，他因为勤奋学习被戏称为"傻瓜"，而威伯福斯则故意对学业漫不经心。吉斯伯恩当时已经是出名的布道家和乡村牧师，也是威伯福斯的好友。他妻子的兄弟托马斯·巴宾顿（Thomas Babington）当时也在约克绍。他和威伯福斯还有吉斯伯恩都是剑桥的校友，而他又是亨利·桑顿的好友。

几个月的听证会累积了多达一万页的证据资料，威伯福斯必须加以提炼和消化。整理浩繁的材料，辨认潦草的笔迹，这些都是极其艰苦的工作。

玛丽安在给母亲的信中写道：

巴宾顿和威伯福斯近期几乎从不下楼，除了匆忙吃个晚餐，然后休息半小时。他们每天整整九个小时满脑子想的都是奴隶贸易。巴宾顿昨天晚上说，他要通读一千四百页对开本纸张的材料以找出对方的漏洞，并且收集能够证实威伯福斯演讲中观点的证据……这两个好朋友看上去虽然疲倦，精神却相当饱满，就在此时此刻，我听到他们正因为威伯福斯一位朋友提交的材料中某些荒谬的问题而哈哈大笑。

据说，威伯福斯"很擅长揪出荒唐之处"，对此我们毫不怀疑。虽然相隔两个世纪，但是借着赛克斯小姐的第一手回忆，我们仿佛仍能感受到威伯福斯对这处早已淹没在历史中的荒唐之处的嘲讽。赛克斯小姐在信中又写道，现在的威伯福斯和他 1784 年尚未经历"巨大的转变"时相比变化很大，"他现在既不任性也不吵闹，总是表现得十分欢乐，有时还很活跃，但是他比以往更多地谈论深刻严肃的话题"。

* * * * * *

威伯福斯离开约克绍后返回伦敦。1791 年 4 月 18 日，议会终于再次就废除奴隶贸易展开辩论。下午五点，威伯福斯起立发言，演讲整整持续了四个小时。他在演讲时态度十分谦卑。他后来写道，他将这场争战仰望交托给上帝，"求上帝赐下智慧、力量和说服众人的能力，惟愿我像交托这件事一样，将自己也全然仰望交托。若我成功，荣耀全部归于上帝，若我失败，惟愿我从心里认定，上帝的旨意必然成就"。

威伯福斯的演讲一如既往地精彩。他郑重宣告："无论结果如何，我都以这项事业为喜乐，我决不放弃……我一向坚定支持废奴，如果放弃，实乃卑劣之举。我已让人们认识到可怜的非洲人是人类的成员，我丝毫不怀疑，大英帝国议会将不再剥夺他们作为人类应有的权利。"

他的所言终将成为现实，不过还需漫长的时日。凌晨三点半举行投票：一百六十三票反对，八十八票支持。废奴运动在英国又一次失败。

就在这场令人痛心的失败发生前不到两个月，威伯福斯于 2 月 24 日收到一封信，相信他在阅读时必能感受到这是一份具有历史意义的文件。这封信来自八十七岁高龄的约翰·卫斯理，写完这封信之后不久他即离世。这恐怕是他生前所写的最后一封信：

尊敬的先生：

除非来自上帝的力量提拔你，如同当日阿塔那修对抗世界
（Athanasius contra mundum）＊，否则我不认为你能够成就废除
奴隶贸易这一荣耀事业。奴隶贸易是可憎的恶行，是宗教的丑
闻、英国的丑闻，更是人性的丑闻。除非上帝为这一使命提拔你，
否则你会被来自人和魔鬼的反对耗尽。但如果上帝支持你，谁又
能够反对你？他们虽联合起来，但怎能强大超过上帝？不要因行
善而灰心丧气！坚持下去，以上帝之名，靠上帝之力，继续奋斗，
直到就连北美的奴隶制度（堪称太阳底下最败坏之事）也彻底
消失。

我今早读到一位可怜的非洲人撰写的单张，令我尤其震撼的
是，一个黑人，被白人恶待，或被白人激怒，竟无处申冤。在我们的
殖民地有一条"法律"，就是黑人对白人的指控从不算数。这是怎
样的罪恶？

我只有一个祷告，愿自你幼年起就引导你的上帝，继续在这件
事并且在所有事上都加添力量给你！

你亲爱的仆人

约翰·卫斯理

在 4 月份那场失败之后的许多年间，威伯福斯又经历了众多争战，
他必然时常想起这封信中的话语。这封信充满激励，因为它出自一位
饱经沧桑、伤痕累累的基督精兵之手。他打了那美好的仗，耐心跑尽了
当跑的路，守住了所信的道。就在他即将进入安息之前，他伸手将接力
棒交给属灵之子，尤其鼓励他坚持去打"对抗世界"这场仗。于是，威伯
福斯继续朝着标杆直跑，越来越多的见证人如云彩般环绕着他，为他欢
呼雀跃。

＊ 阿塔那修（Athanasius，297－373），神学家，亚历山大主教，东方教父。"阿塔那修对抗
世界"这句名言，描述的是他一生反对阿里乌主义，反对罗马皇帝和教会权威强迫他接
受在他看来与《圣经》相反的信念。

第 *13* 章
美好的仗

"逐步……"

1791 年 4 月的那场失败不仅在当时看来令人沮丧,多年后回头细想,越发令人扼腕叹息。废奴主义者们后来意识到,1791 年的政治前景对废除奴隶贸易空前有利,此后多年再也不曾出现如此利好的形势。机会已经错失,从政治角度讲,局面开始往不利的方向倒退。

但民众对废除奴隶贸易的态度则是另一番景象。没有政治权力的阶层越来越支持废奴运动。英国人民突然意识到自己作为公民而存在,在历史上第一次发出了自己的声音。英国出现了一股支持人权和民主的潮流,这和此前北美殖民地的抗争以及当时的法国大革命有直接关联。

舆情骤然逆转。就在几年前,人们普遍对奴隶贸易的种种恐怖漠不关心,但是突然间,每个人都把这些事挂在嘴边。到处张贴着布鲁克斯号贩奴船的海报,陶艺家乔赛亚·韦奇伍德创作的身披枷锁跪地恳求的非洲黑奴形象也随处可见。威廉·考珀《黑人的怨声》一诗被谱了曲,大街小巷都在传唱;同样是那一年,十九岁的塞缪尔·泰勒·柯勒律治(Samuel Taylor Coleridge)凭借《反对奴隶贸易之颂歌》(Ode Against the Slave Trade)一诗在剑桥大学的诗歌比赛中拔得头筹。大批英国消费者抵制来自西印度种植园的蔗糖,部分原因是他们错误地确信了蔗糖中真的含有黑奴的鲜血。另外,在美国独立战争期间,英国答应给愿为英国争战的黑奴自由,因此许多黑奴在获得自由后迁往英国定居。从前,非洲奴隶的面孔在英国难得一见,如今却不再稀奇,他们的出现使废除奴隶贸易问题更加具体可感,加深了英国民众对废除奴隶贸易的认识。

正如争取民主和政府改革的运动促进了废奴运动,当各地收集了反对奴隶贸易的请愿书时,废奴运动也反过来帮助英国人民行使其刚刚觉悟的政治权力。1791年的废除奴隶贸易议案失败后的几个月间,议会共收到五百一十七封反对奴隶贸易(仅有四封支持贩奴)的请愿书。呈递议会的每一封请愿书都如同卷轴一般。卷轴展开,议员们看到上面布满了成千上万英国人的名字,这些平民此前从未想到自己的名字或意见能够对任何重大议题产生影响。他们的名字几乎都是第一次出现在议会之中。平民百姓能够对影响大英帝国的事务发声,这绝对是前所未有。如今,他们不仅可以,而且确实向议会中代表他们的议员发出请愿之声。

* * *　* * *

不过,愈演愈烈的争取民主和人权的运动是一把双刃剑。法国的局势推动了英国的平等主义思潮,但是同时,发生在法国本土和法国殖民地的血腥暴力事件也让英国国内的改革运动受到牵连,废奴运动尤其受影响。法国的革命热情在一段时期里推动了局势的进展,但负面效应也很快开始显现。

同样是那一年,仿佛预先安排好了一样,亨利·桑顿邀请威伯福斯搬进他在克拉朋的家——巴特西高地(Battersea Rise)。桑顿将此处称为"弟兄之家"(chummery),几位单身绅士住在一起。他们将在那里住上四年,共同负担房屋内各项开销。爱德华·艾略特住在旁边的布鲁姆菲尔德小屋(Broomfield Lodge),查尔斯·格兰特(Charles Grant)也住得不远。克拉朋社团(Clapham Community)由此诞生。这个团体还有其他名称,包括克拉朋派(Clapham Sect)、克拉朋圈子(Clapham Circle)、克拉朋圣徒(Clampham Saints)、克拉朋人(Claphamites),有些合适,有些则欠妥当。但是"克拉朋"这个让历史铭记的伟大实验并非出于偶然。亨利·桑顿有意开辟一块地方,志同道合的朋友们可以在那里彼此鼓励，彼此陪伴，远离伦敦的尘嚣。克拉朋距离伦敦仅四英里，但却是另一个世界。随着威伯福斯的废奴之战越来越艰难，有一处可供退守的地方显得至关重要。他需要心意相通的朋友与他一同奋战，一同祷告。约翰·维恩（John Venn）的儿子亨利·维恩（Henry Venn）接受邀请，担任常驻克拉朋的牧师，他每个周日的讲道都受到好评。格兰维尔·夏普住在克拉朋村里，其他成员也不时造访并小住。威伯福斯不在克拉朋时通常在巴斯，他与那里的许多同道人保持联络。汉娜·莫尔自然是其中一员，她超群的智慧总能帮助威伯福斯卸下心灵的重担。

1792 年，议会再度进入会议期，威伯福斯表示他会重提废除奴隶贸易议案。他清楚知道自己会坚持下去，直到议案成功通过。支持废奴的大众舆论持续高涨，请愿书从全国各地涌向议会。但是法国大革命显出的丑恶一面，致使在议会中拥有投票权的政治阶层对民意产生强烈的抵触心理。毫无疑问，他们心中正迅速生出对改革和废奴的厌恶。

巴黎的暴动愈演愈烈，暴民甚至将王室成员囚禁在巴士底狱，"自由"这个词听上去不再如当初那般纯洁和美好。法国大革命之前，自由是个富有魅力的浪漫主义理想，无论如何都不会带来伤害。北美独立战争期间，美国的爱国人士把象征自由的弗里吉亚（Phrygian）女帽挂在长棍上，这个形象弥漫着一股迷人的新鲜气息，传达了一种无法抗拒的高尚情怀，在法国也有人效仿。但现在，随着局势越来越失控，诺斯勋爵和国王以及其他保守的托利党领袖不断发出警告。在许多英国政治家心目中，《自由引导人民》中那袒露一只乳房的年轻女性不再象征自由，而是一个眼球突出的吸血女巫，一个女魔头、一个来自异教的鬼怪，嗜血成性，威胁一切法律和秩序。革命力量迷醉于权力之中，必须予以制止，必须拒绝一切带有"自由"或"民主"意味的事。

在这样的气氛中，废奴运动戛然而止。风向已经转变。英国的政治精英只在乎一件事，就是保卫大英帝国的文明。而废奴运动的支持者们无法预见未来，他们一如既往地对胜利充满盼望。的确，事情似乎正在朝向期盼已久的目标前进，可运动刚刚有所进展，反对声浪旋即高涨。

当英国基于基督教的废奴运动在群众意识上变得与法国发生之事有关联，这对废奴运动产生的破坏作用简直不可估量。英国废奴运动的领袖全是基督徒，但是美国的托马斯·潘恩（Thomas Paine）和海峡对岸法国的暴民都是坚定的反基督教人士。事实上，即便按照今天的标准来看，潘恩的许多文章也都是相当渎神的。废奴运动曾经享有的道德影响力很快不复存在，保守的英国政治家，尤其是像埃德蒙·伯克这样的托利党政治家，又转回到坚决反对的立场。他们有一种不惜一切代价保卫英国文化和文明的急迫感，至少在当时，推进任何改革都会让他们感到不安。这是一个极大的悲剧。可威伯福斯又能怎么办？

至少有一点，他制止了克拉克森一错再错。克拉克森天真地和雅各宾派（Jacobins）成员称兄道弟，反对派发现后，立刻抓住这个把柄，以证明废奴运动的危险。艾萨克·米尔纳在和克拉克森长谈后写信给威伯福斯，"希望克拉克森的健康状况和政治意识都能有所改善"。更为糟糕的是，法国大革命国民议会（France's Revolutionary National Convention）推选威伯福斯为法国公民，同样入选的还有乔治·华盛顿、约瑟夫·普利斯特里（Joseph Priestly）、托马斯·潘恩和杰里米·边沁（Jeremy Bentham）。不过威伯福斯很快即不获这项"殊荣"的青睐，因为他参加了一个旨在帮助法国神职人员逃往国外的委员会。需要帮助的神职人员人数众多，逃亡是仅有的几个保命途径之一。其中一位成功逃亡的神父是和蔼可亲的拉吉德神父，他几年前曾伸出援手，帮助在兰斯逗留的皮特、威伯福斯和艾略特。

或许，对废奴主义者打击更大的是在圣多明各发生的血腥屠杀。当时有人劝威伯福斯不要再提废除奴隶贸易议案，但他选择继续推进，虽然阻力巨大，仍要坚持。1792 年，他再次提出废除奴隶贸易的议案。4 月 2 日晚，他首次在当年的议会期内就这一议案发表演讲，激动地说出如下震撼人心的词句："非洲！非洲！你遭受的痛苦时时萦绕在我心头。这痛苦语言无法传讲，文字无法表达。"福克斯和皮特再次以雄辩之才力挺他。

但是这一次，来自苏格兰的议员亨利·邓达斯（Henry Dundas）在评估了议事厅内的局势后，提出了监管奴隶贸易的建议——仿佛监管这一罪恶行径等同于废除。他提到强制种植园主善待奴隶,又提到怎样做才能让种植园主有意愿遵行。他说这是能够解决所有难题的"中间道路",他恳请支持奴隶贸易的议员听取他的建议。

邓达斯结束发言后,福克斯起身朝他发起猛攻,言辞极其犀利,嘲笑这个折中的办法无异于纵容谋杀和暴行。福克斯说:

> 我相信贩奴绝非明智之举,我知道奴隶贸易违反人性,奴隶贸易违反公义。它是如此不人道、不公义,倘若殖民地没有奴隶贸易就不能发展,那么或许殖民地根本无需发展……
>
> 只要我还有口能言,我就不会对这个问题缄口不言……如果我和我的朋友们在这一光荣目标实现前离世,我深愿有才能的后起之秀能够担起重任,继续奋斗,直到罪恶的奴隶贸易被彻底铲除。

福克斯这番结语非常有力,蕴含明澈的真理,如同一团熊熊烈火,恰是当时所需。他的发言仿佛一束强光,揭露了"监管"之说的道德怯懦和"折中"思路的懒惰之恶。但是狡猾的苏格兰人邓达斯并不慌张。根据经验,他深知自己无需扑灭整团火焰,制造一些烟雾就足以成事。人们会散去,留下那愚蠢的火焰独自燃烧,在漫漫长夜中照亮周围一片虚空! 于是,邓达斯起身,巧妙地将"逐步"一词洒在福克斯的火焰上。他轻易就达到了目的。没错,要废除奴隶贸易! 但是不要太着急! 真领袖需要谨慎行事。对,废除,不过要逐步废除! 此时此刻,威伯福斯心里全是中间航道上挣扎的奴隶们——他们受尽打骂,只求一死,可竟然有议员说要逐步废除。这论调仿佛带着催眠效果,表面上促进和解,实际上是虚伪托词,它出自邓达斯之口,却仿佛自地狱深处冒出来一般。在场的议员们纷纷抓住"逐步"这个词不放。不然他们要作何反应? 逐步废除是废除又**不是**废除,这不正中政治家下怀吗? 英国将首次彻底地、公开地谴责奴隶贸易,但无需采取任何切实措施——太棒了!

邓达斯以"逐步"一词插手之后,轮到皮特发言了。这场辩论通宵达旦,皮特起身发言时已经是早上五点,外面依然漆黑一片。皮特的演讲持续了一个钟头,这次演讲堪称他一生中最精彩的演讲之一。没有人会再怀疑他支持废奴的决心。他问道:"我们如今竭力掩盖的耻辱与愧疚,仁慈的上帝仍然为我们留存了将其抹除的方法。如果我们拒绝加以利用,我们怎能期盼已经犯下的滔天大罪能够获得来自天上的赦免? ……我们能否不再耽延这一善工的实现,能否不再算计需要耗费多少时日?"他整篇演讲堪称高潮迭起。

接下来,不可思议的事发生了。随着皮特的演讲迈向巅峰,刹那间,黎明的金色曙光冲破地平线,透过窗口洒进议事厅,宽敞的大厅仿佛鼓起的风帆,被清晨充满。这是一个神圣的时刻,在场的人都铭记于心,余生不忘,而皮特也继续以精彩的演讲配合这一刻,仿佛阳光恰是奉他之命前来。他自幼熟读经典诗词,如今信手拈来,恰到好处地吟诵了维吉尔的两行诗,诗中提到阳光驱逐黑暗,刚好呼应非洲的现实。这荣耀的结尾让在场的人不禁感叹,他的演讲如今已达到他父亲那高深精妙的境界。

可是皮特一坐下,妥协和拖延的政治意图就卷土重来。虽然它刚才好像被皮特精彩的演讲和金色的曙光驱散,但它其实一直在附近徘徊,从来没有走远。它就蹲伏在门外,如同一条饿狗,为了达成目的不惜长久等待。皮特的演讲一结束,它就嗅到了机会,悄悄潜入,趁着众人毫无察觉,轻易拿走了桌上的香肠,旋即又消失得无影无踪。当天议会以二百三十票比八十五票的结果通过了逐步废除奴隶贸易的议案。威伯福斯感到极其困惑,他不明白形势何以急转直下,他盯着眼前的空盘发呆,盘子里明明放着香肠,怎么会突然空空如也。三周之后,议会做出决定,"逐步"意味着持续到 1796 年 1 月。

许多人来对威伯福斯表示衷心的祝贺,因为废奴议案终于"通过"了,但是威伯福斯却非常困惑。这个结果当真意味着大获全胜吗?当真要为此满怀感激吗?还是说,这个结果其实是可怜又令人心碎的失败?大家自 1787 年就开始不断尝试,那时候成功似乎指日可待。这些年,每年都有五万名奴隶背井离乡,离别了亲人,也告别了他们的梦想,被迫忍受中间航道上的种种折磨,被囚入西印度殖民地犹如古拉格劳改营一般的种植园内,忍受非人的待遇,生活毫无指望。威伯福斯一想到这些上帝的儿女在受苦而废奴议案却连年受挫,就感到千斤重担压在心头。但噩梦还要再延续四年。

荒唐的是,同僚们纷纷向他表示祝贺。他怎么可能高兴? 他怎么可能感到欣慰? 四年似乎是一段无穷无尽的时间,而且在标榜"逐步"的议案中没有任何确保四年后会彻底废除奴隶贸易的条文。这期间,威廉·考珀创作了一首诗,表达鼓励威伯福斯的心意。这首诗的题目是《献给尊敬的威廉·威伯福斯先生的十四行诗》(Sonnet to William Wilberforce, Esq.)。

> 威伯福斯,这个国家以不屑之心
> 听你发言,残忍亵渎之辈称你为
> 癫狂之徒,因你大发热心,只为
> 受奴役者脱离流浪、买卖和捆绑。
> 你与穷苦人、受屈受辱之人为友,
> 不要惧怕,你的劳苦必不徒然!
> 你已接近目标,你让大英帝国
> 众位议员侧耳聆听你光荣的使命;
> 盼望在微笑,喜乐在踊跃,尽管
> 冷酷的谨慎说辞带来停滞和拖延,
> 但好时光已近,和平将临到非洲,
> 有英国法律作保,你的辛劳终将得偿。
> 享受你已赢得的尊荣与爱戴,那是
> 来自地上公义之人和天上众圣徒!

第14章
威伯福斯所忍受的

"我为奴隶贸易永远感到受伤。"

并非每个文人都用其诗才来称赞威伯福斯。塞缪尔·约翰逊的传记作者詹姆斯·博斯韦尔1784年曾现场聆听威伯福斯的演讲,盛赞他是"虾米成了鲸鱼",1787年他又在外形如鹳的贝内特·兰登家中参加了那场意义重大的晚宴。可如今,他的立场发生了重大转变,他反对废奴运动,并且公开反对威伯福斯,出言尖酸刻薄,毫不手软。博斯韦尔也写了一首押韵诗,不过和考珀的致敬之诗截然相反,他这首打油诗意在抨击:

> 小脑袋威伯福斯快走,
> 快回你赫尔老家布道。
> 别待在议会里饶舌,
> 宣讲教堂里的老套。
> 我厌恶你不知所云的嘲讽,
> 你自以为是从不正眼看人。
> 张口就是奴隶贸易之害,
> 就算高尚之身也会被虫咬坏。
> 威伯福斯快走,抱愧蒙羞离开,
> 名号又大又响,可你身量太矮。

其他知名人士也有类似的想法,包括战功赫赫的纳尔逊勋爵。他虽然没有和博斯韦尔一道写诗抨击威伯福斯，但认为威伯福斯过于感情用事。他说："我在传统的环境中长大，我所受的教育让我珍惜大英帝国在西印度群岛的产业……无论是战场还是议事厅，他们的正当权利都不可侵犯，只要我还能打仗或发言，我就坚决反对威伯福斯及其假冒为善的朋友们那该死的教条。"

卫斯理曾提醒废奴主义者，对手会不顾一切维护其"至高无上的利益"。的确，敢于和利益作对，敢于和时代主流唱反调，必然要付出巨大的代价。以二十世纪美国民权运动期间的杰基·罗宾逊（Jackie Robinson）和马丁·路德·金（Martin Luther King Jr.）为例，两人忍受了无数的谩骂羞辱，多次遭到死亡威胁。金博士三十九岁遇刺身亡，而罗宾逊似乎因为承担过重的压力而提前衰老，五十二岁即离世。同样，威伯福斯在争取废奴的岁月里，生活频频受到骚扰，生命多次受到威胁。

威伯福斯身材矮小，身体羸弱。对他来说，刚强壮胆意味着更多突破。有一次，一个名叫罗尔斯顿（Rolleston）的精神错乱的贩奴船船长要和他决斗。威伯福斯基于道德立场坚决反对决斗，几年后，好友皮特参加了一场决斗，他公开表示反对。虽然如此，这一挑战本身和公开回避挑战带来的双重压力，必然让他十分为难。他知道，许多人会说他是胆小鬼，说这个矮小瘦弱的男人把基督教当做挡箭牌，不敢在决斗中维护男子气概。

还有一起类似的事件。威伯福斯 1792 年在下议院作证时，提到了一位凶恶的布里斯托尔贩奴船船长的姓名，那人将一位十五岁的非洲女孩鞭打至死。根据威伯福斯提交的证据，这位名叫金伯（Kimber）的船长被控谋杀。金伯后来被无罪释放，明显是因为司法不公，这对废奴主义者来说又是一次痛心的打击。博斯韦尔从头到尾旁听了金伯的审判，对结果感到幸灾乐祸，他有许多声讨废奴运动的文章，可能均作于那时。

审判结束后，金伯写信给威伯福斯，要求他赔偿自己五千英镑并公开道歉，还要提供一个"能让我称心如意"的政府职位。威伯福斯知道金伯对自己谋杀的恶行心怀愧疚，于是不予理睬。但是金伯不断威胁威伯福斯，甚至埋伏在街上攻击他。他有两次清早去敲威伯福斯的家门，仆人形容他"看上去非常野蛮"，朋友们也都越发担心威伯福斯的安危。有一次，威伯福斯去约克郡，一位朋友坚持要带上猎枪随行保护他。但威伯福斯说，如果他当真遇到不测，这"对废奴运动有利无害"。这个宣告既震撼却又不无道理，也更让朋友们放心不下。后来，议会里来自布里斯托尔的议员终于设法让金伯罢手，不再骚扰威伯福斯。

西印度群岛利益集团也不乏折磨人的手段，他们抛出各种谎言，有些是随口胡说，有些则相当恶毒。他们只有一个目的，就是攻击威伯福斯以及所有与他们作对的人。针对善良的拉姆齐医生的谎言尤其歹毒；整个废奴运动得以开展，正是由于他揭发西印度群岛奴隶贸易的文章。蓄奴者把他挑出来作为第一个目标，对他发动人身攻击。许多无耻谎言在民众中传播，他实在招架不住。他本就体弱多病，他的死很可能和精神压力过大有关。议会中带头攻击拉姆齐的是克里斯普·莫利纽克斯(Crisp Molyneux)，他在圣基茨岛拥有一个蓄奴的种植园。据说他得知拉姆齐的死讯后，得意地对儿子说："我终于把拉姆齐弄死了。"

不可思议但又值得庆幸的是，尽管造谣者言之凿凿，传谣者千篇一律，在许多情况下，信谣者也不加分辨，但威伯福斯从来没有被谣言压垮。四处奔波的克拉克森有一次在驿马车站遇到一个人，这个人声称了解威伯福斯阴暗又不为人知的一面。这个人说，"威伯福斯表面上看绝对是个大慈善家，但我恰好对他的私生活有些了解，我向你保证，他是个对妻子拳打脚踢的野蛮丈夫。"威伯福斯当时还是个单身汉——他妻子真是幸运。

威伯福斯逐渐学会了如何对谣言一笑了之，或至少不予理睬。在他结婚之前，很多人都散布"他的妻子是黑鬼"。也有个谣言流传甚广，说他私下和"某位女士的女仆"结婚了。威伯福斯选区的一位选民听说之后，给威伯福斯写了一封信表示衷心的祝贺，因为这位选民和自己的厨师结婚了，所以，他把威伯福斯的举动看做是反抗"社会普遍的偏见"，踏上"追求自己幸福的道路"。

* * *   * * *

1793 年，战火终于蔓延至英国。英法之间的关系变得非常紧张。

那年 1 月,法国暴民将前国王路易十六推上断头台。在皮特看来,形势极其严峻。1793 年 2 月,法国对英国宣战。2 月 26 日,下议院拒绝承认上一年投票通过的逐步废奴议案。毫无疑问,议员们肯定是受到法国政治形势的影响。局面的确在倒退。

雅各宾派越是烧杀掳掠,英国政府就越害怕任何与人权、自由、平等有关的运动,害怕法国的动乱越过海峡,如飓风一般席卷英国,毁掉他们熟悉又珍爱的一切;权力阶级的恐惧相当真实。从 1793 年起,谈论人权成了一件出格的事。谁谈论人权,谁就会被贴上法兰西共和国之友、乔治国王和英国之敌的标签。

威伯福斯和废奴运动成了这种心态的牺牲品。当上议院商讨废除奴隶贸易议案时,威尔士亲王直截了当地称威伯福斯"本质上是共和派",他指向的正是法兰西共和国。这次讨论中,国王的第三个不肖子克拉伦斯公爵首次于议会公开发言。他宣称"提倡废除奴隶贸易的人不是疯子就是伪君子",他甚至指名道姓指责威伯福斯。克拉伦斯公爵坚决反对废奴运动,多年来立场不曾改变。他曾经在牙买加为英国海军服役,承认自己在那里的生活"相当放纵"。

废除奴隶贸易议案如今再次受挫,有传言说灰心丧气的威伯福斯会离开战场。但他绝对不会退缩。4 月 13 日,上议院结束辩论两天之后,威伯福斯写了一封信阐述自己的想法:

> 但凡在政治上需要权衡利弊,我总会给自己留一点空间,反复思考时机与形势——在某些时候、某些情况下需要勇往直前,在其他时候、其他情况下需要保存实力。但是目前探讨的焦点是无可推诿的罪行,敬畏上帝之人已经没有选择的余地。我会不遗余力地陈述动议的原因,力证其合法性。即便我认为废除奴隶贸易可能会在国内引起暴乱,我也不会有片刻退缩,不会放弃这项严肃的努力。请相信我,我会竭尽全力,不让这场伟大运动成为心血来潮之举,更不会为政治私利或个人情感将其牺牲。

在威伯福斯眼中,奴隶贸易不仅仅是"政治"议题。因为这项贸易不公义的本质显而易见,所以即便是在 1793 年春这样的低谷时期,威伯福斯也没有打算放弃。他以行动表明自己的心志:就在这次失败后的一个月,他改换策略,再次发起进攻,向议会提出一项禁止英国船只将奴隶运往外国的提案。有半块面包总好过一无所有。这个《外国奴隶法案》从政治角度来看是绝妙的一招,相当聪明,起到了出乎意料的作用:它将奴隶贩子和种植园主对立起来。种植园主的盘算是,既然英国贩奴船不能将奴隶销往其他市场,那么奴隶价格自然会下跌,他们会因此获利,于是,种植园主支持这个法案。

这一招充分体现了威伯福斯敏捷的政治头脑;他总是在寻找合适的角度,清楚应在何时以何种方式前进,也清楚何时应该按兵不动。这个法案后来进入三读阶段,眼看就要通过,可惜最后以两票之差遭到否决。但威伯福斯仍然坚持不懈。一年之后,1794 年 2 月,他再次提出这个《外国奴隶法案》。这一次,该法案以十八票的优势在下议院通过,但却在上议院惨遭失败。

年复一年的失败必有其严峻后果。克拉克森感到自己无法承受更多打击,于是选择离开,十二年后才再度投身废奴运动。

不过,第二年很快就有一位充满活力的新人来做替补,疲惫不堪的废奴战士们又重新振作起来。那一年,詹姆斯·斯蒂芬决定永远离开西印度群岛,带着家人回伦敦定居。他加入了克拉朋联盟,后来成为推动各项法案,尤其是《废除奴隶贸易法案》的重要力量。斯蒂芬还带回来西印度群岛的特产:三只乌龟。他把这三只乌龟当做礼物送给了威伯福斯。威伯福斯几年之后才结婚生子,等到那时,他克拉朋的家里不仅有孩子跑来跑去,还会有不少外国物种,比如野兔、狐狸和鸟。但现在他还是个单身汉,照顾自己都力不从心,遑论养活来自南半球的三只乌龟。于是,威伯福斯把它们送给了好友杜伦主教,主教把它们交给了厨师,厨师又把它们交给了侍者,侍者在宴会上把它们端出来,请到场的五十五位客人享用,客人们赞不绝口。主教后来在感谢信中对威伯福斯说,那些客人都是废奴运动的支持者。

* * *　　* * *

　　1794 年年底，威伯福斯发现，关于是否继续同法国作战，自己和所支持党派，尤其是和威廉·皮特有严重分歧。当时罗伯斯庇尔已经倒台，法国国内的局势也有所缓解，似乎没有必要为了保证英国不受攻击而将法国置于死地。威胁不再那么迫切。威伯福斯认为，在这种情况下继续打仗无非是为了谋取利益，抢夺法国在西印度群岛的甘蔗种植园；继续作战不仅表明唯利是图的动机，也必然会助长英国在海外殖民地的奴隶贸易。为此，他提出为和平而谈判。但是在下议院推动这项议案，绝对会被视作放过敌人的卖国之举，而且也明显是和皮特作对。威伯福斯一直在政治上保持独立，但他很少和既是好友又是盟友的皮特意见相左，这一次，他感到很苦恼，但他必须按照原则行事。

　　他在 11 月 27 日的日记中写道："我经过深思熟虑和谨慎权衡之后认定，在当下这一关键时刻，谈判才是大英帝国最明智的行动。"威伯福斯在和朋友们多次商讨后下定决心，要起来反对战争。但是他心里非常为难。他知道，以毫无原则的政治投机分子福克斯为首的反对派，一定会利用他的立场对皮特发起政治攻击。一想到皮特会受到伤害，他就痛苦万分。但是威伯福斯觉得自己别无选择。他不能做一个只维护政党利益的政客，他有责任把国家利益摆在首位并据此行动。他在政治舞台上的观众只有一位。

　　但皮特却不这样看，他把威伯福斯的反战立场视作背叛。威伯福斯经常提到，皮特在其政治生涯中只有两次彻夜失眠，一次是"诺尔兵变"（Nore mutiny）——一场让整个国家都提心吊胆的旷日持久的对峙，另一次就是和威伯福斯的公开分歧。威伯福斯的决定带来了严重的后果，威伯福斯在那段时间如履薄冰。有一次朝见国王时，本来对他和废奴运动都很友好的国王对他佯装不见，甚至看都不看他一眼。在那个时代，遭到国王冷遇是一件很严重的事。更让威伯福斯痛苦的是，国王自此转而坚决反对废奴运动了。以往，国王会以友好又鼓励的口吻问他:"你的黑人朋友们近来可好?"失去国王的支持绝对是重大的损失,整体环境则更为不利。有人甚至把威伯福斯描绘成死心塌地的雅各宾派。一位追随福克斯的议员对贵族斯宾塞夫人(Lady Spencer)说:"您的好朋友威伯福斯先生会随时亲手将夫人您送上断头台。"当时威伯福斯去约克探访朋友,有些人甚至拒绝见他,原因就是他反对和法国作战。

所以,在那段时期,威伯福斯是福克斯和辉格党人眼中的盟友。但是过不多久,他们又联合起来抨击威伯福斯,因为他支持皮特提出的暂停人身保护令的严苛法令。在威伯福斯整个政治生涯中,在各样的议题和法案上,这两派对他时而青睐,时而排挤。

威伯福斯第一次公开反战是 1795 年 1 月,最初,他和皮特的关系因两人意见相左而疏远。但是到了 3 月底,经过双方共同的朋友鲍勃·史密斯(Bob Smith)斡旋,二人共进晚餐。他们 4 月份又见了两次面——一次是在皮特家,一次是在艾略特位于克拉朋的家里参加周末聚会——双方很快和好如初。在某种程度上,他们的友谊可能因此发生根本性的变化,但威伯福斯从不为持守原则而后悔。

5 月,威伯福斯再次反对政府的提议,这次是关于给挥霍无度的威尔士亲王增加一笔数目惊人的"津贴"。

* * *　* * *

1796 年伊始,威伯福斯心中比以往任何时候都更渴望通过废奴议案。按照之前的安排,"逐步"废除奴隶贸易应该在今年兑现。就在这年年初,威伯福斯写道:"在我眼中,任何事都不及这项伟大的使命重要……如果上帝乐意给我这份荣耀,愿我作他手中的器皿,结束这个邪恶又残忍的海上航线,它让一个基督教国家如此蒙羞。"

废奴之役终于有了起色。他多年来坚持提出废奴议案,每一年都满怀希望,却都以失败告终。如今,2 月 18 日,威伯福斯再次向议会提出这项动议,而那帮麻木的政治家再次打起了瞌睡,继而又以谨慎的口吻警告说,不能操之过急,在旷日持久的战争尚未结束前,应该先将这惹人厌烦的废奴之事搁置。一位名叫詹金森（Jenkinson）的议员提议把这个议题推迟到年底。威伯福斯立即不假思索地起身发言。

他说："各位在提到他人之痛苦时，语气如此轻松平淡，内容干枯，丝毫没有被触动。推迟议题？可怜的非洲奴隶一直在遭受不幸，这能否推迟？由残忍的奴隶贸易生出的各种痛苦，所有置人于死地的行径，能否推迟？各位议员，我坚决不会推迟这个动议，我强烈呼吁议会不要再推迟已经缺席甚久的公义之举，不要再侮辱上帝对我们的容忍之心！"

更令威伯福斯气愤的是，一位代表西印度群岛种植园利益的议员称，奴隶们被"善待"，有食物，有衣服，有住处。威伯福斯大声驳斥道："岂有此理！一个有理性的人只有这些诉求吗？内心的情感丝毫不重要吗？还有社会交往和家庭之爱……我不仅无法感谢这位先生吹嘘的食物、衣服和住处，我甚至要抗议，抗议他提及这些人的方式，抗议他把这些人贬为野兽并且侮辱我们共有的人性。"

透过这些发言我们可以看到，威伯福斯为何日后会被视作"国家的良心"。他提醒我们，不要遗忘心中已有的良知。威伯福斯意识到，英国其实已经失去了良知，或对良知充耳不闻。英国用外在表现声称自己是基督教国家，但却在根本上反对基督教对人的看法，即人为永恒上帝所造，有上帝的形象。

当然，有几位议员丝毫不掩饰一直以来对基督教信仰的不屑。其中一位是来自利物浦的伯纳斯特·塔尔顿（Banastre Tarleton），他堪称废奴运动最猛烈甚至最无耻的抨击者。塔尔顿因在北美独立战争期间的表现而出名，他虽然受伤致残，却一直冲劲十足，对囚犯和平民尽行杀戮，毫不手软，他还做过许多残忍甚至变态的事，比如强迫一名美军将领的寡妇用她丈夫的尸体做一顿饭。塔尔顿还制造了骇人听闻的弗吉尼亚州沃克斯华大屠杀（Waxhaw massacre），许多中立人士因这次屠杀转而支持北美独立。如今，这位奴隶制的坚定支持者提出推迟辩论，但他这项动议以二十六票之差不获通过。

废除奴隶贸易议案在3月3日提前进入二读。一位反对者试图在大部分议员缺席的情况下让议会进行表决,以便让废除奴隶贸易议案再遭废止。但是威伯福斯听闻这风声,为了挫败这卑鄙的诡计,他从王宫庭院 4 号的家中冲入实际就在隔壁的议事厅,利用演讲争取时间,直到支持废除奴隶贸易的议员尽数落座。议案终于以六十三比三十一票通过二读。成功近在咫尺,威伯福斯感到乐观,但毕竟失败了那么多次,他对成功并没有十足的把握。不过就目前的形势来看,阻力似乎不大,威伯福斯清楚,经过漫长的努力,议案终于拥有了足够的支持者。

但事与愿违,废除奴隶贸易议案 1796 年再次惨遭失败,而罪魁祸首竟然是一对弯腰驼背的意大利人。投票当晚,意大利喜剧《两个驼背人》(*I Dui Gobi*)在伦敦首演,台下座无虚席。作曲家波多加罗(Portugallo)和主唱维尼奥尼(Vignoni)恐怕无从得知,反对废除奴隶贸易的一方用这场本来在历史上无足轻重的演出,诱使几位支持废除奴隶贸易的议员放下了严肃的职责和投票的权利去听歌剧。于是,敌人用如此下流的方式赢得了胜利,废除奴隶贸易议案最终以七十票比七十四票不获通过。

威伯福斯感到胸中有一股难言的愤懑。他在日记中写道:“有十个或十二个支持废奴的议员缺席,有的在乡间休闲,有的在戏院娱乐。戏院这件事真是卑鄙至极。我极其懊恼,我被对手激怒了。”但事实上,威伯福斯不只感到懊恼和愤怒,他更感到心碎。他因奴隶们而心碎,因他们无法想象的痛苦而心碎——没人知道这痛苦还要持续多久,他也因所谓的盟友们而心碎,那些人本可以用投票轻易结束奴隶的痛苦,可他们在投票当晚居然认为看歌剧更重要。威伯福斯从不沉溺于自怜或抑郁的情绪,人人都知道他总是很乐观,不过,这次失败给他阳光的性格蒙上了一抹阴霾。或许,他终于亲身体会到了约翰·卫斯理警告过的邪恶之本质。或许,借用汉娜·阿伦特(Hannah Arendt)的话,他也看到了邪恶之平庸:男人、女人和孩子们的痛苦因为一小撮政治家的怠惰而继续下去,这想法真让人不安。而奴隶贸易这个恶性肿瘤正是借助这类事情而越长越大。

那天晚上,威伯福斯在日记中写道:“我为奴隶贸易永远感到受伤。"此时此刻，谁能理解他呢？要知道，他已经尝试了九年，今年再次与成功失之交臂，而前面的道路只会越来越崎岖。不出所料，这次严重的挫败让威伯福斯的健康受损，他在接下来很长一段时间里身体十分虚弱。他忠诚的朋友艾萨克·米尔纳从剑桥赶来探望他。

第**15**章

两种爱

"骰子已经掷下。"

　　威廉·威伯福斯 1785 年归信基督教,毫无疑问,这是他人生中最关键、最重要的事,他称之为"巨大的转变"。的确,威伯福斯认定信靠耶稣基督乃人生最关键、最重要的事。所以,他很自然地把和别人分享信仰也看作最关键、最重要的事。无论去哪里,无论见什么人,他都会尽可能把话题转向对永恒的探讨。威伯福斯会在本子上列出朋友的名字,并在旁边作标注,如果对方有信仰,他可以怎样鼓励,如果对方没有信仰,他可以怎样引导。他会根据每个朋友的情况,列出哪些话题有可能将对话延伸到属灵议题。他甚至把这些话题和问题称为"发射器",时时做好发射准备。

　　威伯福斯吸引朋友们探讨"终极事物"的努力有时也会失败,那些成为他施予恩慈的目标的人,有时候觉得自己更像他的猎物。不过,威伯福斯的谈话还是取得了不少果效。很多人之前并不知道,原来一个人既可以是严肃的基督徒,又可以诙谐、幽默和有魅力,威伯福斯让他们深受启发。如果一个如此优秀、健谈、富有——还是首相的心腹好友——的人能够拥有严肃信仰,或许基督教信仰也是可以接受的。作为公众人物的威伯福斯,极大地推动了"让行善成为时尚"的社会风气。他的魅力毋庸置疑,他自成一派,无法简单归类(许多人都尝试过),这让他几乎成了严肃基督教信仰的标志性人物。他绝不是僵化的道德模范。他优秀、开朗、富有、迷人,同时又很真诚,给每个人留下的印象都不同。一直以来,英国主要透过约翰·卫斯理、约翰·牛顿、乔治·怀特菲尔德这些黑袍神父般的人物认识严肃的基督教信仰,因此,威伯福斯的出现引起了人们对他广泛的关注和兴趣。

1793 年,威伯福斯开始撰写一本小册子,阐述信仰的一些基本观念。但是正如他在写信和演讲时的一贯风格,这本小册子越来越丰富,远远超出了最初的构想。结果,威伯福斯没有按照原计划完成那本小册子,而是开始构思一本书,来承载他宏大而复杂的想法。从那时起,他就经常在纸片上随手记录所思所想。

威伯福斯的头脑相当活跃,这导致他很难做到条分缕析、逻辑缜密,思考时总是缺乏严谨的结构。在他的思想世界里,似乎注定有一股奔放又不失优美的力量,他一生都在尝试如何驾驭它却又不摧毁它。或许可以说,他的天才和魅力恰恰在于此——他没有破坏自己独特又美好的一面,没有被贴上沉闷乏味的标签,没有成为又一个让朋友们敬而远之的循道会信徒。威伯福斯用自己的方式保持真我,这一自律之举使他配得我们的称赞,也配得我们的感激。

许多年后,他的朋友玛利亚·埃奇沃思(Maria Edgeworth)这样评价他的会话风格:

> 他的思路非常开阔,想法层出不穷,各种想法经常交织在一起;有时,记者会听得一头雾水。他想到什么就会脱口而出,因此,他会对一个事情的两面都发表看法。这经常令听众感到困惑,但我却认为,这是直率与真诚的表现;他在讲话时不断对观点加以平衡,既有趣又有益。他个性活跃,也有不少怪诞之处,但那无妨。他宽容仁慈的性情尤其让人印象深刻:他从不假装自己圣洁无瑕、严守律法。

让一个思维如此跳跃的人把他对基督教信仰的思考落实在一本书中,这绝非易事,好比让上蹿下跳的猫听话,或用铲子把烟雾聚拢一处。但是威伯福斯清楚,自己必须动笔。他要表达的其实很简单,就是《圣经》和英国圣公会教义中宣讲的基要真理。虽然人人都声称自己接受这些真理,但是在英国社会中,基督教真理几乎荡然无存。大部分去教会的人都认为自己是"体面的基督徒",可实际上,他们对自己声称实践的信仰知之甚少,也根本从未实践过《圣经》中或英国圣公会教义中宣讲的基督教真理。更可怕的是,他们对自己的真实状况相当缺乏认知。

问题主要出在圣公会神职人员身上。他们大部分人已经不相信正统基督信仰中的基本教义了,但却不肯承认,因为害怕失去薪水和职位。威伯福斯的本意不是指责读者,或者把自己的信仰硬塞给别人,而是要讲出牧师在讲台上故意回避的内容。他想要揭露那些牧师的真面目:他们是神职人员这一社会阶层中虚伪的成员,他们拒绝离开讲坛,因为所宣讲的的确是美善之事,又认定自己比会众知识渊博。威伯福斯希望直接对会众发言,告诉那些已经心中生疑的人,皇帝根本不曾披上神学的外衣,不过是藏匿在空洞的礼仪这片无花果叶之后。威伯福斯想指出对方逻辑的漏洞,让会众看到,他所说的"真基督教"和大行其道的赝品"信仰体系"之间有多么巨大的鸿沟。这本书名为《从实践层面看流行于英国中上层的信仰体系与真基督教的区别》(*A Practical View of the Prevailing Religious System of Professed Christians*, *in the Higher and Middle Classes in This Country*, *Contrasted with Real Christianity*),书名虽长,却表明了他的本意。

这本书的写作风格和威伯福斯的讲话风格类似,但却与时代的风格相左。他在写作时仿佛在下议院演讲。他与读者对谈,有些段落天南地北,极其发散,这是威伯福斯独树一帜的风格,不同于皮特、伯克及同时代其他演讲高手言辞华丽、结构严密的风格。波洛克形容这本书"像鳗鱼一样滑溜",但这正是它的魅力所在,也是其作者的魅力所在。和同时代其他宗教书籍相比,这本书一点也不沉闷,即便两个世纪后也依然耐读。书的结构很简单,先讲述基督教不变的真理,然后呈现当时英国社会的宗教信仰的实况。威伯福斯的重点是,理论和实践之间的差异如此巨大,必须引起关注。这本书出版后反响相当热烈。威伯福斯在 1797 年 2 月首次接洽出版商卡德尔先生(Mr. Cadell)时,对方完全没有兴趣。但是当卡德尔得知威伯福斯不打算按照当时普遍的做法匿名出版,而是准备亮出大名时,他的态度立刻转变了。不过,他只同意印刷五百册。威伯福斯答应之后,这本书于 4 月 12 日正式出版。不出几日,五百册售罄。六个月内,这本书重印五次,总共售出七千五百册。

威伯福斯解释道,真基督教已经从英国消失,主要原因在于它已经消融在社会结构之中,因此人们感到习以为常,容易将其忽略。他写道:"一直以来,基督教在迫害下发展尤其迅速。因为,那时没有不冷不热的基督徒。"威伯福斯所言极是。当时基督教在英国不仅没有遭到任何迫害,英国还宣称自己是基督教国家——名义上的基督教国家。英国教会的讲坛充斥着"不冷不热的基督徒",宣讲不冷不热的信仰,没有人受激励,没有人被挑战。他们的信息缺乏那种不可或缺的、与这个世界相异的特质,而那正是基督教信仰的核心。

威伯福斯对当时基督教的主要指控是,那是以假乱真的基督教,然而没有人敢于站出来发表意见。威伯福斯无法容忍那不温不火的版本,他不遗余力地想要证明,人人都以为自己在实践基督教,但那并非真基督教。他在打一场硬仗。

威伯福斯知道,如果英国认真对待信仰,当真相信自己声称相信的教义,这个国家不可能支持奴隶贸易乃至奴隶制度本身。他知道,如果英国认识到何谓真基督教,这个国家绝不会对穷人的痛苦视而不见,而是会生发出责任感,也会对被囚的和其他受苦的人负责。这种关切从来都是真基督教的标志,但却在十八世纪末的英国完全缺席。他知道,英国贵族阶级安于现状,轻易就将真基督教的真理替换成一种类似于东方宗教的哲学观念,即穷人受苦是因果报应的结果,人对此绝不应该插手。

威伯福斯在这本书中实际上是呼吁英国人悔改,回到他们在十七世纪初抛弃的真信仰。真基督教美好又鼓舞人心,可英国人当时得到的却是一个不冷不热的版本,自己却浑然不觉。这样的信仰版本对一个国家,尤其是中上层阶级,具有强大的吸引力,并且最终产生了巨大的影响。威伯福斯清楚,许多人根本不知道何谓真基督教,他们虽然上教堂,却从未亲眼见过,虽然听了数百场讲道,却从未亲耳听过。如今,威伯福斯要利用他在全国的名望,在另一个讲坛上,宣告他所相信并奉献终生的真基督教。这本书是一份热情洋溢的邀请。

许多人在此书出版时即认同威伯福斯的看法,甚至几十年后依然相信他所言不假。很多读者因他的书深受安慰,他们发现,虽然牧师不理解真基督教——也可能理解却感到厌恶——至少这个叫威伯福斯的人理解,并且不遗余力地传扬。从这本书获得慰藉的有许多人,临终的埃德蒙·伯克即是其一。亨利·桑顿在给汉娜·莫尔的信中问道:"你听说了吗?伯克在离世前的两天里,大部分时间都在读威伯福斯的书。他说他得到许多安慰,如果能活下去,他希望当面感谢威伯福斯写了这样一本好书造福世界。"

* * *　* * *

威伯福斯的书于1797年4月12日出版。当时,他正在巴斯,他在日记中对此一笔带过:"今日出版。"他知道,出版商卡德尔认为这本书不值得出版:"很明显,我在他眼中是个态度友善的宗教狂热主义者。"

前面提到,这本书出版后,只要书商进货,书一上架立刻就被热心的读者抢购一空,因为他们急切渴望得到属灵的喂养。一时间洛阳纸贵,出版商也措手不及。而作者威伯福斯那个星期也魂不守舍,他迷迷糊糊的样子,恐怕只有坠入爱河才能解释。威伯福斯每天晚上都辗转反侧。不过千万别误会,他可不是因为五百本书销售一空而兴奋得睡不着觉,而是因为倾情于一位芳名芭芭拉·斯普纳(Barbara Spooner)的小姐,威伯福斯对二十岁的她一见钟情。

威廉·威伯福斯坠入爱河,对此最惊讶的还是他自己。他当时已经三十七岁了,身体谈不上健壮,这个"肠子如印花棉布的小个子"仍然不时受病痛折磨,为了缓解疼痛,他必须按时服用大剂量的鸦片。他的视力本来就差,如今越来越糟,有时甚至严重到眼不能看的地步。他体重很轻,走起路来轻飘飘。在他的生活中,浪漫爱情已经消失许久。七年前,诗人威廉·华兹华斯的妹妹多萝西·华兹华斯(Dorothy Wordsworth)曾托一位中间人表达对他的爱慕,但又自觉不配,威伯福斯则从未向她表示过好感。事实上,多萝西向他表达情意的那段时间,有一封信表明,他正钟情于一位"H小姐"。在那段时期的秘密通信中,他都以首字母 H 含蓄地指代这位神秘的小姐,从未披露她的身份。威伯福斯似乎在某些重要问题上和她有无法调和的差异——有人认为是神学问题上。因此,他决定不向她求婚。不过,威伯福斯承认,求婚的冲动很强烈,放弃绝非易事。H 小姐不久之后即与他人结婚了。

威伯福斯把这段经历解读为自己或许要守独身,遵从圣保罗对信徒那著名的劝诫。1796 年冬,他在信中对一位朋友说:"我怀疑自己是否能改变现状。""我投身的公共事务及其他各项使命让我确信,我必须独自走完人生旅程。"另外,他还认为自己有可能死于非命,毕竟他是废奴运动的代表人物,敌人经常威胁他的人身安全,随时可能付诸实施。他在信中继续对朋友说:"我不和你开玩笑,这事极有可能发生在我身上。另外,我每天极其忙碌,过去三周我从早忧虑到晚,这样的状态怎能过家庭生活呢? 但我不能再想这些事了,因为这让我对自己孤独的状态过分敏感。"

不过,他的生活在 1796 年年初即已失去了平衡。好友亨利·桑顿结婚了,他的妻子是和威伯福斯一起在赫尔长大的玛丽安·赛克斯。威伯福斯霎时间感到内心一片慌乱。过去将近五年间,威伯福斯和桑顿一起住在巴特西高地的克拉朋,两个单身汉在"弟兄之家"为许多事业共同奋斗——除了废奴运动,还有和重整道德有关的各项尝试。但是忽然之间,童年玩伴玛丽安成了新晋的桑顿夫人,取代了他的位置。桑顿的结婚让威伯福斯的处境发生了改变,或许正是这件事让他重新思考婚姻,也令他产生疑惑,自己究竟是否必须"独自走完人生旅程"。

可以确定,威伯福斯在 1797 年 4 月已经转变心意,不再抗拒婚姻了。事实上,他不仅不再抗拒,而是积极地考虑。当时他在巴斯,向另一位好友托马斯·巴宾顿透露了这个想法。回头看,一切都有预备:巴宾顿难道不是刚好认识一位合适的小姐可以介绍给亲爱的威尔伯吗? (威伯福斯最亲密的朋友都叫他威尔伯[Wilber])他立刻告诉威伯福斯有关这位小姐的情况,她今年二十岁,近期开始热切追求信仰,而她的家人则因她突然的归信而颇为担忧,怕她投身狂热的循道会。这位小姐的名字是芭芭拉·安·斯普纳,在十个孩子中排行第三,父亲是来自伯明翰的富有银行家,名叫艾萨克·斯普纳。

斯普纳一家住在埃尔姆登庄园(Elmdon Hall)，另有一处宅邸在巴斯。就在最近，他们的女儿芭芭拉拒绝参加任何舞会，而这可不是她一贯的作风。如果待嫁的女儿不参加舞会，向合适的单身男子施展魅力，那留在巴斯还有什么意义？另外，斯普纳还有几个活泼可爱的妹妹待字闺中，就等姐姐定下终身大事。可她却成了循道会信徒。她的父母必定惊慌失措，美丽的芭芭拉要当老姑娘了，这可如何是好！简·奥斯丁有好几部小说都以当时的巴斯为背景，可见那里的父母对女儿婚事有多么担忧。眼前的悲剧完全出乎意料，我们几乎能听见斯普纳太太不依不饶，对着丈夫哭喊："哦！斯普纳先生！我们可爱的女儿成了循道会信徒！循道会信徒！她可是几个女孩中最漂亮的！哦！我们现在该怎么办？哦！斯普纳先生。听我说，我们完了，全完了！快请医生来！哦！"

没过多久，芭芭拉就给威伯福斯写了一封信，向他请教"有关属灵的事"。这是不是巴宾顿的主意，我们不得而知，不过可以作此猜想。她关于宗教的新观点似乎让她和家庭成员产生了争执，而她知道，这是威伯福斯感兴趣的。威伯福斯被她这封信激起了好奇心。4月13日，复活节前的周四，也就是他的书刚刚出版的第二天，他在日记中写道："巴宾顿强烈建议我考虑娶斯普纳小姐为妻。我们谈论了此事。"

第二天是受难日，威伯福斯在日记中表现出难得的灵里满足的状态：

> 感谢上帝，我现在终于觉得，心里生出一些今天应有的感受。我相信，我在灵里感受到了真谦卑，我不敢奢望上帝在基督里赐给我的恩典，我意识到自己完全不配；此时此刻，默想十字架上的耶稣，我的情感在翻涌；他付出沉重的代价将我赎回，我渴望将自己奉献给他；耶稣受难这幅图画激励我，让我体会到那无边的爱和美善。哦，既然此时的默想能够在我的石心中产生如此果效，那耶稣在荣耀中的异象将会带来什么！

凡是相信巧合的人都不得不承认，这真是不可思议的巧合：就在威伯福斯向上帝倾诉衷情,经历难得的平安之后,第二天,他遇到了他一直在等待、一直祷告寻求的那个人。复活节前的周六,他第一次和未来的妻子见面。他们在一个聚会上一起用餐,菜还未上齐,威伯福斯已经对她倾心不已。二人八天之后订婚,一个月之后举行婚礼——此后十年,二人育有四男二女。不过,这是后话了。

初次见面当晚,威伯福斯在日记中写道:"对斯普纳小姐感到满意。"或许,他觉得这样轻描淡写不足以表达心情,又加了下划线以示强调。

复活节主日那天,威伯福斯从教堂回来后,记下了自己的感受:"礼拜期间我满脑子都是斯普纳小姐,整个人坐立不安。晚饭时,我的思绪一片混乱……我恐怕爱上了自己想象中的人物,这很危险。"向前一跃,急刹车,折回原路,后悔冒进,继而再次向前一跃,急刹车,折回原路,他的思考一向百转千回,我们姑且一笑置之。最后,他在临睡前写道:"上帝赐我一个如此蒙福的主日,我满心喜悦享受晚餐,坠入爱河。"

那个星期威伯福斯几乎每天都和她见面,而且因为想念她,常常彻夜难眠。他在周六的日记中写道:"早上和斯普纳小姐在咖啡馆见了面……和斯普纳一家共进晚餐——因斯普纳小姐而神魂颠倒。我的心被她掳去了,但在公众场合要克制,正如亨利和汉娜提醒我的,不过,他们判断感情之事可不在行。"

周日,剧情终于进入高潮:

> 昨晚,斯普纳小姐一直在我脑中,挥之不去,我起身祷告。和斯普纳小姐去了伦道夫的咖啡馆。我坐立不安,我害怕,写这封信是否太仓促。我害怕,向斯普纳小姐表明心意是否太急躁。对了,她和我们一起用餐。下午,巴宾顿建议我最好推迟两三天。我不愿意,我已受够了折磨。但最终还是让步了。我去找巴宾顿小姐时发现,我的信已经不见了。晚上我正式得到了肯定的答复——彻夜难眠。

他那天在日记的另一处写道:

过去一个星期仿佛一个月般漫长。唉，我担心自己是不是太热衷于属世的事了。我好像害了热病一样头晕脑胀。不过，我一直向上帝祷告，寻求他的带领，也阅读他的话语。昨天，我决心再等一等，不急于向斯普纳小姐表白，但是昨晚我真的被她迷住了，她对待父母、利灵斯通一家、我，还有巴宾顿一家是那么举止得当。她直爽而又自信、活泼、天真、爱开玩笑，却又不失分寸。她和父母彼此信任、彼此相爱……她谦逊有礼……我满脑子都在想她，睡不着觉。今天早晨参加崇拜时，心里烦躁不安，结束之后也不见好转，我忍不住给她写了一封啰嗦的长信，她刚刚给了我肯定的答复。骰子已经掷下。* 我相信我们彼此适合，另外环境也印证，应该走这一步。我相信上帝会祝福我；我现在要去向他祷告。

尘埃落定。威伯福斯求婚成功。朋友们都想知道细节。波洛克写道，他们听闻这好消息，"雷鸣般的喜悦之声震耳欲聋"。整个巴斯一片欢腾，与此同时，他的书也广受好评。仿佛伴随他的大胆求爱，喜事接踵而来，这喜上加喜真是前所未有、出人意料。狂热主义者忍不住称颂，肯定是上帝的圣手在做工，威伯福斯这个"态度友善的狂热主义者"也不例外。

威伯福斯邀请在剑桥的米尔纳和在伦敦的桑顿来见芭芭拉；两人立即启程，前往巴斯见证这欢庆的场面，拍拍好朋友的肩头以示鼓励。威伯福斯之前在信中对米尔纳说，芭芭拉生病了，需要他来诊治。可是当两个朋友火速赶到巴斯时，发现芭芭拉容光焕发，威伯福斯却临时被皮特叫回伦敦，商讨有关奥匈帝国贷款的重大事宜。威伯福斯本来派了信使让二人先不要过来，可当时通信不便，二人并没有收到消息。

无论如何，他们非常高兴来到巴斯，更为朋友的婚事感到喜悦。正所谓好事多磨，汉娜·莫尔也为这一桩桩喜事感到兴奋，心系文学、终生未嫁的她写信给威伯福斯说："我敢打赌，如果现在我笔下的主角不是这

* 原文是拉丁俗语，*Jacta est alea*，出自凯撒，意思是已经下定决心做某事。

151

位美丽的芭芭拉而是别的什么人物,你肯定会认为我是个无趣、乏味、迂腐、冷酷的老姑娘,在应该谈论你的娇妻时却喋喋不休地谈论书本。"

* * *   * * *

5月30日,一场不事张扬的婚礼在巴斯的教区教堂里举行。三十七岁的威廉·威伯福斯和二十岁的芭芭拉·安·斯普纳结为夫妇。新娘是来自沃里克郡埃尔姆登庄园的艾萨克·斯普纳先生的大女儿。

威伯福斯那天在日记中写道:"十一点在教堂签下婚书,完婚。安妮·查普曼小姐和利灵斯通小姐是伴娘,我亲爱的芭芭拉虽然表面镇定,内心却很慌乱——她在牧师证道时突然落泪,情绪激动。我却整天都有一种异样的感觉。和斯普纳先生一起用餐。晚上去了灯塔山。我亲爱的芭芭拉希望我和她一起祷告。"威伯福斯在结尾处写道:"但愿我配做她的丈夫。"

毫无疑问,他们从结婚伊始就彼此相爱。四天后,他们启程去黄花绿地拜访汉娜·莫尔和她令人钦佩的姐妹们。威伯福斯多年前曾说过,如果他结婚,一定要带妻子来黄花绿地度蜜月,并且走访门迪普学校。这所专门服侍穷人的学校由威伯福斯出资设立,莫尔姐妹负责打理。威伯福斯认为,二人亲身体会当地的贫穷,参观莫尔姐妹的慈善事工,将有助于开启婚姻关系,更有助于建立服侍上帝的家庭。每一次到访黄花绿地,威伯福斯都会反省自己的世俗思虑和野心。他渴望携妻子探访穷人,以此迈出婚姻生活的第一步。

有一天,他和新婚妻子走访黄花绿地,回来后,他在写给朋友马修·蒙塔古(Matthew Montagu)的信中说:"她希望尽量从浮夸的俗世喧嚣中抽身,竭力'保守她的内心',并且改善他人的生活。我从没想到世上竟有这样的女子。我们心意相通,志趣和追求完全契合。"接下来的三十五年验证了他新婚伊始的观察是多么正确。不过,和所有婚姻一样,起初不明显的差异随着时间逐渐显露,但是因为爱能遮掩许多的罪,遮掩一小部分也自然不在话下。

有人认为,按照社会地位来讲,芭芭拉高攀了威伯福斯。据亨利·

桑顿讲,芭芭拉年收入只有五千英镑,人们本来期待威伯福斯会迎娶一位富有得多的新娘。但是他的朋友们清楚,他在权衡时肯定有其他方面的考虑。亨利·桑顿写道:"按照世人的标准,这桩婚姻算不上门当户对。但他没有坚持世人最看重的,因为他认定,这位女士必须有其他重要的品质。"亨利·邓库姆(Henry Duncombe)写道:"你或许会论断我,说我的思维方式守旧又古怪,但我真的很高兴,你没有从有头衔、有封地的贵族中选择人生伴侣。不过,可别把这话告诉 C 女士。"

第 *16* 章
克拉朋的黄金岁月

"……在克拉朋。"

在黄花绿地，威伯福斯和芭芭拉与莫尔五姐妹度过了一个星期的蜜月时光。两人随后回到伦敦，住在王宫庭院 4 号，因为当时议会仍在会议期。皮特本想让他们住进霍伍德庄园，但是他们婉拒了，决定租下爱德华·艾略特在克拉朋的布鲁姆菲尔德小屋。艾略特当时身患重病，住在英格兰西部。议会进入休会期后，威伯福斯决定带芭芭拉回赫尔探亲，他要将芭芭拉正式介绍给母亲以及他所代表选区的选民。

但是就在回乡的途中，他们接到噩耗：姐姐萨莉的丈夫克拉克医生暴毙，年仅四十五岁。于是，芭芭拉在一片哀声中第一次来到赫尔。威伯福斯的母亲当时也相当虚弱，并于第二年病逝。克拉克生前是赫尔教区的牧师，他去世后，威伯福斯本想用自己的名望让老朋友约瑟夫·米尔纳接替牧师之位。不过，米尔纳几个星期后也离世了。在那年秋天，威伯福斯夫妇回到巴斯，最令人痛心的噩耗传来：威伯福斯的老友爱德华·艾略特病逝。威伯福斯一直向朋友们传福音，艾略特是归信的人之一。

威伯福斯和芭芭拉买下了艾略特的布鲁姆菲尔德小屋，一住就是十年。随着他们搬来此地，克拉朋联盟进入了黄金时代。在接下来的十年里，威伯福斯和芭芭拉不仅住在这里，更养育了六名子女，而这期间最激动人心的事，莫过于奴隶贸易终于被彻底废除。

在此之前，克拉朋的非正式社团已经存在。一直以来，威伯福斯和亨利·桑顿、爱德华·艾略特、查尔斯·格兰特住在一起，其他成员也住在附近。但是现在,这个团体进入了一个崭新的阶段。

不过,在谈论克拉朋的黄金时代之前,有必要对克拉朋作一番概述。我们经常会在各类书籍中读到"威伯福斯和克拉朋派""威伯福斯和克拉朋圣徒"等说法,但是严格来讲,"克拉朋派"这个组织从未出现过,这一错误的称号应该是威伯福斯去世后由他人杜撰的。将他们形容为"派"容易引起误会,会让人产生这些人偏离主流神学观念的联想,可住在克拉朋的这几位在神学上绝对正统,他们信奉《尼西亚信经》。"派"还有颇为正式的会员制的意味,但这几位朋友纯粹是因为有共同的追求而聚在一起,自始至终都是非正式的联合。其中有几位是国会议员,在某些议题上会采取一致的行动;此外,他们还有相似的福音派观点,或许正是这个原因,让他们有时被冠以"圣徒"之名。

这些于十八世纪末、十九世纪初住在克拉朋的人物,在前面的章节中大部分都已出场,他们被称作"克拉朋社团""克拉朋团体"和"克拉朋圈子"。最后一个叫法或许最为合适。无论怎样称呼,我们可以毫不夸张地讲,几十年间,这个默认威伯福斯为领袖的群体确实彻底改变了世界。当然,有些改变也是意外的收获。

最初提议把大家聚在一起的是亨利·桑顿,只不过,他也不清楚这个团体最终会走向何方。桑顿当时认为,成立一个以威伯福斯为核心的团体会带来两方面好处。第一,大家住在一起,有助于信仰的成长;第二,大家在这里可以共同商议、分享梦想、彼此安慰、互相鼓励,追求一致的目标,尤其是废除奴隶制度这个最重要的目标。大多数社会运动通常都有一个核心团体。桑顿敏锐地察觉到,在我们寄居的世上,有严肃信仰的人属于少数。在英国上流社会,他们若不想被视作怪异或"循道会信徒",就必须有一个退守之地,而克拉朋正是这样一个地方。

不过,他当时无论如何也无法预见,自己绝妙的想法会产生什么影响。桑顿在1793年写道:"总的来说,我希望大家聚在克拉朋,成就一些美好的果效。威伯福斯先生是一支蜡烛,不能藏在斗底下。他与人交谈时,对人的影响是巨大的,有震撼力……凡是来到我们中间做客的人,对宗教都有了更深刻的认识,我对此一点都不感到惊讶。"

克拉朋是一个朴实无华的村落,当时属于伦敦郊区,距离威斯敏斯特不过四英里。当我们提到克拉朋圈子或仅仅是"克拉朋"时,它的意义远超过地理概念,而是指代一群关系紧密的朋友和家庭,他们怀着喜乐和激情聚在一起,渴望服侍上帝,他们的一个重大使命是结束恐怖的奴隶贸易。要理清克拉朋圈子内的联姻关系和亲属关系,恐怕需要单独一章,甚至另写一本书了。

可以说,这个温馨的家园能够成立,最早可追溯至亨利的父亲约翰·桑顿,他早在1754年就因为听怀特菲尔德布道而成为了福音派基督徒。从1756年开始,他在克拉朋定居,知名的福音布道家亨利·维恩也从那时起在当地开展事工。前面提到,约翰·桑顿的妹妹汉娜·桑顿和威伯福斯的伯父是夫妻,威伯福斯九岁到十一二岁之间和他们住在一起,因而有机会认识约翰·牛顿等有影响力的福音派基督徒。几年之后,多亏桑顿帮助,牛顿从奥尔尼乡下来到了伦敦圣玛丽伍尔沃斯教会,而当时恰逢威伯福斯刚刚经历"巨大的转变"。所以,约翰·桑顿不仅预备了克拉朋这个地点,更建立了克拉朋团体属灵的基础。他先是和亨利·维恩连成一线,随后一条线接一条线地连在一起,终于织就了一张错综复杂的关系网,把它拆解开来谈何容易,这里就不做尝试了。

约翰·桑顿育有三子,后来都成为了国会议员,并且都住在克拉朋。但最先琢磨克拉朋圈子是否可行的却只有亨利。他在父亲去世后买下了巴特西高地,并于1792年邀请威伯福斯同住,成立了"弟兄之家"。

巴特西高地是一座气派的安妮女王风格建筑,位于克拉朋公园西侧,后来成为克拉朋社团的活动中心。巴特西高地本就规模宏大,富有的亨利·桑顿又在原建筑两侧修建了规模相当的侧翼,使得房间总数多达三十四间。

巴特西高地的核心是椭圆形会议室。椭圆形设计在十八世纪末非常流行,最著名的一例当属白宫的椭圆形办公室。当时几乎每个重要的房间都采用椭圆形设计,因为要人或主宾可以被环绕在中间,不至于偏待任何一位参与者。

巴特西高地的椭圆形会议室由威廉·皮特亲自设计。虽然皮特不是克拉朋圈子中的一员,但他与其核心成员桑顿、艾略特和威伯福斯的关系十分密切。皮特曾经告诉桑顿，自己一直想设计一间会议室。按照现在的观念，很难理解皮特为何会有这样的愿望，但是在启蒙运动末期，一个聪明而富有的年轻绅士有这样的想法并不奇怪。启蒙运动推崇理性和推理，这种思潮对设计一事颇为有利，而十八世纪的人还可以回顾古罗马和古希腊风格，从中获得灵感。托马斯·杰斐逊设计了蒙蒂塞洛（Monticello）和弗吉尼亚大学，而乔治·华盛顿则不放过以他名字命名的首都的每一项设计，在此之前，即便他仍在战场上指挥大陆军，也依然坚持通过信件对弗农山庄（Mount Vernon）重建计划中最小的细节作出指示，包括装饰的样式和涂漆的用色。由此可见，皮特并不是独一无二。而且，和其他事一样，只要他用心，他就能做得十分出色。

这间宽敞的会议室拥有挑高的天花板，三面书架墙上摆满了书籍，第四面墙嵌了高大的玻璃门，眺望出去，园内耸立的榆树、冷杉和鹅掌楸一览无余；远处是庄园的草坪，再远处是如画的农田。这间会议室是克拉朋成员的主要聚会地点，他们在此召开"内阁会议"。屋内立着福克斯和皮特的大理石半身像，或许，桑顿想以此表明自己中立的政治观点。把仍然在世的朋友和熟人的大理石半身像摆在屋内这个做法今天或许难以理解，但在两个世纪前并无不妥。这在当时颇为流行，而如果你的朋友是国家政治领袖，那就更不足为奇了。

桑顿在庄园内又修了另外两处气派的房子，一处是给爱德华·艾略特的布鲁姆菲尔德，另一处是给查尔斯·格兰特的格莱内尔格（Glenelg）。1787年艾略特的妻子、皮特的妹妹哈里奥特去世后，艾略特一直和女儿住在那里，他的女儿和母亲同名。1798年，艾略特去世，威伯福斯和芭芭拉随后买下了这处房产。查尔斯·格兰特是因弗内斯郡（Invernessshire）的议员，也是东印度公司（East India Company）的一名董事。1793年，亨利·维恩的儿子约翰·维恩成了克拉朋的常驻牧师。他在克拉朋成员推动的各项运动中都是关键人物，每个主日的证道都让听众获益匪浅，堪称克拉朋成员大有能力的属灵领袖。维恩的证道造就了很多人，可以说，只要当时在克拉朋听过他讲道，灵命必然有长进，变得更成熟。历史学家罗宾·菲尔诺（Robin Furneaux）记录了一位到访克拉朋的布道家的见闻："向克拉朋派的成员讲道，无异于在意大利斯卡拉剧院(La Scala)表演或在温布尔登中央球场参赛。不过,台上这个可怜的人对听众的水平一无所知。他应该受到毫不留情的批评,'他居然在克拉朋即兴讲道'。"菲尔诺把维恩的做法视为属灵骄傲,当然,如果他这么做不是为了和听众打成一片,那恐怕的确是属灵骄傲,但是考虑到克拉朋成员个个智慧超群,属灵骄傲一说站不住脚。菲尔诺对维恩以及克拉朋成员的看法实在流于表面。

格兰维尔·夏普也住在克拉朋村,同住的还有曾经住在圣基茨岛的热血律师詹姆斯·斯蒂芬和曾经在巴巴多斯岛看管奴隶的扎卡里·麦考莱(Zachary Macaulay)。麦考莱后来对残忍的奴隶制度深恶痛绝,于是回到英国投身废奴运动。另外一位重要人物是约翰·肖尔(John Shore),又称廷茅斯勋爵(Lord Teignmouth),他刚从印度返回英国,也搬来住在克拉朋。这些人和他们的妻子都是福音派基督徒,以废除奴隶贸易和奴隶制度为使命,并且竭力推动"重整社会道德"的各项运动。

但是上面提到的不过是住在克拉朋的几位,如果把经常到访克拉朋,或克拉朋成员去外地拜访的人物也算在内,这份名单恐怕会很长很长。不过,当我们提到"克拉朋"时,我们所指的正是名单上的所有人。即便不住在克拉朋的成员,也都是杰出人物,经常来做客的汉娜·莫尔即是一例,她在各项运动中都扮演了至为关键的角色。另一位是剑桥的查尔斯·西米恩(Charles Simeon)。据欧内斯特·马歇尔·豪斯(Ernest Marshal Howse)称,被有些人称为"剑桥的圣查尔斯"的查尔斯·西米恩是当时福音运动尤为重要的人物,和克拉朋团体的关系十分紧密。

克拉朋成员詹姆斯·斯蒂芬著名的儿子詹姆斯·斯蒂芬爵士在写作关于克拉朋的文字时,把威伯福斯称作"克拉朋团体中的阿伽门农(Agamemnon)*……克拉朋星系中众人环绕的太阳"。而这个团体的"大埃阿斯"(Telamonian Ajax)**应该是同样出自剑桥的艾萨克·米尔纳,当然,他是因身材魁伟才获得这个称号的。他当时已被任命为卡莱尔教长(dean of Carlisle),人们称他为"教长米尔纳"。他经常到布鲁姆

---

　*　特洛伊战争中希腊军队的统帅。
　**　特洛伊战争中的希腊英雄,作战勇猛。

菲尔德拜访威伯福斯,每次用餐时,仆人们总能听见他大喊,要求再多拿些食物来。这一方面和他的身材及食量有关,另一方面也和威伯福斯夫人奉行节制有关。

多年前在圣约翰学院住在威伯福斯隔壁的托马斯·吉斯伯恩,又和他恢复了联系,现在也是团体的核心成员之一。吉斯伯恩当时已跻身全英国最优秀的布道家之列,他的家——约克绍小屋——可以说是第二个克拉朋。他的妻子是他在圣约翰学院的同学托马斯·巴宾顿的姐妹,而托马斯·巴宾顿的妻子则是扎卡里·麦考莱的姐妹。

克拉朋成员之间有着千丝万缕的联系,现在让我们引用豪斯《政治中的圣徒》的一段,或许有望解开这个结:

> 我们知道,亨利·桑顿是威伯福斯的表弟;吉斯伯恩的妻子是巴宾顿的姐妹;巴宾顿的妻子是麦考莱的姐妹。另外查尔斯·艾略特的妻子是约翰·维恩的姐妹;詹姆斯·斯蒂芬的妻子是威伯福斯的姐姐萨莉。这样看来,他们所有的姐妹都已成婚,麦考莱的妻子是汉娜·莫尔的学生。很快,他们的后代继续联姻,詹姆斯·斯蒂芬的儿子娶了约翰·维恩的女儿……

就这样,芭芭拉·威伯福斯进入了一个全新的环境,和埃尔姆登庄园相比,这里在智性上和灵性上要活跃得多。二十岁的她对这里的一切必然感到有些手足无措,对眼前的一切尚无丝毫概念。克拉朋团体进入了前面提到的黄金时代,不过是伴随着一声枪响。这不是修辞手法,而是确有其事。很遗憾,这声枪响出自英国首相威廉·皮特,而他开枪射杀的对象是一位国会议员。对方朝皮特回了一枪,两人后来又各开一枪。这件事发生的几天前,威伯福斯夫妇刚刚搬进布鲁姆菲尔德,芭芭拉已经怀孕七个月,不久即诞下大儿子威廉。1798 年 5 月 28日清晨,威伯福斯正在更衣,秘书阿什莉(Ashley)进来告诉他这个令人震惊的消息:皮特参加了一场决斗。

这件事让威伯福斯甚为恼火,他基于几个原因非常痛恨决斗的行为。首先,他认为决斗是冒犯上帝的野蛮之举。在他眼中,所谓决斗,就是默认一个人可以残忍地杀害另一个人。决斗无非是为了避免被看作胆小鬼，但讽刺的是，这个动机本身就显得胆怯，也是出于胆怯。威伯福斯清楚，决斗的目的只是维护个人骄傲，无关尊严，更谈不上荣誉。几年前，有一个反对废除奴隶贸易的人提出和他决斗，他没有应战。如今，在国家陷入生死关头的危急时刻，皮特居然冒着生命危险参加决斗，这简直不可理喻。而皮特因为知道威伯福斯的态度，所以瞒着他，直到决斗结束才让他知晓。与皮特决斗的是一位名叫蒂尔尼（Tierney）的辉格党议员，他反对皮特的政策，不断在和法国作战一事上攻击皮特。皮特最后忍无可忍，指责蒂尔尼和敌人沆瀣一气。

菲尔诺的记录值得引述：

> 5 月 25 日，皮特指责蒂尔尼蓄意破坏国防，议长认定此言不妥，但皮特拒绝向蒂尔尼道歉。蒂尔尼随即要求决斗，皮特当场同意。皮特身材又瘦又高，非常适合做漫画人物，蒂尔尼则又矮又胖。议会中一些爱起哄的人建议，为了公平起见，应该在皮特身上按照蒂尔尼的身高做个标记，射到界外的都不算数。

决斗的安排有些奇怪，双方距离仅十二步，每人各开两枪。皮特第二枪故意射向天空。两人距离如此之近却没有任何伤亡，人们不禁揣想，这是决斗还是作戏。虽然皮特没事，威伯福斯仍怒不可遏。皮特作为国家领袖，在危急关头拿性命开玩笑，堪称极坏的榜样，不仅如此，皮特居然在安息日做出这等举动。今天的我们根本不顾忌安息日，但是对威伯福斯来说，这一天绝对是神圣不可侵犯的。他认为，安息日是上帝分别为圣的日子，像皮特这样干犯安息日无异于蔑视上帝。威伯福斯认为皮特的举动极其可恶，堪比在圣保罗大教堂的主祭台上安排一场纵狗咬牛。

不过，威伯福斯在得知决斗一事之前，就对皮特感到失望了。皮特对废奴的热情似乎有所减退，同样是 5 月 25 日——皮特在下议院和蒂尔尼针锋相对的那天，皮特推迟了一项有关奴隶运载的法案。这让威伯福斯有些恼火。皮特自有其道理，当时英国陷入战事，法国大革命又对英国构成威胁,动乱随时可能漫过英吉利海峡,而英国海军正在公海上和恶敌作战,皮特不希望被其他政治议题转移视线。但是令威伯福斯不安的远不止这些外部原因。皮特的心思完全被其他事情占据了,他早已把奴隶的苦难抛在脑后。但威伯福斯却从未忘却,即便在政治环境如此恶劣的当下,他也不放弃尝试。只要他还活着,他就会继续争取,直到奴隶制度被彻底废除。这件事没有回旋的余地,只要看到机会,他就会抓住不放。因此,他因皮特推迟奴隶运载法案而深感失望。而如今他又得知皮特居然在安息日参加了一场决斗。

威伯福斯当即决定向议会提出议案,为禁止决斗立法。他认为现在恰是提出这项议案的大好时机,必须让公众意识到,决斗既不值得称赞,也不应被允许,无论他们的首相是否曾参加。可以料想,威伯福斯的用意激怒了皮特。皮特认为,在当下的政治环境中提出这项议案必然会令自己名誉扫地,甚至有可能下台。他给威伯福斯写了一封长信,而威伯福斯因为不愿看到朋友受伤害,不得已放下了这项议案。两位老朋友再次重归于好。不过,威伯福斯也向皮特表明了自己的立场。

* * *　* * *

在这件事发生几周之前,威伯福斯的母亲去世了。他在母亲去世前回到赫尔,陪伴她度过了最后的时光。他给芭芭拉写信道:"母亲走得很安详,我相信她感到幸福。过去八年来,她的改变让所有爱她的人深感欣慰……昨晚的一幕庄严又感人,我在母亲的房间里,眼前是我出生的那张床,也是父亲和母亲离世的那张床,如今床上摆放着装有母亲遗体的灵柩。"

那晚,房间里只有他陪伴着母亲的遗体,他向上帝祷告,感恩之情不断从心中涌流。母亲起初为他的信仰担忧受怕,后来终于转变心意,看到信仰的美善。他尤其感恩上帝使用他开启了母亲的双眼。和母亲诀别十四天后,他的长子出生了。

接下来的九年间,威伯福斯夫妇在布鲁姆菲尔德共生下六名子女,分别是威廉(1798)、芭芭拉(1799)、伊丽莎白(1801)、罗伯特(1802)、塞缪尔(1805)和亨利(1807)。生下第六个孩子亨利之后,威伯福斯夫人宣布,一切都甚好,她应该安息了。

* * *　* * *

克拉朋圈子的成员们似乎总有无数的事要推动,不过最核心的当然是废除奴隶贸易和奴隶制度。废奴运动最重要的项目之一,就是历尽千辛万苦,终于在塞拉利昂建立了一个由曾经为奴的黑人们组成的自由自治的聚居区。早在威伯福斯还未投身废奴运动之前,这项尝试就已经开始了。霍伍德庄园橡树下那场伟大的对话发生两天前,1787年5月10日,一艘满载着曾经为奴之人的船在塞拉利昂靠岸,继续这场已经开展多时的实验。

我们还记得,早在1772年,格兰维尔·夏普就在法庭上把高高在上的曼斯菲尔德勋爵气得咬牙切齿,让他恨不得把扑了香粉的假发抛在地上。根据曼斯菲尔德在萨默塞特一案中被迫作出的裁决,全英国的奴隶实际上都获得了自由。正如考珀的诗所言:"奴隶不能在英国呼吸;他们一旦吸进英国的空气,就是自由的人。"不过,曼斯菲尔德的预言也应验了,奴隶获得自由之后,很难融入社会并像普通人那样生活。并不是吸进英国的空气,挣脱身上的枷锁,就意味着安居乐业。1772年,英国境内共有一万四千名黑奴,让他们融入社会是极其艰巨的任务。根据雷金纳德·库普兰(Reginald Coupland)爵士的记录,"黑鬼乞丐"在英国随处可见。到了1776年,许多因加入英军而获得自由的北美奴隶也来到了英国,进一步壮大了这个新群体。

1786年,"贫困黑人救济委员会"成立了。创立者中包括在非洲西岸塞拉利昂生活多年的亨利·史密斯曼(Henry Smeathman),他提议在塞拉利昂为这些新获得自由的非洲黑人建立一个聚居区。大部分废奴主义者认为,奴隶贸易给非洲大陆造成了巨大伤害,他们对那片土地感到亏欠,所以,他们不仅希望废除奴隶贸易,更希望在某种程度上补偿英国和其他欧洲国家的掳掠行径。在非洲建立一个由自由的非洲黑人组成的聚居区,这一重大举措在两方面有助于达成上述目标。第一,这将证明非洲黑人并非如持有种族主义观点的游说团体所言是没有自我管治能力的野人,相反,非洲黑人和奴役他们的欧洲人一样具备能力。第二,这一聚居区将有助于实现非洲的经济繁荣,非洲不必继续依赖人口买卖,而是可以进行商品贸易。聚居区成立后,将成为这片黑色大陆倡导自由和自治的滩头阵地,其自由之光终有一天会照彻非洲最黑暗的角落。

对现代人来说,将曾经为奴的黑人送回非洲听起来有种族主义之嫌,但当时废奴主义者的意图却十分单纯。他们非常尊重黑人,对黑人的未来寄予厚望,实际上,这在当时是非常具有颠覆性的观念。流离失所的黑人曾被恶待,成立聚居区的目的,正是要帮助他们获得幸福,在某种程度上弥补他们以及他们的非洲大陆所遭受的损失。

1787 年 5 月 10 日,载有几百名非洲黑人和大约六十名白人的船在塞拉利昂圣乔治湾(St. George's Bay)靠岸,开始了这场伟大的实验。最初的日子十分艰难。和前一个世纪清教徒横跨大西洋开拓北美新大陆类似,在塞拉利昂,第一年就有大约一半人丧命。无论是在塞拉利昂还是北美,恶疾流行均是致命的挑战,另外,天气恶劣也加剧了适应当地独特气候的困难。塞拉利的开拓者没有原住民斯匡托(Squanto)＊帮忙解决温饱等问题,不仅如此,他们和北美开拓者一样,也要面对充满敌意的当地势力,其中包括英国和法国的奴隶贩子。那些人清楚,一旦这项勇敢的实验成功,其象征意义的威力将有多么巨大,所以,他们不惜一切代价要把聚居区扼杀在摇篮里。1789 年,刚刚建成的市镇被附近的非洲酋长一把火烧得精光。

恰在这个时候,陷入绝境的拓荒者的哭喊声达到了克拉朋,克拉朋成员,尤其是"阿伽门农"威伯福斯决定出手相助。如果聚居区实验成功,将大大推动废奴运动,克拉朋成员决定竭尽全力助其成功。一向做好准备和敌人征战的夏普已经一副整装待发的架势。1790 年,议会通过了成立"圣乔治湾协会"的法案,并颁布了章程。根据这一法案,新成立的塞拉利昂公司(Sierra Leone Company)由格兰维尔·夏普担任董事

＊　一位美国帕图西特部落原住民,曾帮助欧洲移民度过在新大陆的第一个冬天。

长,亨利·桑顿担任主席,董事会最初的两名董事分别是查尔斯·格兰特和威廉·威伯福斯。摆在众人面前的任务十分艰巨。

1792年,从加拿大新斯科舍省(Nova Scotia)招募的一千人抵达塞拉利昂。塞拉利昂公司筹集了二十四万英镑,准备建设一个名叫自由城(Freetown)的新城镇。城中开设了几所学校,运作良好,另外还有一家医院和一座教堂。正如克拉朋成员所言,他们不知"气馁"为何物,而这恰是个好品质,因为让人泄气的原因实在数不胜数。艰难的挑战接踵而来,包括蚁军的大举进攻,那些蚂蚁可是当真不知"气馁"为何物。另外,虽然招募了新鲜血液,效果却不甚理想,新斯科舍人(Nova Scotian)旋风一般到来,可是既没有鼓舞士气,也没有努力做工。他们丝毫没有被来自克拉朋的董事们所激励,而是对聚居区毫无热情,后来甚至派了一个代表团回老家告状。而当要求没有得到满足时,他们还上演了一场不温不火的起义。结果不了了之。

但克拉朋圈子绝不轻言失败。他们准备派扎卡里·麦考莱远赴非洲。麦考莱能力出众,不畏艰苦,性格坚韧。但即便是他,也被处境压得近乎崩溃。1794年,法国革命武装在一名美国贩奴船船长的帮助下攻击了自由城,他们到处纵火,掳掠财物,牲畜和作物都被损毁一空。1795年,麦考莱的身体和精神都崩溃了。他乘船返回英国,不过搭乘的是一艘贩奴船,因为他心系奴隶的处境,想获取第一手资料。麦考莱回到英国后,爱上了年轻教师塞利娜·米尔斯(Selina Mills)。米尔斯在莫尔姐妹创办的门迪普学校教书,这个学校也是克拉朋团体支持的项目之一。二人后来订婚,但麦考莱于1796年重返塞拉利昂担任总督,三年后才返回英国和米尔斯完婚。

1799年,麦考莱离开塞拉利昂时,聚居区的状况和他初来时相比有了大幅改善。聚居区内有一千二百名居民,局势相对稳定。塞拉利昂在1807年终于正式成为英国殖民地。虽然各样的挑战从未间断,但聚居区的活力与成效使其堪称黑人自治的榜样,因此,聚居区是废奴运动一个强有力的象征和武器。

第17章
克拉朋的家庭生活

"……他张开翅膀在空中飞来飞去。"

如果你想象中的克拉朋是宁静有序的,那么很抱歉,请赶快把这幅画面从头脑中清除出去。在克拉朋,有数不尽的集体活动,还有志愿组织、孩童、访客、宠物和家仆,而像一只大黄蜂那样飞来飞去,像一粒电子那样撞来撞去的,毫无疑问,正是威廉·威伯福斯。大部分现存资料都把克拉朋的生活描绘成乔治国王时代的《浮生若梦》(*You Can't Take It With You*)。* 在那部电影里,安·米勒(Ann Miller)饰演的角色不停地在屋子里跳芭蕾,而地下室则不时传来震耳欲聋的响声。克拉朋的情形与之类似,不同的是,在克拉朋进进出出的尽是个性独特之人,比如汉娜·莫尔、格兰维尔·夏普和艾萨克·米尔纳。

住在巴特西高地的玛丽安·桑顿(Marianne Thornton)记录了米尔纳和威伯福斯一家一起用餐时的情景,她写道:

> 他(米尔纳)嗓门又粗又响,是个相当不拘小节的人,他经常来威伯福斯家做客,想说什么就说什么,想要什么就要什么,那理直气壮的架势,除了他再没有人敢这样。他之所以能和威伯福斯如此亲近,原因是他非常敬虔,而且十分聪明,这从他在剑

---

* 1938 年美国出品的经典喜剧,改编自获得普利策奖的百老汇舞台剧。作品从一对家庭环境迥异的青年男女恋爱开始,展现了两种不同类型的人物个性、社会阶级、生活以及思考方式,风格亲切温馨且蕴含丰富的人生哲理。此片在经济大萧条的时代背景下上映,得到观众高度评价,至今仍被认为是经典之作。

桥取得那么多荣誉就看得出来。每次他们见面探讨严肃话题时，只要威伯福斯不专心，和孩子嬉闹，逗逗小猫，侍弄花草，翻看新书，他总会大声警告说："威伯福斯，听着，我下面要说的话，绝不重复第二遍，任谁求我都不行。"威伯福斯经常在早餐时接待客人，你永远也料想不到会遇见谁，而大家在餐桌上也尽显个性。威伯福斯总是用一句约克郡的俗语形容这场面——自己把自己照顾好。威伯福斯严重近视，只能看清自己盘里的东西，所以，威伯福斯夫人帮他把想吃的放在盘中。这就冷落了教长米尔纳，于是他扯着嗓子大喊："什么吃的也没有了"，让仆人再拿些面包和黄油来，并且吩咐要"尽量多拿"。这时，威伯福斯会插嘴说："谢谢你，谢谢好心的米尔纳留心这些事，威伯福斯夫人身体欠佳，没办法把家事照顾周全。"

芭芭拉·威伯福斯恐怕算不上特别热情好客的女主人，但她却是一个献身家庭的妻子和母亲。她养育了六个孩子，又要照顾精力旺盛得如同六个孩子一般，同时却又经常卧病在床、受各种疾病困扰的丈夫。我们只能想象，这位含蓄的少妇听到巨人米尔纳嚷着要食物时会作何感想。不仅如此，家里还经常出现奇奇怪怪的朋友和访客，他们从世界各地受她磁石一般的丈夫吸引而来。诗人罗伯特·索锡（Robert Southey）写道："他的妻子端坐其间，仿佛一座歌颂忍耐的纪念碑，他则四处游走，仿佛血管里流淌着水银。"大家普遍认为芭芭拉是个容易紧张的女性，在画家拉塞尔（Russell）笔下，她那黑色吉普赛人一般的眼睛暴露了她内心的焦虑。威伯福斯因为事情太多太杂，似乎并未很好地缓解她的焦虑。而两人都未能鼓励仆人，让家里井井有条。

威伯福斯的马车夫为他效力多年，酗酒成性，无论烂醉还是清醒，他驾起马车来总是十分狂野。威伯福斯多次想辞退他，可是碍于情面，一直说不出口。不过，他会在私下里调侃这位车夫，发泄心中的不满。有一次，他去拜访朋友，发现朋友家的女管家脾气异常暴躁。威伯福斯就对朋友说："听说印度人有一种方法，能让反差极大的动物打架。我真想让我的老车夫和这位优雅的女士打一架。"

威伯福斯总是在不经意间流露出机智和幽默，但流传下来的例子着实不多。有一次，他去布莱顿参观乔治四世修建的英皇阁，离开后，他说这个著名的建筑"非常壮丽……不过看起来好像圣保罗走向大海，在岸边扔下一堆穹顶"。

威伯福斯幽默的天性经常受废奴和其他沉重的议会事务压制，所以他在家的时候，会尽量放松思绪，也会和孩子、小动物们嬉戏玩耍，完全没有大人的样子。

根据现有的记录，威伯福斯应该是家里混乱局面的始作俑者。每次孩子们四处乱跑，都是父亲给他们上的发条，等到他们筋疲力尽，父亲会再把发条拧紧。威伯福斯的口袋里不仅装满了书，也装满了足够制造混乱的精力。相比之下，孩子们其实没有那么活跃或幽默，尤其是长大成人之后。威伯福斯去世后没多久，玛丽安·桑顿得知他的两个儿子罗伯特和塞缪尔正在策划一本父亲的传记——这套著名的五卷本传记对所有后来的威伯福斯传记作者帮助甚大。两兄弟的想法让她惊恐不已，因为两人都很直率，说不定会把他们父亲那调皮捣蛋的形象抖露出来。她认为，让塞缪尔和罗伯特描绘威伯福斯那"张开翅膀在空中飞来飞去"的姿态，仿佛让"鼹鼠谈论老鹰"。

威伯福斯甚至把家里的混乱带到旅途中。1818 年，他携全家到湖区旅行，在凯瑟克（Keswick）和诗人索锡同住了一阵。索锡写道："威伯福斯全家都来了，这一家人真是奇观。他们似乎奉行这样的家规：既然仆人们都有信仰，所以不必对他们提要求。于是，混乱的局面一发不可收拾，场面相当滑稽可笑。那个老车夫如果有机会上台，肯定是个好演员。"

截取威伯福斯生活中的某个片段，就好像把图钉按在飓风上一样难。他的思考和动作飞快，兴趣异常广泛，前来拜访的客人和熟人络绎不绝，而他在布鲁姆菲尔德住的十年，就是在这样的节奏中转瞬即逝。不过，我们还是可以抽出几个时刻定格观察一番，因为实在很有趣。比如，威伯福斯在日记中写道，1804 年 7 月 30 日，他和一位诺顿先生（Mr. Norton）共进早餐，此人身份复杂：印第安莫霍克族（Mohawk）首领、切诺基族人（Cherokee），以及苏格兰圣公会信徒。诺顿为启动英国及海外圣经公会（British and Foreign Bible Society）一事来克拉朋做客，这个项目是威伯福斯推动的众多项目之一。威伯福斯等人会付钱请人将福音书翻译成莫霍克族的语言，并请诺顿先生将《圣经》带回北美大陆给他的族人们。威伯福斯在日记中写道：

> 清晨，共进早餐——朋友们探讨送福音书给印第安人。诺顿先生跳了莫霍克舞蹈——维恩、迪尔特里（Dealtry）、库克森、约翰·桑顿——大家讨论热烈。众人对诺顿先生印象十分深刻，他是莫霍克族首领（又名 Teyoninhokarawen），为人谦卑，镇定自若，言谈举止不浮夸，非常得体。希望这是上帝的眷顾，借我们把福音传给那些不幸的人。他后来又向我们简单展示了莫霍克族出征前所跳的舞蹈。

虽然威伯福斯家里的混乱并未造成大碍，可他的第二任姐夫詹姆斯·斯蒂芬却毫不留情地批评他，让他不要这样涣散。威伯福斯的姐姐萨莉在丈夫去世后和斯蒂芬结婚，斯蒂芬对废奴运动十分热心，看到威伯福斯同时在许多不相干的事上分散精力，他感到恼火。他发现，威伯福斯亲自接待每一位访客，亲笔回复每一封信件，而他本可以把这些事搁置一下，先处理最重要的事。斯蒂芬对他亲笔回信的批评似乎不无道理，因为等他回复的信件总是堆积如山。斯蒂芬对威伯福斯说："数百万人将在绝望的不幸中哀叹，可是你不回信却未必会有人说你不体察民情或不礼貌。如果你是威灵顿公爵（Lord Wellington），而我是马塞纳将军（André Masséna）＊，为了转移你的注意力，好让我调兵遣将，杀你个片甲不留，我会冲着你的哨兵叫骂，放火烧你营地两侧的草棚。"

还有一次，斯蒂芬批评威伯福斯凭直觉做事的风格："你最大的缺点一直都是准备不足……如果你肯拿出时间来，仔细分析手上的材料，那么你就能取得比现在更大的进展。"

威伯福斯认真听取这些批评，记在心里，也在某些事上严格自律，

＊ 威灵顿公爵和马塞纳将军分别是英国和法国作战期间两国的军事指挥官。

但他也总有软弱的时刻。正如索锡的描述，威伯福斯一家即便离开克拉朋，也照样一团混乱。但是他也会保留独处的时间，祷告并默想《圣经》，获得内心的平静——他长期坚持独自默想祷告的习惯。他也时常在乡间远足时带着书，边走边看。正是这些独处的时刻帮助他在灵里恢复些许安宁。

＊＊＊　＊＊＊

9月份，威伯福斯夫妇带着四个孩子来到多塞特郡的莱姆(Lyme)。这次旅行很难得，威伯福斯不仅真正暂时放下了那些重大的使命，而且也不用应付让人厌烦的社交礼仪。威伯福斯每到一处总会被认出来。他有时过分慷慨，因为怕被看作失礼，所以很少对人说"不"。但是在莱姆，他似乎找到了真正的安息。

他给朋友的信中写道：

> 这个地方非常适合我：宽阔的海岸，壮丽的海景——悬崖顶在云雾中若隐若现；地貌变幻无穷；气候舒适宜人，空气清新，有林荫道可供散步。我每天都给自己两到三个小时，去户外走走，享受独自漫步的时光。通常我会带上《新约》，或考珀的诗集，或《诗篇》。自从我们来到这里，我还没接待过一个访客……我从来没有像现在这样，可以自主掌控时间，自由安排生活。

威伯福斯花很多时间在户外读书，"沿着涛声阵阵的岸边愉悦地散步，默想眼盲的荷马不曾听闻或吟诵不出的更美好的事"。

那是皮特也不曾听闻或吟诵不出的事。说到这里，有必要提一提可怜的皮特。威伯福斯心里很清楚，两人渐行渐远，这种感觉很微妙，无需明言。威伯福斯对朋友的爱不曾改变，但生活的改变却让两人不可避免地疏远。威伯福斯身边有越来越多和自己一样敬虔的基督徒。在他还是单身汉时，他仍有时间去找皮特，但是结婚再加上搬出克拉朋，情况就有所不同了。后来，孩子们一个接一个出生，几乎占据了他所有的空闲时间。皮特则一直未婚,渐渐地,他和其他人越走越近,比如邓达斯和普雷蒂曼主教(Bishop Pretyman),而这两人都强烈抵触循道会。

1805年,一桩和邓达斯有关的贪污案爆发。案件处理过程凸显了威伯福斯作为一名"置原则于政党利益之上"的政治家对国家的价值,同时也将他和好友及盟友皮特之间的分歧暴露无遗。

邓达斯(1802年晋升为贵族,成为梅尔维尔勋爵)在皮特内阁中担任海军大臣。五年前,时任海军司库的他纵容一名部下侵吞公款。1805年2月,皮特接到一份报告,揭发邓达斯涉嫌此案,当日威伯福斯恰好在皮特的办公室里。威伯福斯写道:"我永远忘不了他怎样抓过报告,焦急地朝里面望,甚至等不及开封。"皮特和邓达斯那几年走得很近,威伯福斯虽不是嫉妒之人,但他对邓达斯给皮特的不良影响却颇为担心。比如,邓达斯怂恿皮特酗酒,皮特因这个坏习惯痛苦了许多年。而现在又发生这样一件事。

梅尔维尔不肯默默辞职,反对派于是看准时机,对皮特发起政治攻击。4月8日,议员塞缪尔·惠特布雷德(Samuel Whitbread)提出动议,要求查办梅尔维尔。威伯福斯陷入两难。他从未想过加入伤害朋友的一派,但他也绝不容忍高官贪污的恶行。他最初以为证据不足以定罪,但在听了整晚的辩论后发现,梅尔维尔不曾对自己的行为作出任何强有力的辩护。威伯福斯希望听到这样的辩护,但始终未能如愿。梅尔维尔明显有罪,这从皮特的反应也看得出。皮特似乎也知道梅尔维尔有罪,但他在心中盘算,如果不发生意外,这场危机将会不了了之。

凌晨四点,轮到威伯福斯起身发言,而他始终没有听到能证明梅尔维尔无罪的证据。威伯福斯起身发言时,皮特向他使眼色,希望能阻止他说出自己害怕听到的话。但是威伯福斯知道,他对国家的责任高于他和皮特的友谊,他必须依良心行事。于是,威伯福斯没有理会皮特的暗示,而是根据目前掌握的情况,基于道德原则,滔滔不绝地发表了一篇措辞强烈的演讲。这几乎让皮特崩溃。威伯福斯说:"我必须承认,如果我不投票支持这项动议,我今晚绝不会走出议事厅。"据称,当时皮特望着威伯福斯,满脸怒气,这一幕相当罕见。威伯福斯继续说道:"事实摆在眼前,再多解释也无济于事……梅尔维尔勋爵公开承认自己纵容下属违法以牟取私利。我实在找不出足够强烈的词句,来表达我对这一行径的鄙夷。"威伯福斯没有选择的余地。如果梅尔维尔无需因自己的违法行为受法律制裁,那将成为一个极具破坏性的先例。威伯福斯说:"随之而来的将是各种败坏的行径,人民对国家的信任也将荡然无存。"

毫无疑问,威伯福斯的演讲是当晚的最强音,对那些内心饱受煎熬的骑墙者来说堪称一记重拳。投票结束后,不可思议的结果出现了,二百一十六票对二百一十六票,平手,轮到议长阿博特(Abbot)来定胜负。此时议事厅里八百六十四只眼睛齐齐盯着阿博特,他像一只被摁在椅子上的甲虫,一脸惊恐,脸色惨白。他一言不发,一动不动,所有议员里他花在投票上的时间最长。终于,他投下了反对梅尔维尔的一票。这一票如同扔进僵局中的炸弹,瞬间引发一片混乱。许多人立刻冲着皮特大喊:"辞职! 辞职!"皮特不能再做什么。他开始啜泣。这是他担任首相以来第一次情绪崩溃。他用帽子掩面,不想让人看到他流泪,但政敌却无耻地在他面前欢呼,辉格党人肆意发出嘘声,好像浑身血污的野人来参加酒神的狂欢。其中有一个人,表面上斯文,实际上残忍无比,他把整个场面比作猎狐,大喊:"View Holloa"——这是猎人看到狐狸从藏身的洞中跳出来后得意的喊声。他接着又喊:"我们把狐狸杀死了!"几个朋友围成方阵保护皮特,不让他看见敌人出于幸灾乐祸的睥睨。但皮特还是彻底崩溃了。

威伯福斯对这个结局并不感到开心,但他的良知胜过了对朋友的感情,另外,案件证据确凿,只能是这个结果。许多人认为,是威伯福斯的背叛和这场致命的政治打击让皮特一病不起并很快离世。威伯福斯知道,事实并非如此。毫无疑问,皮特肯定觉得威伯福斯背叛了自己,并为此深深受伤。但是他了解威伯福斯的为人,他确信,威伯福斯绝对不会扮演刺杀凯撒的布鲁图斯(Brutus)的角色。他知道威伯福斯是一位品格高尚的朋友,但恐怕恰恰是这一点,让他所受的打击更重。

梅尔维尔辞职并遭到指控,后来又无罪释放——他的行为仅仅是玩忽职守,并不涉嫌欺诈。有意思的是,接替他担任海军大臣的是八十岁的查尔斯·米德尔顿。没有人会怀疑,米德尔顿一生的经历都是为这个时刻做准备。公海上的战况如同梅尔维尔的案件那样一波三折,恰恰需要老练成熟的米德尔顿来应付。同时,他和纳尔逊勋爵的交情也不可小觑,事实上,这决定了至为关键的特拉法加战役(Trafalgar campaign)的胜负。

米德尔顿临危受命,堪称出乎意料的转折点。威伯福斯敬重他,爱戴他,二人在信仰里是弟兄,在废奴运动中是战友,如今米德尔顿虽然年事已高,却在危急关头执掌海军帅印,左右大英帝国的未来,甚至下个世纪的世界格局,此事的意义极其重大。

* * *　* * *

威伯福斯和皮特的关系并没有因邓达斯一案而破裂。那年秋天,二人多次见面,一切如常。11 月,英军在特拉法加大获全胜。如今被封为巴勒姆勋爵(Lord Barham)的米德尔顿被信使激动的声音叫醒:"勋爵大人,我们打了一场大胜仗,只是纳尔逊勋爵阵亡了!"威伯福斯听到这个消息时悲痛不已。他写道:"非常痛心,我泪流不止,无法再读下去。"

在英国,每个学生都知道那场堪称神迹的胜利,熟读那些英雄事迹,甚至能倒背如流:纳尔逊登上英国皇家舰艇"胜利号",在开战前对将士们说,"国家需要我们每个人尽忠职守";一名狙击手站在法国军舰"敬畏号"的缆索上向纳尔逊开枪,纳尔逊被击中,受了致命伤;纳尔逊的临终遗言是"感谢上帝,我已尽责";这位阵亡英雄的遗体被保存在一个装白兰地的橡木桶内,经过长途跋涉,终于被运回故土;他的灵柩如今存放于圣保罗大教堂,制作棺椁的木材是被炸毁的法国军舰"东方号"的桅杆。纳尔逊和特拉法加战役对英国人来说意义重大,如果有谁不甚了解,可以去参观位于伦敦中心的特拉法加广场。广场正中竖立着一百六十九英尺高、由大理石制成的纳尔逊纪念碑。纪念碑顶端耸立着纳尔逊十八英尺高的雕像。广场侧面有四头巨大的铜狮,全部用拿破仑的黄铜大炮铸成。

但是对皮特来说,特拉法加大捷带来的兴奋非常短暂。12 月 2 日,拿破仑的军队在捷克城镇奥斯特利茨(Austerlitz)重挫俄奥联军。这次惨败是对皮特的致命打击。过去两年间,他花费大量时间和精力,积极在各国之间斡旋,与奥地利、俄国、瑞典以及那不勒斯结盟,组成了第三次反法同盟(Third Coalition)。但如今盟军大败,同盟瓦解,皮特本就脆弱的健康又遭重创,再没有复原。

***　　***

当威伯福斯于 1806 年 1 月 21 日回到伦敦后,他收到了皮特病重的消息。他在 22 日的日记中写道:"因皮特感到心绪不宁,去了城里一趟。听到坏消息。去找罗斯,他情绪相当激动。他一直在帕特尼教区和普雷蒂曼主教商谈。医生说已经尽力了,回天乏术。"

威伯福斯赶不及再见皮特一面,皮特就去世了。1 月 23 日凌晨四点,小威廉·皮特病逝,终年四十六岁。

普雷蒂曼主教自皮特在剑桥读书时起就在他身边建立了一个小圈子,这位主教的观点代表了当时英国圣公会对福音派普遍的怀疑态度。威伯福斯多年后在给亨利·班克斯(Henry Bankes)的信中说,他无法"原谅普雷蒂曼主教,因他从未提出为我们可怜的老朋友皮特祷告……直到皮特去世前六个小时"。

他在另一封写给芒卡斯特的信中说:"往事不曾消散,而是加重了我心里的担子。我在灵里受到了压制……我承认有上千次(唉,数不清多少次),我希望能和他有一段安静的时光,恐怕是等他到了晚年,我们可以敞开探讨那最重要的事。但这一幕永远不会发生了。"

威伯福斯非常伤心。他亲爱的朋友离开了,永远地走了。他不知道是去往何方。

第**18**章
胜利！

"愿上帝祝福这个国家。"

    虽然威伯福斯当时只有四十七岁,但因为议会中尽是年轻议员,他实际上已算"高龄",而他自己也承认这一点。自从有童年记忆起,他就体弱多病,因此若论身体状况,他恐怕不止四十七岁。为了缓解溃疡性结肠炎的疼痛,医生一直让他服用鸦片,他的视力因此受损,另外,长期伏案导致脊柱弯曲,头也严重前倾,这些问题都日益明显。他二十一岁从剑桥毕业后即进入议会,多年来不断的"争战"让他身体衰残。下面这件事似乎也在强调他的身体状况:从无忧无虑的青年时代起就是他好友兼盟友的皮特也去世了,死因是痛风的并发症,而那可是老年病。

    从 1787 年起,威伯福斯年年提出废奴议案,却年年因各种原因遭遇失败。他反复尝试了二十年,想尽各种办法,却总是遇到重重阻碍,有几次眼看就要成功,却在最后关头碰壁。他感到很疲倦。1796 年是最接近成功的一次,最后却变成了最惨痛的失败。当时,威伯福斯几乎下决心彻底离开政坛。但是感谢上帝,约翰·卫斯理和约翰·牛顿这两位属灵长辈的鼓励让他打消了这个念头。如今十年过去了,形势忽然间利好,他期待了二十年的目标终于有望实现。

    皮特去世后,威廉·格伦维尔继任首相一职。还记得二十年前橡树下那场意义重大的谈话,威伯福斯在那一刻立定心志以废奴为使命,当时格伦维尔恰是皮特之外的第二个见证人。这一切多么不可思议,在格伦维尔成为国家领袖之际,公众支持废奴的热情再次高涨。格伦维尔认为现在是创造历史的好时机,但身经百战的威伯福斯却并不那样乐观。

威伯福斯的儿子塞缪尔写道："照形势来看,他未必能轻易获胜。国王的两个儿子克拉伦斯公爵和苏塞克斯公爵公开反对废奴议案,他们的口气仿佛是代表整个王室发言。不过,偏见的冰山仍在迅速消融。"的确如此。格伦维尔准备采取调转议事流程的策略,先将议案提交历来阻力最大的上议院。身为首相的他将亲自宣读这项动议。

1807 年 1 月 2 日,一项废除奴隶贸易的议案在上议院进入一读。坚决反对废奴的克拉伦斯公爵百般阻挠,议案一个月后才进入二读。2 月 5 日,周四晚间,二读正式开始,期待已久的辩论终于拉开帷幕。

威伯福斯自始至终在旁听席上观战,如坐针毡。格伦维尔率先发言,他的演讲从未这般激昂有力——不仅从财政角度论证废除奴隶贸易的益处,更前所未有地从道德角度对奴隶贸易本身提出质疑。他问道:"难道我们要容忍这可耻的贩卖行径继续下去?难道我们要继续制造如此沉重的苦难?"他在演讲结尾处特别提到威伯福斯的贡献,称废除奴隶贸易议案"将在这一代给数百万人带来幸福,而后世的子孙万代也会永远铭记他(威伯福斯)的功劳"。辩论直到次日凌晨五点才结束,投票结果让所有人都大吃一惊:废除奴隶贸易议案以一百票支持三十六票反对的绝对优势在上议院通过。

威伯福斯后来回忆道:"格伦维尔勋爵在演讲结束时对我极尽溢美之词,而几位同僚的发言也比之前态度更为友好。这一幕令我感慨万千,皮特和福克斯在《废除奴隶贸易法案》通过之前即已去世,如今格伦维尔勋爵在贵族当中并无特别优势,却取得如此重大的胜利!但我们不可掉以轻心。"

上议院的三读定于接下来的周二,即 2 月 10 日进行。威伯福斯依然保持谨慎乐观的态度,他深知议事厅里形势瞬息万变,议案有可能重蹈覆辙,被推到明年甚至数年之后。但令人惊讶的是,上议院很快通过了三读,议案当晚即送交下议院审议,整个过程相当顺利。威伯福斯写道:"这一次,胜利远远超过我的预期。"

议案在下议院通过的胜算很大,几乎所有人都准备好迎接这项议

威伯福斯传
恩典人生及废奴义举
AMAZING GRACE
WILLIAM WILBERFORCE AND THE HEROIC CAMPAIGN TO END SLAVERY

178

案被写进法律的历史时刻。不过，威伯福斯仍然不敢奢望那美好的画面。他在第二天的日记中写道："所有人都向我表示祝贺，仿佛已经大功告成。但我仍不确定。愿这项议案蒙上帝喜悦而获得通过。"

即便如此，谨慎的威伯福斯心里也渐渐生出胜利在望的喜悦。他慢慢开始相信——他允许自己相信——经过漫长的努力，终于有可能实现废除奴隶贸易的目标。威伯福斯在日记中第一次透露出星星点点的乐观，他提到，格伦维尔对于在下议院能获得多少赞成票不是很有信心，"但是我认为能获得足够的票数。几个来自西印度殖民地的议员也支持我们。如今，废除奴隶贸易得到广泛的支持！上帝能够赢得人心。"

想想看，两名西印度群岛的种植园主将投票支持废除奴隶贸易！曾几何时，这群人可是废奴运动最顽强的反对力量。想到此，威伯福斯必定心花怒放，但是和往常一样，他很快即克制住了自己的喜悦，仿佛对它怀有恐惧。两天之后，他按照惯例在安息日灵修并在日记中写道："关乎那伟大使命的决定日益迫近。惟愿它蒙上帝喜悦，上帝掌管所有人的心，上帝将翻转他们的心，如同他翻转上议院贵族的心一样；祈求上帝赐给我专注的目光，单纯的心志，向我的同胞行善，向我配受尊崇的救赎主表达感激。"

威伯福斯在二读前一天的日记中，终于允许自己品尝胜利在望的喜悦：

> 我的感恩之情从来没有像现在这样确定，二十六年或二十七年前，仁慈的上帝引导我的心思意念，让我以此为人生召命，又在 1787 年或 1788 年带领我的各项努力。哦，上主，让我全心全意称颂你：我的罪债如此深重，却在方方面面如此蒙你赐福。哦，惟愿我的感恩之情能和我所蒙恩惠有些许相称。

威伯福斯在这段文字中深刻内省，深知自己不配获得将要来临的尊崇，他真心渴望自己不被骄傲吞没，而是将荣耀从自己身上转移，归给至高的上帝。正是上帝最初带领他开始这项漫长又崇高的争战，又是上帝在二十年间托住他,让他在风暴中举起疲倦的双臂。他已立定心志,在荣耀降临时将荣耀归给上帝。

三读最终定于 2 月 23 日举行,那天将是最后一轮审议。威伯福斯心中必然百感交集,随着日期临近,折磨人的期待在心中躁动,二十年的心愿终于有望实现。

这无疑是一个关键的历史时刻,能够置身其中体会其重大意义,同时又置身其外观察众人百态,实在是极为难得的机会。当天在下议院参加投票的议员深知这项议案的分量,他们作何感想,我们不得而知。或许,他们仿佛在穿过树林时忽然遇到一条河,站在岸边猛然醒悟,这条河正是历史本身。他们应该如何行动? 这不可思议的机会究竟是怎样临到他们身上的? 对他们来说,这伟大的鲜活的一幕近在眼前,不是故事,不是传说,而是现实。他们仿佛正在观看火红的太阳自地平线上冉冉升起,万丈曙光照彻非洲平原。他们兴奋得不能自已。谁不想参与其中,留下一个印记,告诉他人自己曾经在场,亲手触碰历史的裙裾!

每个人都清楚这是一个前所未有的时刻,空气中弥漫着激动的气氛。每个人都想起身发言,为这荣耀出一份力,尤其是年轻议员。大家争先恐后,场面极其热烈,一个人话音刚落,七八个人抢着开口。这一幕非常罕见,大家的热情越来越高。那天,年轻的马洪勋爵首次在议会演讲,他盛赞威伯福斯,称"他的名字将流芳千古,为子孙万代永远铭记"。他显得非常激动。

副检察长罗米利(Romilly)一向爱戴并且敬重威伯福斯,不仅因为他领导废奴运动,还因为他致力于刑法改革,真心关怀穷人的处境。他在演讲中把海峡对岸趾高气扬的拿破仑和安静坐在一旁的威伯福斯做了一番对比,堪称经典。他的措辞激昂有力,议事厅里的热烈气氛达到高潮。他说:

> 此时此刻,我想到了那位法国皇帝,他被权力的浮华和胜利的果实包围,分领地给亲属,赐封邑给追随者。他端坐在宝座上,似乎已登上人类野心之极,已立于地上幸福之巅,但我又想到,当他回到内室,在床榻上躺下,他将不断受孤独的折磨,不得

安息。因为他会忆起自己双手沾染的鲜血和亲手施加的压迫，心中生出痛悔之情，相比之下，我尊贵的朋友今天走出议事厅回家时，投票的结果已尘埃落定，他多年来本着人道精神的不懈奋斗终于结出硕果。当他回到幸福快乐的家中，当他躺下休息时，世界各地会有无数人扬声赞美他。他因为知道今后有数百万人类同胞的性命得以保全，就享受那纯粹、完全的幸福。

当罗米利提到回家的情景时，威伯福斯突然情绪失控。在此之前，他一直不动声色，但是此时此刻，他非常激动，双手掩面而泣。

罗米利感人至深的演讲因威伯福斯的落泪而停止。议事厅里气氛异常悲壮，仿佛在这受造世界的中心有大坝决堤。

现场的气氛一直非常热烈，似乎每个人都在等待一个心照不宣的暗示，好让激动的情绪有个彻底宣泄的理由，威伯福斯的眼泪恰是众人所需。一瞬间，议事厅内所有人都情绪失控，被情感的洪流卷走，所有人都起身，向威伯福斯三次发出震耳欲聋的欢呼声。声音冲击着墙壁，回声不断；人人都激情澎湃，不能自已。

当天悲剧和喜剧轮番上演，场面时而庄重，时而失控：罗米利在演讲结束时让威伯福斯落泪，整个议事厅又因威伯福斯落泪而激动万分，所有人自发地欢呼雀跃，鼓掌庆贺——毫无疑问，赞美的洪流从四面八方涌向威伯福斯。旁听席上挤满了人，争相对威伯福斯表示祝贺，这让威伯福斯再次落泪，而他的泪水又引起了一阵又一阵更为响亮的欢呼声和鼓掌声！威伯福斯的两行热泪引发了洪水肆虐，议事厅从未有过这等场面。但这不是审判的洪水，而是恩典在涌流。仿佛整个英国——殖民地遍布全球的大英帝国——都在这股泪水和欢呼的洪流中领受了洗礼，因此刻的选择成为圣洁，被永远纪念。

此时此刻，威伯福斯坐在他惯常的座位上哭泣，周围赞美祝贺之声如同雷鸣，又有赞许从天倾倒在他低垂的头上。下议院随即对议案投票，投票结果是：二百八十三票支持，十六票反对。奴隶贸易终于被彻底废除，废除奴隶贸易之战正式宣告成功。不过，让我们继续把目光停留在威伯福斯身上。在这个历史的关键时刻，他有幸亲眼看到自己的梦想成真,这真是极为难得。他坐在那里,双手掩面,他因谦卑而被高举,威廉·威伯福斯的人格魅力达到了顶峰。

* * *   * * *

在取得了历史性的胜利之后,威伯福斯回到王宫庭院 4 号的家中,亲爱的朋友们纷纷前来一同庆贺。克拉朋派的成员们都在场,有亨利和玛丽安·桑顿、扎卡里·麦考莱、格兰特夫妇和格兰维尔·夏普。可以想象,这场聚会的意义不只是一场狂欢。很多人为这一时刻奋斗了二十年,格兰维尔·夏普投身其中已有三十五年。威伯福斯开玩笑地问:"亨利,咱们接下来准备废除什么?"桑顿却一本正经地答道:"我认为是赌博。"事实的确如此,他们不会停留于眼前的成就,尽管他们配得享受一番。威伯福斯第二个"伟大的目标"几乎涉及所有社会领域,前面还有上百场仗要打,众人终生争战不停歇。而废除奴隶贸易这场核心战役其实远未结束。虽然奴隶贸易已经被立法废除,但执法将是一场漫长的争战,废除奴隶制度更是一场空前浩大的战役。不过,他们今晚准备先享受胜利的喜悦。二百八十三票赞成、十六票反对的绝对优势,让众人深受鼓舞。议员威廉·史密斯为居然还有人投反对票而义愤填膺。他说:"让我们把那十六个恶棍的名字公布于众,我手上有四个。"但威伯福斯却说:"不要为那十六个人动怒,要为那二百八十三个人感恩!"

当天在伦敦另一处,胜利的消息传到了约翰·牛顿耳中。他当时八十二岁,第二年即离世。可以想象,他在得知这个消息后心中自然无比喜悦! 而这个消息也迅速传遍了世界。詹姆斯·麦金托什爵士(Sir James Mackintosh)在孟买听说此事后,评论道:"像奴隶贸易这样昭然的不公,竟然必须花费如此气力才能彻底铲除,我们实在应该不断自省。但是我们更应该意识到,一个人一生的时间和精力纵然有限,但若是有智慧和良善的引导,便足以解除千百万人世代遭遇的痛苦。"

至于威伯福斯,眼前全新的局面让他有些困惑。过去二十年,他大部分时间都在奔波劳碌,应对一次又一次失败的打击。他写信给一位朋友："我真的不明白,那些养尊处优之辈曾经对废除奴隶贸易不冷不热,为何突然之间热情高涨。只能有一种解释,就是那影响人的意志、判断和情感的全能上帝改变了他们的心。"

威伯福斯思维敏锐,深谙政治,他非常清楚,许多关键因素发挥作用,才迎来了这场期盼已久的胜利。1801 年的《联合爱尔兰法案》(Act of Union with Ireland)即是一例,这项法案将许多支持废除奴隶贸易的议员带进议会。公众支持废除奴隶贸易的呼声持续高涨,民主化的运动也越发兴旺,这些都至为关键。让威伯福斯感到悲伤的是,一年前好友皮特去世,也是促成废除奴隶贸易的因素之一。虽然皮特支持废除奴隶贸易,可是他的内阁成员却态度冷淡,且在政治上构成阻力。皮特去世后,他的表弟威廉·格伦维尔接替他担任首相。格伦维尔不仅对废除奴隶贸易更加积极,而且身为上议院的一员,他的政治地位也更有利,从而使废除奴隶贸易议案能在阻力最大的上议院获得通过。另外,法国激进的雅各宾派到 1807 年也基本销声匿迹,这一点也很重要。

威伯福斯对这些因素和个中复杂细节了如指掌。但是他清楚,最重要的是谦卑地感谢上帝,因为虽然有众多利好因素,但这一次仍有可能失败,而对于曾经在众多利好因素下所遭遇的挫败,他也心怀感恩。如今奴隶贸易已被废除,他仍感到不可思议。他说:"愿上帝祝福这个国家。"

爱尔兰历史学家威廉·莱基(William Lecky)对这一历史事件的评论经常被人引用,他说:"英国针对奴隶制度的斗争旷日持久,虽然并非国际瞩目,也有不光彩之处,但却足以载入世界历史卷帙中最为高尚的三四页篇章之中。"

第 *19* 章
不止于废除奴隶贸易

"仿佛在清算我的账户……"

我们很容易把 1807 年的胜利看作威伯福斯各项努力的巅峰,认为那是最让他感到欣慰的,随后的一切都无法与之相提并论。这种看法可以理解,却并不正确。威伯福斯没有忘记,虽然已经取得了废除奴隶贸易这一划时代的胜利,奴隶制度本身却依然存在,且活跃于各地。就在《废除奴隶贸易法案》通过的那个清晨,有五十万人仍然在野蛮而危险的英属西印度群岛甘蔗种植园里被囚为奴,他们无从知晓这项胜利,遑论庆祝。威伯福斯等人不会对他们置若罔闻,众人立刻转向下一个战场,用他们的余生打前面的仗——执行《废除奴隶贸易法案》,让其他强国也废除奴隶贸易,减轻仍受奴隶制压迫之人的痛苦。最后,他们会发起终极之战:解放所有奴隶,彻底废除奴隶制度。

有人会说,通过将废除奴隶贸易写进法律,英国已经对韦奇伍德在浮雕贝壳上的问题给出了肯定和正式的回答。奴隶的尊严已被认可,现在需要兑现。1807 年之后,废奴主义者眼前最大的挑战是确保这项法律的执行。当时的国际环境可谓有利。美国在同一年立法废除了奴隶贸易(虽然林肯签署《解放奴隶宣言》是在半个多世纪之后),丹麦早在 1803 年即已废除奴隶贸易。由于战事不断,荷兰、法国和西班牙都已停止了奴隶贸易。仍在继续大规模贩奴的只有葡萄牙。

因此,在 1807 年的胜利之后,克拉朋成员很自然地立刻将目光转向了非洲大陆。在经历了二十年的艰难困苦之后,塞拉利昂这个由获释奴隶组成的殖民地终于在《废除奴隶贸易法案》通过那一年归入了大英帝国的版图。坚持为这一刻而奋斗的人们随后成立了非洲协会（African Institute），继续各项工作。威伯福斯担任非洲协会的副主席，其他克拉朋成员则担任董事，包括斯蒂芬、史密斯、格兰特、巴宾顿、麦考莱、夏普和克拉克森。亨利·桑顿负责财务，而协会的主席是三十一岁的格洛斯特公爵。多年前，格洛斯特公爵还是孩童时，艾萨克·米尔纳曾在尼斯笨手笨脚地抚摸着他的头，口中发出怪声，叫他"美男子"。格洛斯特公爵年纪轻轻即立下战功，又因为和威伯福斯及汉娜·莫尔结下友谊，成了一名虔诚的基督徒。他娶了国王的女儿为妻，和几位坚决反对废奴的王子相比，他显得与众不同，那几位王子瞧不起他，称他为"傻瓜比利"（Silly Billy）。格洛斯特公爵后来用行动证明，自己对非洲协会的工作非常积极；按照威伯福斯的设想，非洲协会的目的是"促进非洲的文明发展和社会改良"。

虽然在非洲大陆的各项尝试取得进展，威伯福斯等人却不得不承认，当务之急是执行《废除奴隶贸易法案》。那些从奴隶贸易中获得丰厚利益的人绝不会善罢甘休，偷运现象仍十分猖獗。英国贩奴者想出了各种卑鄙手段，第一个就是在贩奴船上插上美国国旗，这样一来，在海上巡逻的英国皇家海军就不会查看。在星条旗的庇护下，仍然有数以千计的非洲人忍受中间航道的折磨，被卖给西印度种植园的奴隶主。1808 年 9 月 8 日，威伯福斯写信给好友、未来的美国总统詹姆斯·麦迪逊（James Madison），请麦迪逊帮忙将另一封信转交给时任总统托马斯·杰斐逊。威伯福斯在信中恳请杰斐逊顾念那些被卖为奴的男女老少，"您在这件事上的决定会影响不计其数的人的命运"。威伯福斯希望英美两国能够在打击奴隶贸易方面达成协议，但这要多年以后才能实现。不过，在 1809 年，一艘打着美国旗号的英国贩奴船被英国皇家海军军"舰德文特号"（Derwent）发现，随后受到法律制裁，从此，用美国国旗作掩护的违法行为基本上被杜绝了。星条旗失效了，还有其他国家的国旗可用。贩奴者改用西班牙国旗，因为西班牙和英国在战争中结盟，而英国海军无权搜查盟国的船只。威伯福斯请韦尔斯利勋爵（Lord Wellesley）担任使者与西班牙政府商议打击贩奴，但两国始终未能达成一致。1810 年，英国议会立法，将奴隶贸易定为刑事重罪,违法者要受到重罚,会被遣送至英国在澳大利亚博特尼湾(Botany Bay)专为流放罪犯而设的殖民地,刑期十四年。但即便如此,偷运的行为仍屡禁不止。

在那以后的几十年间,英国海军一直担任公海警察的角色,直到二十世纪二十年代仍在执行这项崇高的使命,令人钦佩。虽然大规模的奴隶贸易已经绝迹,但是狡猾的罪犯总能找到市场缝隙以牟利。从二十世纪二十年代开始,每年都有十至十二艘载有十五至二十名儿童的船只从东非的厄立特里亚(Eritrea)起航,穿过红海,驶向沙特阿拉伯。这些儿童大部分都被卖为性奴。

* * *　* * *

1807 年废除奴隶贸易取得胜利时,威伯福斯和芭芭拉已结婚并在克拉朋安家十年了。他以克拉朋为基地,发起了多项影响下个世纪社会面貌的文化改革。但是 1808 年,威伯福斯全家准备离开克拉朋,不过只是人搬走,他的心并未离去。一直以来,"克拉朋"就不单是一个地理概念,哪里有威伯福斯,那里就是克拉朋。克拉朋是一场流动的盛宴,无数志同道合的朋友们通过克拉朋彼此连结。即便威伯福斯搬走,也只是搬到区区三英里之外。他们全家在肯辛顿戈尔(Kensington Gore)租了一幢建于十八世纪五十年代的房子,租期二十五年。这幢房子在未来的艾伯特音乐厅(Albert Hall)旁边,正对海德公园,距离海德公园角只有一英里。对威伯福斯来说,在克拉朋和皇宫庭院之间奔波,既不方便,又开销太大。他告诉玛丽安·桑顿,这次搬家"每年能省下五六百英镑"。搬到肯辛顿戈尔是个绝佳的折中选择:两个世纪前,那里并不繁华喧闹,但距离议会却不远,威伯福斯可以走路过去。如果他独自一人,他会一边走,一边背诵长达一百七十六节的《诗篇》第 119 篇。

威伯福斯经常这样,在穿过海德公园时,开心地大声背诵经文,四周有鸟鸣花香环绕,还有茂密的高杆草。威伯福斯性情单纯,个性活泼,当时的人们因为他,而对宗教有了不同的看法。威廉·布莱克

(William Blake)曾在诗中写道:"黑袍祭司一圈一圈地走,把我的快乐和欲望用荆棘捆牢。"这是很典型的描述,当时很多人认为信仰是相当沉闷乏味的事。威伯福斯却截然不同,他的喜乐中满有感恩,他对大自然和造物主的爱满有热情,看到他,你会想起阿西西的圣方济各那有血有肉的属灵生命。威伯福斯喜爱背诵诗歌,尤其是考珀和弥尔顿的作品,经常一边走路一边背诵。但他尤其喜爱背诵经文,他对待《诗篇》第 119 篇中这条诫命——"将你的话藏在心里"(第 11 节)——非常认真。

搬到距离议会只有一英里的新家也有弊端。和过去相比,来拜访他的人更多了,他们背景各异,有些是朋友,有些是陌生人。厄斯金勋爵(Lord Erskine)经常在早晨骑马路过时来做客,其他人只要想和威伯福斯见面,就可以敲门进屋加入谈话。波洛克说:"肯辛顿戈尔成了英国慈善事业和道德重整项目的交流要地,威伯福斯随时准备给予鼓励、建议,也给予斥责,比如,当打击罪恶协会(Society for the Suppression of Vice)有用欺诈手段使人认罪的想法时。"人们从四面八方赶来,希望能从名人威伯福斯身上得到些什么:他对新项目的祝福,或他的签名,或他愿意挂名加入某个委员会。

波洛克记录了当时的场景,人们聚在一起,过不了多久:

里屋的门开了,威伯福斯快步走出来,他身材非常矮小,头发扑了粉,虽然这在当时已不流行。他总是穿一件脏兮兮的黑色外套,上面除了一个钻石别针外没有什么装饰。他戴上眼镜,和每一组人分别打招呼,倾听他们的想法,尝试理解他们的处境。听到悲惨的事,他的脸上和眼中会流露同情或愤慨,若是听到一个新想法,他也会热情地给予鼓励。老朋友往往能察觉出,什么人或什么事会挑动他那根爱开玩笑的神经,不过他的笑声都带着善意。

托利党人斯宾塞·珀西瓦尔(Spencer Perceval)于 1809 年接替格伦维尔担任首相,他经常来肯辛顿戈尔拜访威伯福斯。珀西瓦尔的宗教观点和威伯福斯非常接近，事实上，比之前或以后任何首相都要接近。在允许传教士进入印度宣教这件事上，珀西瓦尔和威伯福斯看法一致，而威伯福斯非常需要这位首相的支持，因为下议院坚决反对这个议题。珀西瓦尔说："阻挠宗教在印度自由传讲的举动违反道德，令人鄙夷，我认为政府必须予以反对。"心头大事得到首相珀西瓦尔的支持，威伯福斯必然备受鼓舞。允许宣教士进入印度的运动将成为克拉朋下一个历史性战役。但是很遗憾，珀西瓦尔促成了这项法案的通过，却没有看到它成为法律的那一天。

珀西瓦尔在 1809 年出任首相，当时英国仍在乔治三世统治之下。1810 年，国王十七岁的女儿阿梅莉亚（Amelia）去世。虽然几位王子让他忧愁挂虑，几位公主却带给他不少快乐和安慰，而阿梅莉亚据说是国王最疼爱的女儿。国王因"埃米莉"（Emily）的离世而病情加重，再次陷入"疯癫"，无法处理国事。国王最厌恶的儿子、也是最放荡的儿子威尔士亲王又一次成为摄政王，虽然权力有限，期限也只有一年。大家认为，像前两次那样国王很快就会好转，但事与愿违，国王一直病重，品德不堪的摄政王继续主政，和正直敬虔的首相形成鲜明对比。不过，混乱的政治局面很快即告一段落。1812 年 5 月 11 日，威伯福斯和桑顿夫妇去巴宾顿位于唐宁街的家中赴晚宴。他们抵达时，主人还在议会，不久后，巴宾顿突然冲进家门，对众人宣布，珀西瓦尔刚刚在议会被人杀害。一个名叫贝林厄姆（Bellingham）的人在下议院大厅里走向珀西瓦尔，朝他胸口开了一枪。

贝林厄姆明显精神失常，他把自己身无分文的窘境归咎于政府。但是威伯福斯等人，甚至包括珀西瓦尔的家人，都愿意为贝林厄姆祷告。威伯福斯写道："哦，基督教不可思议的力量！"

> 自从我们的救赎主为杀害他的人祷告之后，惟有众人因可怜的珀西瓦尔所做的祷告同样令人感动。斯蒂芬最初极为愤慨和悲痛，但是今早他愿意为那位可怜的凶手祷告，而且他认为，如果凶手认识珀西瓦尔的朋友，或许会被感化，于是他去找凶手，试着让凶手悔改……可怜的贝林厄姆相当受震撼，流露出谦

卑和感激之情……可怜的珀西瓦尔太太……她和孩子们一起跪在尸体旁，祷告……为了凶手能够得赦免而祷告。

* * * * * *

珀西瓦尔遇刺后，议会必须解散，并在随后举行大选。威伯福斯不得不考虑是否继续担任约克郡的议员，因为职责实在过于繁重。在他经历"巨大的转变"的前一年，即 1784 年，二十四岁的他首次当选。如今，他在这个位置上已有二十八年，五十二岁的他现在是六个孩子的父亲。由于政务繁忙，他深知自己留给家人的时间少之又少。有一次，威伯福斯抱起小儿子，孩子放声大哭，保姆在旁边直接告诉他："这孩子一直怕陌生人。"

不再担任约克郡议员会让生活发生重大改变，因此，威伯福斯必须慎重考虑。他开始为这件事寻求上帝的心意。威伯福斯的信仰绝非神秘主义，也称不上我们今天所说的"灵恩派"。多年以来，他花很多时间在祷告和默想经文上，非常令人钦佩。不过，他从来没有透过某种超现实的方式"听到"上帝对他讲话，也从未记录过他看到了异象或做了异梦。他的信仰非常严肃，他小心谨慎地谦卑寻求。他心中时刻充满对上帝的感恩，并且深知自己本不配领受上帝丰盛的恩典。他受英国国教谨慎的作风和加尔文主义的影响，临死前曾说希望自己的"脚立在磐石上"（《诗篇》40：2），流露出没有把握的意味，但是在我们看来，这样的表述容易引起误解。从我们掌握的资料来看，他应该非常确定，但是他在恩典浩大的上帝面前极其谦卑，而且英国人向来言辞谨慎，所以，倘若下肯定的结论，他会感到有些冒昧。

毫无疑问，威伯福斯认为信徒必须与上帝建立"个人"关系，而且信徒必须"重生"。他相信，如果不曾经历转化生命的恩典，道德努力没有任何意义，而他自己的重生经历正是前面提到的"巨大的转变"。他写道："每个人都必须被上帝的恩典改变，经历重生，否则不能成为天国子民。一个人若非圣洁，就不能见主的面。"他在如何平衡恩典和善功这个神学问题上既非常坚定，又非常温和，绝不让自己陷入神学争论的泥潭。他用一句话向巴宾顿总结了自己的态度:"耶稣基督的宝血洗净了所有的罪,他带来的安慰中既有最深刻的谦卑,也有最坚定的盼望。"他给亲戚玛丽·伯德(Mary Bird)的信中写道:"仰望基督,将你的身体和心灵完全奉献给耶稣,服侍他。我向上帝祷告,祈求他透过基督让你能更真诚、更乐意、也更无保留地服侍他。"威伯福斯清楚耶稣是救主,但是他在信中也对儿子亨利提到,"你真的可以把救主当作知心朋友"。正是因为这样的态度,他的信仰充满喜乐,不像严苛的加尔文主义者和迂腐的道德主义者那样满嘴陈词滥调。诗人索锡形容威伯福斯"一举一动时常流露着欢乐,语调总是和蔼亲切,对人的看法、与人的交谈、待人的动作,从来都带着仁慈……对一个如此快乐又愿意给他人带来快乐的人,除了喜爱和敬仰,再没有别的感情"。

所以,在是否要放弃约克郡议席这件事上,威伯福斯不断祷告,希望知道上帝的心意。事实上,威伯福斯不再需要约克郡议员这个有分量的地位来施加影响力了。《废除奴隶贸易法案》通过之后,公众对他的称颂和爱戴超乎想象,他被奉为国家的道德典范,比肩那些大理石雕像所纪念的历史伟人。如今,他在公众眼中代表英国的良心,而不仅是一位有政治影响力的议员。他可以轻松当选"口袋选区"(pocket borough)*的议员,却不会因此有任何实质损失。他的负担也将会大幅减轻,而他仍可以参与公共事务,在重要议案的辩论环节发言。

另外,威伯福斯的长子威廉已经十三岁了,他感到自己需要承担更多教养子女的责任。他希望更深入地参与孩子们的成长,尤其是在道德和宗教教育方面。威伯福斯有一个习惯,就是每次遇到重大决策,都会在一张纸上把所有利弊罗列出来,向上帝寻求引导。如今,在是否继续担任约克郡议员这件事上,他依然如此寻求。1811 年 8 月 24 日,威伯福斯五十二岁生日那天,他把关乎这个艰难决定的所有因素列在一张纸上,这张纸和其他珍贵史料目前都保存在牛津大学博德利图书馆。他其中一项顾虑是:"2. 我的身体状况和思考能力,尤其是后者,迫使我成了一匹不再适合出征的老马,特别是我的记忆力,有关记忆力退化的

---

* 指英国选区之中选民总数极少而由地方权贵内定或操控的选区。

证据近来越发明显。"

威伯福斯和詹姆斯·斯蒂芬等好友详细谈过此事,斯蒂芬认为,威伯福斯的思考仍然十分敏锐,只是记忆力欠佳,但他也写信对威伯福斯说:"最近我不时发现,或者按照我的观察来判断,你的身体的确显出不祥的征兆。你的衰老快过我的想象,精神面貌也不像从前那般一直处于热情活跃的飞扬状态。"因此,斯蒂芬强烈建议他放弃约克郡的议席,换一个职责不是那么繁重的席位。

威伯福斯最终决定,不再参加约克郡的选举,而是接受相对次要的布兰贝尔(Bramber)选区的席位;这样一来,他可以继续留在议会,而工作量却会大幅减少。和以往一样,他在整个决策过程中,甚至做出决定后都不断责备自己。他写道:"仿佛在清算我的账户,我发现自己做的那么少,还有许多事情,我多么希望能在离开议会前完成,那样我就可以安心退休了。"威伯福斯的感受可以理解,即便是正确的决定,若要去落实,也可能非常艰难,这对谁都一样。他担任约克郡郡选议员二十八年,难免在离任之时有些感伤。他回想过去三十年参加的每一场争战和每一场选举,而下一次大选时,他将首次缺席,这忧伤的心境所有人都能理解。他写道:"我觉得自己像一只退役的老猎犬,在公园的草地上闲逛,忽然听到远处其他猎犬在嚎叫,于是竖起耳朵,躁动不安,忍不住想要冲过去加入它们。"

第 *20* 章
印度

"……继奴隶贸易之后,英国国家道德上最肮脏的污点。"

威伯福斯不再担任有影响力且地位显赫的约克郡议员之后,他去下议院的次数少了许多。布兰贝尔选区议员的职责较轻,威伯福斯下定决心,把更多时间留给家人。这在今天听上去不过是政治家的陈腔滥调,但在当时却是闻所未闻。事实上,威伯福斯公开表示要用更多时间来陪伴子女,这是一个相当反潮流的观念,对整个国家的冲击很大,他关于家庭和父亲之重要性的看法所产生的影响甚至延伸到下个世纪的英国和美国。威伯福斯有两个习惯:一个是每天两次带领全家祷告,所有人都跪在椅子边,用十分钟或更长时间来祷告;另一个是将安息日立为家庭日。经过一段漫长的时间,这两个习惯在十九世纪被许多英国人效法,逐渐成为惯例。

不过,虽然威伯福斯作为议员的职责减轻了,但他每天还是非常忙碌,因为他在议会之外参与了各种协会和社会活动,其中大多数都和"重整社会道德"有关。1813 年,他因另一项使命重返议会战场。继废除奴隶贸易之后,这项使命对他来说至为重要,而他和克拉朋成员从废除奴隶贸易之战中汲取的经验也得以运用在新的战场上。这场政治战争和长久以来禁止传教士进入印度的法令有关。威伯福斯准备带领克拉朋成员全力出击,废除这项法令。他们努力的结果对英国如何看待自己以及自己在国际上扮演何种角色产生了具有历史意义的重大影响,其效果并不亚于废奴运动,并从根本上为接下来几个世代的英国人塑造了全新的国民身份。

　　多年来,得益于英国王室的支持,英国东印度公司实际上一直是印度的治理机构,为自己也为股东赚取了可观的利润。由于远离英国本土,东印度公司有很大自主权,对印度当地人的态度若非轻蔑,即是冷漠。东印度公司优渥的处境只受一道法律程序的限制,就是每二十年由议会审议其特许状。上一次审议是在 1793 年,当时年轻的威伯福斯提出一组颇为合理的动议,即让东印度公司向印度各地派遣校长和牧师。这两项动议通过了一读和二读,但是当东印度公司的董事们发现情况不妙时,开始动用一切政治力量加以阻挠。他们高声抱怨道,这两项动议相当于用武力将基督教信仰强加给印度人民,虽然这一指责毫无根据且莫名其妙,但却相当起作用。议案在三读时被否决。

　　和废除奴隶贸易之初与奴隶贸易利益集团抗争的经历类似,威伯福斯最初和东印度公司打交道时也过于天真。他根本不知道自己搅动的是什么,那两项出于良善的议案暴露了极深的罪恶。他在争取废除奴隶贸易时遇到的冷酷心态此时重现,这种心态背后的观念用多年后发展出的术语描述,叫做社会达尔文主义,其核心就是种族主义。强势的欧洲人欺压肤色较黑的种族并从中获得丰厚利益的行为一直不受法律制约;因此,当他们的利益受到威胁时,他们必然用尽各种手段,维护自己优渥的处境。许多欧洲人认为,非洲大陆存在的意义就是源源不断地提供可供贩卖的人口——非洲应该被有实力的国家掠夺和欺压,而东印度公司对印度次大陆也持同样的态度。所以,凡是赋予被欺压对象人性尊严的事,必然对他们构成直接威胁。在他们眼中,派遣宣教士和牧师的提议无异于向他们磨刀霍霍。当年,西印度群岛种植园主非常厌恶拉特罗布和摩拉维亚弟兄会在非洲奴隶当中的宣教事工,也很反感詹姆斯·拉姆齐在圣基茨岛的奴隶们中间的事工。东印度公司也是如此,他们视威伯福斯和他敬虔的伙伴们为眼中钉。他们在 1793 年成功挫败了威伯福斯的两项提议,确保自己在接下来二十年里高枕无忧。

　　但如今,已身经百战的威伯福斯在面对熟悉的敌人时心中早有准备。他称英国对印度的欺压是"继奴隶贸易之后,英国国家道德上最肮脏的污点"。他在给汉娜·莫尔的信中亲切地称东印度人民为"我们的同胞(不,他们和我们关系更近一层,同在一个屋檐下)"。他强烈谴责东印度公司不愿帮助当地人民摆脱无知并改革当地社会,即便印度人民生活在"全世界最野蛮、最黑暗、最败坏的崇拜偶像的社会制度中"。

威伯福斯在这里并非指印度的宗教思想,而是指当时在东印度地区盛行的野蛮习俗,包括杀害女婴和殉夫自焚。所谓殉夫自焚,就是将丧偶的妻子在亡夫的葬礼上捆绑起来,活活烧死在柴堆上。此外,整个印度奉行的种姓制度实际上是一种根植于社会内部的奴隶制度。威伯福斯清楚,如果能将基督教思想引入这个具有极端种族主义和性别歧视的文化,受苦的人就能看到盼望,尤其是最为贫穷、最无权势,同时也往往是受苦最深的人群。威伯福斯认为,英国国力强盛、国库充盈,有责任帮助印度人民,尤其是考虑到英国几十年来从印度获得了丰厚的利益。对印度人民的苦境不闻不问,实在有违良知,威伯福斯相信,立法允许宣教士进入印度,能够让当地人了解基督教的人权观念以及公义的各种客观标准,最终将深刻地改变整个社会面貌。

最让东印度公司恐慌的莫过于,如果在当地宣讲基督教,英国人就不能用现在的方式对待印度人了。当时有一个尤其违背基督教教导的做法,就是白人男性在家里收养众多未成年的"妾",实际上是把儿童性奴合法化。1810 年,东印度公司出版了一本关于如何管理仆人的官方"袖珍指南"(Vade Mecum),当中有四十八页专门讲"妾"这个话题。作者引用了一位年长英国绅士的话,当被问及如何管理家中十六个"妾"时,他开心地答道:"哦,我给她们吃点米饭,让她们到处跑。"

东印度公司声称,允许宣教士进入印度是对当地古老文明"不敬"。威伯福斯知道,这不过是个无耻的借口,意在掩盖他们的自私和对当地人民痛苦遭遇的冷漠。他有时会在参加晚宴时,大声读出在亡夫葬礼上被火焰吞噬的妇女的名字。当时仅孟加拉省一地,每年就有多达一万名妇女被活活烧死,其中很多只有十几岁,有些甚至年龄更小。威伯福斯内心对这种陋习深感不安,他有一次在议会演讲的书面稿中添加了下面这段描述,一位名叫马什曼(Marshman)的先生把亲眼所见的骇人行径记录如下:

　　我们听说，就在附近，一会儿有个女人会和她丈夫的尸体一起被焚烧，于是我们弟兄几个马上赶到现场，但我们还没到，柴堆已经点燃。这一幕真恐怖。围观的人群不可思议地冷漠，甚至表现出轻浮。我从未见过如此残忍的行径，这可怕的场景和宗教仪式没有半点关系。这一幕好像英国的一群流浪男孩聚在一起，只为了将一只猫或一条狗折磨致死。开始之前，一根长约二十英尺的竹竿悬在火焰上方，竹竿的一端被绑在立于地面的木桩上，另一端则有人握住。我感到极其困惑，这个可怜的女人在他们眼前受着火刑的折磨，而周围的人却言行轻佻，不时爆发出残忍的大笑。人性在这个应受咒诅的迷信陋习中泯灭殆尽。更残忍的是，柴火故意堆得不足，所以火势不大，这不是生火做饭那样架满木柴，这种火不足以烧尽活人和死人。我看到那可怜的女人，身体在火焰中扭动，双腿在火焰外挣扎。过了一会，有人用一根长约十至十二英尺的竹竿挑动柴堆，对那烧了一半的躯体又敲又打，把没烧尽的部分推到火焰中心，好像添柴一样。他们看到那女人的腿在火焰外面，就用竹竿敲打一阵，好让绑住女人膝盖的绳索断开（他们绝对不会走上前去触碰女人的腿）。最后他们成功地把女人的双腿弯过来，让双腿在火焰当中继续焚烧，皮肤和肌肉开始脱落，膝盖已露出白骨：不用多讲，这一幕让我感到毛骨悚然，尤其是想到几分钟前这可怜的受害人还活着。若是看到野狼把人撕成碎片，我们会害怕，但是看到亲戚邻里对一个不久前还有过交谈的熟人做这样的事，且一副满不在乎的表情，就真的让我崩溃。你可能会想，这不幸的女人应该是嫁给了最高级的婆罗门，但实际上她的丈夫是住在塞兰布尔（Serampore）的理发师，那天早上去世，留下一个儿子和一个大约十一岁的女儿。就是这个地狱一般的陋习，给本就贫苦的大众又添苦难，让这两个孩子一日之间失去双亲。这种事并不少见，往往发生在更无依无靠的孩子身上；有时候也会发生在富裕人家，孩子的母亲被诱骗，在父亲葬礼上被烧死，而孩子和财产则落入恶人之手。

　　　　　　* * *　　* * *

　　字里行间所刻画的冷漠无情让威伯福斯内心极为不安,而令他愤慨的是,英国政府居然从未加以阻止。威伯福斯搁置允许传教士进入印度这个议案已有二十年,如今克拉朋成员再度积极备战,众人早在1813 年议会辩论的前两年就开始动员一切力量了。为了让《印度法案》通过,克拉朋成员悉数上阵,火力全开,格兰特、巴宾顿、斯蒂芬和桑顿都参与其中,有时他们一整天都在巴特西高地的椭圆形办公室里召开"内阁会议",制定战略,分派任务。他们希望用赢得废除奴隶贸易之战的方式影响议会中冷漠的议员,这种通过请愿书直接唤起人民支持的方式为克拉朋首创,非常有效。

　　和废除奴隶贸易一样,克拉朋成员费尽心力,希望大众能够理解这项议案的本质。麦考莱的任务是起草传单并分发出去,报纸上开始刊登有关此事的文章,威伯福斯也以个人名义写了上百封亲笔信寻求支持。他在给汉娜·莫尔的信中说,"你必然会同意我的看法,奴隶贸易废除之后,这是我们国家最为严重的罪恶。"他特别请汉娜·莫尔帮忙,在布里斯托尔居民中派发请愿书。巴宾顿的任务是整理上百封请愿书,工作量相当繁重。威伯福斯则给每一个有可能支持这项法案的人写信,或者安排面谈。证据和证词在辩论前即已准备妥当。克拉朋的印度专家廷茅斯勋爵将在上议院作证。威伯福斯还为这项法案安排了一系列"政治早餐会"。总而言之,为了成就这件历史大事,所有人都倾尽全力。而英国人民愈发自信的呼声也有振聋发聩之势:6 月份辩论即将开始前,全国总共提交了八百三十七封请愿书,共五十万个签名,卷轴一般的请愿书摆放整齐,准备送交议会。

　　1813 年 6 月 22 日,辩论开始,所有努力都为这一刻。几位克拉朋"圣徒"相继发言,轮到威伯福斯,他滔滔不绝地讲了三个小时,所有人都被他这番精彩演讲所震撼。他提到了虐杀女婴和殉夫自焚;提到了弑杀长者,也就是把"无用"的老人杀掉;还提到杀死病人,以及出于"宗教"原因用活人献祭。毫无疑问,英国有责任尽一切所能帮助在这些恐怖行径中无力反抗的受害者。威伯福斯首次明确地以宗教作为论证基础,他说,只有基督教才是印度人民的出路,基督教是社会改革得以发生的思想根基。这场辩论以及之前的废除奴隶贸易辩论其实都是关于世界观的辩论:两种世界观对事物的根本理解,尤其是对人的定义,截然相反。

东印度公司利益集团和之前的贩奴利益集团一样,声称有些特定人群因为种族和性别的缘故,天生且明显属于次等人群,有些则天生且明显属于优等人群,后者不应为自己对待前者的方式感到一丝一毫的愧疚。在他们看来,世界本就按这一"自然"法则运行,这是"上帝的旨意"。用同样的方式对待只知道傻笑的印度贱民和白皮肤的英国绅士,相当于把自己等同于非洲原始人,简直不可理喻。但是威伯福斯绝不能接受这种观点。他和战友们宣告,所有人在上帝面前都是平等的,都有上帝的形象,因此必须受到公平的对待。两种世界观的差别显而易见。这场战役关乎英国如何对待印度人民,和之前如何对待非洲人民的战役一脉相承。按照威伯福斯所言,这是邀请全英国人对《圣经》和基督教进行全民公投。

威伯福斯在演讲中称:"我们的对手中最能干的几位告诉我们,当地有些阶层的人简直不能算作人,而应该算作畜类……正因为我的目标是铲除这种毫无公义可言的不平等,帮助那些可怜的人脱离目前野蛮的状态,把他们的地位提高到按其本质所属的层面,我现在要把他们生而为人的本质摆在各位面前,并让各位了解他们的真实处境。"

威伯福斯公开表示,作为一名基督徒,他对印度人民的灵魂能在永恒中得救心存负担,但是他向议会中没有这份负担的议员表示,即便只关心印度人民今生的处境,基督教也是唯一的答案。他说:"基督教的真义在于……将可怜堕落之人置于其保护之下,而那些人是高高在上的哲学所不屑的……《圣经》的作者宣告,这是'传福音给贫穷的人'、救济穷苦的人、安慰伤心的人、关怀失丧的人。"

他还回应了有关传教士会强迫当地人归信的指控。他解释道,"基督教"从不用"强迫"的方式使人归信。他说:"基督教一向被称作'自由的律法'……让我再说一句,最能够推动基督教发展的是那些按照基督教精神和本质行事的人。"

　　一名坐在媒体席上观看辩论的记者说,威伯福斯的"演讲持续了三个小时,可是听众中没有人显出倦意:所有人都兴致勃勃,有些人为他独具个人魅力的表达所吸引,有些人为他的肺腑之言所感动。虽然我不同意他的观点,但我被他的雄辩深深折服……他的发言总是让人充满期待"。厄斯金勋爵称,这篇演讲"应该为所有读书人所珍藏,即便他是无神论者"。

　　基督教一直被刻意逐出印度,威伯福斯如今所争取的,不过是让其在印度拥有合法地位,成为一种选择。威伯福斯知道这是自己的底线,而东印度公司利益集团也心知肚明,所以他们竭尽全力予以阻挠,不过这一次,他们没有得逞。议案经投票表决后通过,八十九票支持,三十六票反对。虽然在场的人浑然不觉,可是在威伯福斯历史性的演讲之后所进行的,绝对是一场历史性的投票,其重要性丝毫不亚于六年前《废除奴隶贸易法案》的投票:它标志着英国参与世界事务的方式发生了重大转变。历史学家菲尔诺称,这项法案的通过,"标志着从强盗般的掠夺转向家长式的呵护"。但这项法案不只是让英国变成家长,在今天,家长这种说法有居高临下、甚至种族主义之嫌;事实上,这项法案的关键不是禁止掠夺,也不是支持家长式作风,而是为全印度人民争取生而为人的尊严。通过《废除奴隶贸易法案》,各项基督教原则,尤其是"金律"(Golden Rule) *,在公共领域和政治领域得到确立,而不再仅仅局限于信徒的个人生活。如今,《印度法案》的通过标志着又一个里程碑:"金律"不只是人际关系的行为准则,在人类历史上,它第一次被确立为国家与国家、民族与民族之间彼此相待的准则。

　　透过这一历史性投票以及其他大大小小的运动,在威伯福斯的带领下,英国的社会文化和英国人民辗转进入一片全新的天地;英国这个国家似乎也经历了一场"巨大的转变",或者说进入了不同的阶段。强国有责任扶助弱国的观念像酵一样,以不可阻挡之势迅速在社会中传

＊ 即"你们愿意人怎样待你们,你们也要怎样待人",参见《马太福音》第七章第 12 节和《路加福音》第 6 章第 31 节。

开,到今天,我们已然认为那是理所当然。基督教"爱邻舍"和"仆人式领袖"的观念很快被广泛接纳,通过"位高责任重"和后来的"社会良知"等理念产生影响。这些观念在各个领域以各种形式发挥作用。借助《印度法案》,观念的改变得到公开且正式的认可,这和几年前《废除奴隶贸易法案》通过时如出一辙。自私的强权政治在法律上受到公开谴责和弃绝,国际关系从此遵循一个崭新而光明的先例。

经由政治方式带来的改变对政治本身也产生了巨大影响,这在意料之中,也在意料之外。一直以来,担任国会议员无非是为自己牟利,但是现在,从政的动机转变为帮助穷人或为国效力。议员们逐渐放下"政党的蝇头小利和个人的利益斗争",转而为公共利益尽责。威伯福斯说过,国会应该是"国家道德的铸币厂,道德和政治原则在国会中被铸成可流通的货币"。威伯福斯最初担任议员时,只有三位同僚公开承认自己的基督徒身份,大约半个世纪过去了,议员中基督徒的人数已接近二百人。如今在人们心中,政治是一个光荣的呼召。当然总会有利己主义者,没有人能完全清除心中自私的动机,但是政治家不应谋取私利而应以社会福祉为先的观念却是一股全新的风气。在这个转变过程中,威伯福斯功不可没。

第**21**章
执行《废除奴隶贸易法案》

"……我们伟大使命之父。"

在争取《印度法案》通过期间以及法案通过之后,执行《废除奴隶贸易法案》的争战仍在继续,其间风波不断。身为克拉朋的军师,詹姆斯·斯蒂芬再一次想出妙招,彻底终结了非法的奴隶贸易。他建议将所有英属西印度群岛的奴隶登记在册,这样一来,偷运来的奴隶因无法登记而必然暴露。1812 年,首相珀西瓦尔支持这个建议并发出"枢密令",首先在特立尼达岛(Trinidad)执行。但是将这一规定推行至英属西印度群岛全地却需要议会的批准。于是,克拉朋"圣徒"开始起草《奴隶登记法案》,又一场议会战争即将打响。

1814 年,国际局势发生了变化。拿破仑投降,长达二十三年之久的战争终于结束,十万盟军(其中六万三千人为俄军)在沙皇亚历山大(Czar Alexander)率领下挺进巴黎,拿破仑退位并被流放到厄尔巴岛(Elba)。威伯福斯在写给汉娜·莫尔的信中说:"波拿巴王朝的统治终结了……这是上帝的作为。我多么希望老朋友皮特能活到今天,亲眼看见这场历时二十五年的悲剧的结局。"

废奴运动的领袖们决定不再推动《奴隶登记法案》,而是利用从天而降的大好时机。最理想的局面是,欧洲各国共同签订一项和平协议,从而实现全面废除奴隶贸易。众人因这一前景而激动不已。在此之前,拿破仑统治下的法国因连年战争而不得不暂停奴隶贸易,但那不过是暂时的。如今法国政府终于有望表态彻底废除奴隶贸易,而这很有可能迫使其他欧洲强国也放弃各自的奴隶贸易,即便是最强硬的西班牙和葡萄牙,也有可能跟从而行。威伯福斯憧憬着未来,难掩心中激动,他写道:"噢,全面废除奴隶贸易!如果我会说法语,我真希望立刻赶到巴黎。沙皇亚历山大真是一位仁君,我很高兴巴黎免受战火的摧残。"威伯福斯致信沙皇,力劝他就废除奴隶贸易一事召开国际会议,因为只有他具有足够的号召力。到 1811 年,委内瑞拉和阿根廷等中等强国已经放弃了奴隶贸易,不过很快,一个重大的历史时刻即将到来,世界各强国将携手迈进新的时代,宣告一场远比兵戎相见代价更为惨痛的战争——数百年来横跨大西洋的奴隶贸易之战——终于结束。

威伯福斯怀着如此期待,准备和复辟的波旁政府展开和平谈判,因为全面废除奴隶贸易的协议能否达成,法国是关键。法国本不想放弃奴隶贸易,无奈在谈判桌上没有采取强硬态度的筹码。而英国从经济利益来看,既然自己已经放弃奴隶贸易,那么肯定要避免夙敌法国继续从中获利。不过,威伯福斯力求万全,他在下议院提出动议,请求摄政王明确指示所派出的使者,必须在谈判中动用一切政治力量,将废除奴隶贸易条款纳入最终要与法国签订的和平协议之中。议员们以"激动的心情和对胜利的盼望一致通过"了这项动议,威伯福斯非常高兴。

他给好朋友吉斯伯恩写信道:

> 世界将大为震惊,欧洲居然重新蒙受和平的祝福,因为我们敬畏公义和人类尊严之原则,并且大声予以宣告,同时,一旦奴隶贸易绝迹,这些原则也必会传遍各国人民之中。我们全心期待那个宏大目标的实现,期待欧洲所有国家一致同意废除奴隶贸易。噢,愿上帝改变谈判桌上所有人的心!二十二年来的奋斗若能有如此结局,将是多么美好和蒙福!

外交大臣卡斯尔雷勋爵(Lord Castlereagh)当时已抵达法国;如果法国不愿废除奴隶贸易,他将以不归还法国在西印度群岛的殖民地为要挟,这是废奴主义者们的杀手锏。威伯福斯曾考虑亲赴法国参加谈判,但是综合各种因素,再加上他不会法语,他决定让麦考莱代替自己出席。不过,他还是亲笔致信法国外交大臣塔列朗,详细阐明废除奴隶贸易之利害。这封信和威伯福斯的其他信件一样,行文如同脱缰的野马,洋洋洒洒,几乎有一本书的篇幅。威伯福斯还向老朋友拉法耶特侯爵寻求支持。他还恳请斯塔尔夫人鼎力相助。斯塔尔夫人非常敬佩威伯福斯,曾公开称赞他不仅是最敬虔的人,也是"全英国最聪慧的人"。

　　但是6月3日,灾难降临,威伯福斯收到了最不愿听到的消息:法国要求推迟废除奴隶贸易,而卡斯尔雷为了达成和平协议决定让步。法国同意**逐步**废除奴隶贸易,以五年为限。威伯福斯无法接受奴隶贸易再继续五年这个提议,他非常清楚,法国根本无意在五年之后履行承诺。他在日记中写道:"法国收回殖民地……五年后废除奴隶贸易!!!怎么可能!怎么可能!我们怎能相信……五年之后再提废除奴隶贸易,又会平添多少变数。我为此感到极其沮丧,但是让我们尽力而为,信靠上帝,他会祝福我们的劳苦。"达成联合废除奴隶贸易协议的愿望破灭了。成千上万的人不得不继续忍受中间航道的折磨,然后在殖民地终身为奴。想到这里,威伯福斯心如刀绞。

　　威伯福斯平生恐怕只有这一次,不怕在众人欢呼时扫兴,而是坚持表明自己的立场。周一,卡斯尔雷带着和平协议,以凯旋之姿返回英国。他之前在法国生活多年,当晚他走进议会时,所有人为他个人,也为他手中的和平协议欢呼雀跃,这份文件标志着长达二十二年的战争终于结束。议事厅里洋溢着爱国热情,试问谁能抗拒?雷鸣般的欢呼声不断,下议院所有议员,无论辉格党人还是托利党人,都激动不已,只有一个人除外。等到上百名议员归位之后,威伯福斯起身发表反对意见。他说,论到感情和立场,他和在场所有人一样,心中充满爱国情怀。但是当提到卡斯尔雷和他带回来的和平协议时,威伯福斯说:"我忍不住想,我尊贵的朋友手上所持的是无数无辜男女老少的死亡判决书……当我想到他们的痛苦将再度开启,我怎能不在心底感到深深的悲伤?……我向各位坦言,这份和平协议,我无论如何都不会同意。"威伯福斯此举并非政治作秀,因为大家看到,他坐下来时,眼泪几乎夺眶而出。

　　第二天,威伯福斯去巴特西高地和亨利·桑顿一家共进晚餐。刚从巴黎回来的麦考莱也在场。晚餐后,麦考莱拿出塔列朗对威伯福斯那封长信的回信,即席为大家翻译。信中充满溢美之词,但正如詹姆斯·斯蒂芬所言,威伯福斯"对赞美有抵抗力",根本不为所动,说这封信不过是"虚假的恭维"。

现在,威伯福斯将全部希望寄托在沙皇亚历山大身上。6月7日沙皇已抵达伦敦,其他大部分欧洲国家首脑也受摄政王威尔士亲王之邀,齐聚英国,庆祝刚刚取得的"光荣的胜利",以及始自1714年乔治一世的汉诺威王朝建立一百周年。那几天,整个伦敦庆典不断,夜夜烟花绽放,盛景随处可见,国际政要云集城中——国王、王后、王子、公主,还有战争英雄。英国的平民百姓历来只能透过报纸上紧张的战事报道和离奇的宫廷故事追踪这些大人物,可忽然间,他们不再是照片里的形象,而是现身于伦敦城内。俄国沙皇亚历山大婉拒了摄政王的邀请,没有入住圣詹姆斯宫(St. James's Palace),而是选择了距离肯辛顿戈尔两英里的普尔特尼酒店(Pulteney's Hotel)。他和妹妹奥尔登堡公主(Princess of Oldenburgh)每日形影不离,穿梭于各个庆典。聚在路边的人群看到摄政王的马车经过,总是嘘声一片,因为摄政王其貌不扬,惹人厌烦,但他们对沙皇的态度却截然不同。这群人聚集在沙皇下榻的酒店阳台下,不断欢呼,直到高大英俊的沙皇露面。沙皇身穿华丽的红色礼服,腰间的蓝色绸带闪闪发亮。

6月11日星期六,威伯福斯在家中和家人共进晚餐时,接到一封对平民来说称得上至高荣誉的邀请:他受邀于明日觐见沙皇。威伯福斯次日清晨六点半就起床了,"我要向上帝祷告,求他祝福今天的会面"。他换上宫廷礼服,那是一件紧身的绿色天鹅绒礼服,至今仍保存于他在赫尔的故居;他腰间挂上佩剑,穿戴整齐之后,前往海德公园角的洛克礼拜堂(Lock Chapel)参加主日崇拜。为了准时觐见沙皇,他在崇拜结束前提早离开。虽然他没有迟到,可当天早晨去参加东正教崇拜的沙皇和妹妹奥尔登堡公主却姗姗来迟。威伯福斯和其他几位俄国贵族一起等待,包括恰尔托雷斯基亲王(Prince Czartoriski)和奥尔登堡亲王(Prince of Oldenburgh)。

沙皇亚历山大当时三十五六岁,也是一名福音派基督徒,不过他的神秘主义倾向和末世论是威伯福斯无法认同的。沙皇相信,自己承受神圣使命，要为整个欧洲带来和平。他有时沉浸在经文中寻找"启示"，还参加在神学上有争议的祷告团体。但威伯福斯今天不是来探讨这些话题，他本来打算按照皇家礼仪向沙皇下跪并亲吻沙皇的手，但沙皇表示无需如此，相反，沙皇亲切地和威伯福斯握手。他们讨论了废除奴隶贸易一事，威伯福斯把自己的顾虑和盘托出，他不相信法国会按照承诺在五年之后实行废除奴隶贸易。威伯福斯后来回忆道，沙皇用英语"认真地回应我说，我们必须迫使法国守约，但是他随即又纠正道，我们必须确保法国守约"。沙皇的态度友好，而且真心愿意为欧洲的废除奴隶贸易事业出力，不过威伯福斯也意识到，只有英国担当领袖角色，才能切实推动废除奴隶贸易。

第二天，卡斯尔雷请威伯福斯会面，但是由于盟国的首脑齐聚城中，卡斯尔雷"突然有要事"，无法赴约。威伯福斯于是去见首相利物浦勋爵（Lord Liverpool）。威伯福斯后来回忆道，利物浦勋爵向他描述了近期谈判的情况，说法国人"讨厌我们命令他们，认为我们基于宗教、公义、人道的理由放弃奴隶贸易并对他们提出相同的要求，不过都是空谈，是伪善的言辞"。

见过首相之后，威伯福斯去参加非洲协会的会议。席间罗米利发言，提议组织一场大型公众集会，召集所有"废奴之友"，目的是向议会或摄政王请愿，要求修改和平协议。威伯福斯认为此事难成，因为没有人会来，现在所有人只关注聚在伦敦的欧洲各国首脑。但威伯福斯错了。四天之后，共济会酒馆（Freemasons' Tavern）里人头攒动，到场的有名流，有神职人员，有议员，也有贵族。威伯福斯抵达时，几乎无法挤进人群。他看上去身体相当虚弱，头低垂在胸前，从他晚年的画像可以看出，他头部下垂的问题日益严重。他在好朋友、布里斯托尔银行家约翰·哈伍德（John Harwood）的搀扶下步入会场。威伯福斯当时只有五十多岁，可看上去却相当老迈，但这个形象似乎和他的声望颇为匹配，一般来说，能有他那样的地位，必然已是耄耋老人。人群中有人认出了威伯福斯，大家立即让出一条路来，好让他走上台前。人们听说威伯福斯来了，不由自主地鼓掌欢呼——威伯福斯问哈伍德大家为什么欢呼，他是否错过了什么。欢呼声持续了好几分钟，直到这位饱经沧桑、备受尊敬的英雄在台上落座，人们才安静下来。

轮到威伯福斯发言时，站在众人面前的不再是矮小瘦弱的老人，而是充满激情和活力的演说家。威伯福斯这一形象深入人心，他的演讲让与会人群十分激动，大家按捺不住兴奋，当场表态要向议会请愿，要求修改和平协议，撤销允许法国五年后废除奴隶贸易的条款。当天出席集会的议员以辉格党人为主，他们表示愿意采取党派合作的态度，为了不让托利党同僚陷入难堪，决定不向议会单独请愿。此次联合请愿将由威伯福斯提出，人们不住地欢呼，亲切地称他为"我们伟大使命之父"。

一场大型请愿行动随即展开。到 6 月中旬，共有八百零六封请愿书从遍布英国的村庄市镇被送抵伦敦，全国一千四百万人口中有一百万人在请愿书上签了名。英国人民再次振臂高呼，替那些仍然没有发言权的人发声，而议会必须正视人民的呼声。6 月 27 日，议事厅内一片肃静，议员们聆听威伯福斯发言。

威伯福斯当日敦促议会，撤销和平条约中允许法国将奴隶贸易延长五年的条款。他毫无准备，完全即兴发言，越是临近结尾，越表现出作为国家良心的胸怀和气魄：

> 当今日在场的各位已经作古，而且引发此时强烈情感的事实被冷静客观的历史学家记载下来；当后人看到眼前大好机会错失，法国国王重登王位后发生的第一件事，竟然是让残忍的奴隶贸易卷土重来，那么，英国迄今为止的努力将会引发何等评价？责任重大的英国对非洲人民施加了何等影响？毫无疑问，无论是对英国在国际事务中发挥的作用，还是对法国的感恩图报之举，后人必将不会给予高度赞誉。

不出所料，修正案在下议院和上议院均获得通过。卡斯尔雷现在别无选择，只能回到谈判桌，再次对法国施压，且态度必须比之前更强硬，因为英国人民对英国政府施压，所有压力都堆在他一人肩上。战场转向了巴黎和维也纳，主力战将是卡斯尔雷和威灵顿公爵。威灵顿公爵当时担任英国驻法国大使,他坚定地支持废除奴隶贸易。托马斯·克拉克森重新回到战斗队伍中,斯蒂芬和麦考莱又开始四处搜集证据,向法国证明奴隶贸易之恶。众人再次并肩作战,坚守曾经的岗位,威伯福斯也一如从前,身在海峡这边却忙得不可开交。他给所有人写信寻求支援,要用信仰和笔尖挪动大山。

斯蒂芬和麦考莱再次使出浑身解数,搜集了各种既有说服力又有感染力的证据。当威灵顿把这些无可辩驳的事实摆在法国人面前时,他以为对方必然会改变强硬立场。但这只是一厢情愿,他很快就亲眼目睹,法国人只是耸耸肩,对这些证据表示不屑。在一直为废除奴隶贸易事业而奋斗的人看来,这简直不可理喻。波旁王朝治下的法国政府和二十年前的英国议会一样,对废除奴隶贸易持无可救药的偏见,他们将废除奴隶贸易和法国大革命联系起来,对之厌恶至极。到最后,谈判陷入僵局。纵然英国方面付出千辛万苦,但局面依然原地踏步。谈判仍在继续,不过毫无进展。法国人只肯给废奴主义者抛出一些小恩小惠,比如承诺将奴隶贸易的范围限制在尼日尔(Niger)以南。这已足够卑劣,但更可恶的是,威伯福斯在 10 月份收到一份报告,称有九艘贩奴船在英国人的帮助下准备从法国港口城市勒阿弗尔(Le Havre)出发。威伯福斯很少发怒,但他在日记中激动地写道:"我真希望有一天可以在岸上抓到这些英国人,把他们全都送到澳大利亚的新南威尔士当奴隶。这么多年来我争取废除奴隶贸易,似乎从未像这一次,因一股悲愤之情感到痛彻心扉。哦,当这些陷入贪欲的人拿起盛满鲜血的酒杯准备痛饮时,惟愿上帝将那酒杯摔得粉碎。我在灵里看到他们放纵自己野蛮的欲望,享受残忍所带来的快乐,如同群魔一般乱舞。"

参加维也纳会议的各国政要也没有表现出积极的态度。俄国、奥地利和普鲁士对联合禁止奴隶贸易的提议表示赞同,但这些国家原本就几乎不曾参与奴隶贸易;同时,西班牙和葡萄牙这两大主要贩奴国则不肯让步,他们要求一个长达八年的"缓冲期",以便为各自的殖民地补充新的奴隶,即所谓"补货"。1815 年 2 月,参加维也纳会议的各国签署了一份谴责奴隶贸易的声明,可这份声明没有任何实质意义。威伯福斯和战友们坚持祷告,所有人倾尽全力,无奈最终依然无法实现目标。

　　到了3月，神迹发生了。拿破仑逃离流放地厄尔巴岛，在戛纳登陆，突然之间重新夺权。他清楚，全欧洲很快就会与他为敌，所以他决定先发制人，首先稳住宿敌英国。他掌权后随即宣布，在所有法属地区废除奴隶贸易且立即生效。对废奴主义者来说，这一转折如同六月飞雪般不可思议。局势忽然逆转，不过也相当混乱，在接下来的一百天里，整个欧洲再次陷入动荡。反法同盟此前过早宣告胜利。威灵顿公爵本来是法国国王路易十七朝廷上的英国驻法大使，但现在为了和拿破仑作战，他重新恢复军衔，担任英军统帅。他率领六万八千名英军，开赴布鲁塞尔以南几英里处的滑铁卢（Waterloo）。滑铁卢附近种植冬麦和三叶草的田地此时已被雨水浸透。他在那里排兵布阵，准备展开历史性的一役。普鲁士元帅布吕歇尔（Blücher）在避开法国元帅格鲁希（Grouchy）的军队后，北上和威灵顿会师。如果不是雨天道路泥泞，阻碍了拿破仑的进攻，布吕歇尔恐怕赶不及助阵。但一切恰到好处，天气使拿破仑受阻，布吕歇尔的军队及时赶到。威灵顿大获全胜，拿破仑在滑铁卢完败。

　　拿破仑战败后，欧洲长期的混战终于结束，消息传到伦敦时，威伯福斯异常激动。电报机和莫尔斯电码的发明者、美国发明家塞缪尔·莫尔斯（Samuel Morse）是威伯福斯的好友，当天他正在肯辛顿戈尔拜访威伯福斯，同来共进晚餐的还有扎卡里·麦考莱，以及查尔斯·格兰特和他的两个儿子。莫尔斯进屋后对大家说，他经过海德公园时看到人群聚集，有传言说拿破仑被擒，战争结束。不过，一向谨慎的威伯福斯对此表示怀疑，他说："听上去不像是真的。若果真如此，那再好不过。"

　　如果消息的确是真的，海德公园内会鸣放礼炮，正式宣告胜利。众人在用餐时相谈甚欢，饭后又聚集在客厅内继续畅谈。终于，他们亲耳听到礼炮隆隆，亲眼看到礼花绽放。莫尔斯回忆当时的情景写道：

　　　　我坐在靠窗的位置，放眼望去，可以遥遥望见海德公园，我
　　忽然听到远处传来一声枪响，声音发闷，转瞬即逝，其他人都没
　　有留意。后来同样的声音再次传来，我确信是公园那边在放枪，
　　于是马上告诉了威伯福斯先生。他立即跑向窗边，迫不及待地

要听下一声枪响。他一言不发,双手紧扣,两颊流下热泪;他站在窗边,深深陷入沉思,过了一阵才发出感叹,拥抱妻子和女儿,和屋里每个人握手。这一刻叫人永生难忘。

而有关废奴运动也传来了好消息。再次复辟的波旁王朝没有撤销拿破仑之前发出的废除奴隶贸易的命令。凭借在滑铁卢泥泞的田间那光荣的一役,威灵顿公爵在欧洲政坛的地位迅速上升。局势由此逆转。卡斯尔雷再次向塔列朗施压,最终,法国国王不得不做出承诺,立即废除奴隶贸易。1815 年 7 月 31 日,卡斯尔雷在信中对威伯福斯说:"我满怀欣喜地向您通报,我们长久奋斗的目标终于达成,法国已经同意在所有法属地区无条件、彻底地废除奴隶贸易,信使已经在路上,首相利物浦勋爵不日即可收到文件。"

这是威伯福斯一生中罕有的时刻。他终于能够停下劳苦的工作休息一阵,为眼前的成果感到欣慰,他终于能够把眼光从未完成的任务上挪开,注目那已经完成的,并且宣称一切都甚好。

这一刻标志着威伯福斯的胜利,全世界似乎都有此共识。随着废奴运动的影响遍及全球,在这个特别的时刻,威伯福斯的声望在欧洲政坛也达到了前所未有的高度。每个人都希望和他见面,因为他就是一段活生生的历史,人们把他尊为废奴运动的象征,这情形好比三十年前富兰克林即代表启蒙运动精神一般。但二人有根本的不同,富兰克林因名人地位而骄傲,向外界展示自己光鲜亮丽的一面,威伯福斯却极其谦卑,看淡名誉,头脑清醒,灵巧像蛇。

但是无论怎样躲闪,对他的关注还是从四面八方涌来。斯塔尔夫人想尽各种办法邀请威伯福斯参加她名流云集的晚宴,欧洲王室的王公贵族都希望当面对他表示敬意。普鲁士国王送给威伯福斯一套精美的德累斯顿瓷器。普鲁士亲王布吕歇尔派刚从滑铁卢凯旋的副官向英国摄政王汇报战况,并向威伯福斯汇报战况,这对威伯福斯来说是一项至高的荣誉。虽然斯蒂芬曾说,威伯福斯"对赞美有抵抗力",但是面对这些荣誉,他并非不为所动,心中也满怀感激。

第 **22** 章
和平与麻烦

"……这个国家的道德良心。"

1815 年,连年争战的欧洲大陆终于彻底迎来了和平。拿破仑被流放圣赫勒拿岛(St. Helena),应该不会再有机会征服全世界,而废奴运动虽然尚未达成最终的目标,却也向前迈出了坚实的一步。但对威伯福斯个人来说,喜乐被哀痛所抵消。那年 1 月,他最亲爱的朋友亨利·桑顿因肺结核病逝,留下妻子和九个子女。虽然打下克拉朋根基的是亨利的父亲约翰,但克拉朋的建设者却是亨利。他不仅修建了成为克拉朋地区地标式建筑的三座大宅,更构思了克拉朋团体这个概念,看到了当中的可能性,并通过邀请威伯福斯、爱德华·艾略特、查尔斯·格兰特和亨利·维恩来此居住,成功吸引了更多人一起为各项事业奋斗。另外,桑顿的妻子是威伯福斯童年的伙伴玛丽安·赛克斯。威伯福斯没有兄长,从很多方面来讲,桑顿扮演了这个角色。

威伯福斯去和桑顿的遗体告别。"我在他的遗体旁站立许久,望着他瘦削的身躯。他的面容已经不似从前……我想起了天使在坟墓旁对那两位前来寻找耶稣的忠心妇女所说的话——他不在这里,他已经复活了。"当看到一直照顾桑顿的护士伤心落泪时,威伯福斯说:"躺在我们眼前的并不是我们的朋友,不过是他已经脱去的地上的外衣。最重要的是,真正的桑顿,他的灵魂,已经穿戴上了不朽。"他真心为朋友已经进入一个更美好的居所而喜乐。但尽管如此,失去挚友的痛苦依然令他心痛。汉娜·莫尔在给玛丽安的信中说:"可怜的威伯福斯,他失去了生命中至为重要的一部分——他失去了在各项意义重大的使命上帮扶他的左右手。当他走进下议院却看不见老友的身影时,他的内心必然十分沉痛。"

但是没过多久,玛丽安也因患肺结核而病倒了。威伯福斯那年 9 月拜访她时,她的病容令他震惊。二人幼年时即在赫尔相识,玛丽安如今病入膏肓的景况让威伯福斯备感心痛。他对麦考莱说:"关于桑顿夫人的病情,我之前的看法恐怕过于乐观。我已经尽可能明确地和她探讨了一旦她身故孩子们监护人的问题。"玛丽安对威伯福斯说:"上帝正温柔地带领我进入那蒙福之地,那是他为每一个爱他的人所预备的。"10 月 12 日,玛丽安·桑顿病逝。不久,他另外两位朋友——约翰·鲍德勒(John Bowdler)和布坎南医生(Dr. Buchanan)——也相继离世。威伯福斯在给汉娜·莫尔的信中说:"惟愿这些警告起到果效,让我们无愧于那最终的召唤!"

第二年,打击再次袭来,他的姐姐萨莉突然病逝。姐夫詹姆斯·斯蒂芬伤心欲绝,之前他的第一任妻子就是因病离去。斯蒂芬非常爱慕萨莉,萨莉去世让感性的他在哀伤中无法自拔。威伯福斯在这段时间安慰他,二人的友谊也因此越来越深。威伯福斯总是能够超越死亡带来的绝望,因为他知道死亡不过是暂时的,人在永恒中的归宿才是关键。值得庆幸的是,威伯福斯虽然定睛永恒,却并没有因此变得冷漠和不通人情,他对周围遭遇丧亲之痛的人总是怀着温柔的同情。姐姐去世后,他写道:"她是我们的至亲,以前她受风寒都会令我们担惊受怕,如今我们却不得不把她一个人丢在冰冷的地下。想到这里,我真是心痛!"

* * *　　* * *

废奴运动和许多争战一样,战场既在人们的头脑中,也在议会的厅堂内。威伯福斯清楚,许多人不相信黑人居然能够成为自由的公民,居然能够担当治理国家的重任,但如果这些怀疑者亲自去塞拉利昂看一看,他们将不再怀疑。正是由于这个原因,塞拉利昂的象征意义极为重要,建立这个自治区纵然千辛万苦,但却十分值得。到了 1811 年,岛国海地(前法国殖民地圣多明各)为废奴运动提供了第二个佐证,再次向全世界宣告非洲的黑人可以成为自己的主宰,甚至可以在奴隶主的后院里成为自己的主宰。

1811 年,曾经身为奴隶,后来担任革命军领袖的亨利·克里斯托夫(Henri Christophe)突然自封为海地国家元首。他举行了加冕仪式,称自己为国王亨利一世。无论能力、学识还是远见,他都堪称翘楚。克里斯托夫在众多国家中最钦佩英国——尤其是英国在废除奴隶贸易的斗争中所展现的领袖风范,他甚至在着装等方面模仿乔治三世的风格。法国在废除奴隶贸易上的裹足不前令他对这个国家深感厌恶。克里斯托夫开始着手建立一个完全由曾经为奴者自治的国家,至于海地的白人,几乎都已在前几年的动乱中被杀害或赶走了。血腥的斗争之后,海地迎来了希望:这里不再有奴隶制度,一名过去的黑人奴隶现在是国王。1815 年,克里斯托夫就教育问题向威伯福斯求助。他还表示,希望他新成立的国家能够正式得到英国的庇护,因为法国只要看到机会就会试图侵吞海地,英国的保护可以在一定程度上起到防范作用。

威伯福斯和克拉朋的诸位十分清楚,海地的象征意义十分重大,因此非常愿意全力帮助这个崭新的国家发展。而海地的进步也相当迅速:克里斯托夫果断下令,修建学校和医院,并且开展大规模农业试验。他在第一次写给威伯福斯的信中表示,希望英国能派来合格的教师。麦考莱立刻前往爱丁堡,招募古典学科、数学和医学领域的教师,这可不是一件简单的事。他要劝说那些人漂洋过海到一个由曾经是奴隶的人们建立的岛国教书,而岛上的白人居民刚刚被杀害或流放。不过,麦考莱和以往一样不屈不挠,没过多久,他就成功组建了一支苏格兰教师队伍,并把他们送往海地。面对神圣的使命,克拉朋成员们从不退缩,他们只要把手放在犁上,就不会向后看。凡是克里斯托夫提出的要求,他们都尽量满足。威伯福斯几乎事必躬亲,甚至连细节也不放过,他还为克里斯托夫挑选助手。威伯福斯和以往一样,不断写信向世界各地的友人求助,措辞亲切又坚持不懈,尽可能为这项伟大的使命争取更多支持。威伯福斯等人为克里斯托夫运送了各类物资,既有疫苗及接种说明,也有法英双语对照的《新约》。他们还送去了一套《大英百科全书》。威伯福斯时常和克里斯托夫通信,提供指导和建议,内容涉及建设国家的方方面面。他甚至请克里斯托夫考虑一件在当时极有争议的事:让海地的妇女接受教育。

当时有一位名叫普林斯·桑德斯(Prince Saunders)的先生去拜访威伯福斯,他是来自美国波士顿的黑人,想去塞拉利昂看一看,但是威伯福斯另有打算。他让桑德斯朝相反的方向,横跨大西洋去海地参观。六个月后,桑德斯回到伦敦,按照克里斯托夫的嘱咐"把在海地的所见所闻告诉海地黑人的朋友们"。根据桑德斯的描述,海地正在发生翻天覆地的变化,整个国家充满活力,克拉朋的每位成员为此欣喜若狂。威伯福斯对麦考莱说:"如果我不是这般衰老,你也不是这般忙碌,真想亲自去海地看看。"约瑟夫·班克斯爵士(Sir Joseph Banks)写信给威伯福斯说:"要是我仍是二十五岁,还可以和库克船长一起打拼,我肯定立刻乘船前往海地,一天也不耽误。这些人摆脱了奴隶制度,在文明开化的道路上大步向前,此情此景令人回味,令人振奋。"

＊＊＊　　＊＊＊

战争虽然结束了,但英国在其后数年却遭遇了严峻的考验。1815年的和平并没有缓解英国的财政困境,但是英国人民却期待纾困的政策,盼望休养生息。在这一张力之下,人民对政府的愤怒日益加剧,社会也越来越不稳定。连年粮食歉收令局势恶化,激进分子——比如鼓吹种族主义和民粹主义的威廉·科贝特——借机不断煽风点火。统治阶级害怕暴民闹事可能一夜之间演变成曾在法国上演的暴力和无政府状态,他们对法国大革命的恐怖仍然记忆犹新。于是,英国政府采取了一些在今天看来颇为严苛的政策。威伯福斯对这些政策持支持态度,他赞成旨在禁止廉价谷物进口的《谷物法》(Corn Laws),此外,还赞成同样充满争议的中止人身保护令。谷物的价格之前一路狂泻,许多农民倾家荡产。连年战争之后,国家必须实现农业的自给自足。按照当时的情况,无论议员的立场如何,穷人总会挨饿,威伯福斯因为投票支持这些法案而招来指责，被许多人称为不知人民疾苦的有钱人。科贝特带头中伤威伯福斯，把他描绘成最卑鄙的伪善者；很明显，科贝特以此为乐。他曾公开写道："你似乎对那些又肥又懒又唱又跳的黑鬼充满好感，至于英国的劳苦大众，你从未做过任何事为他们谋福利。"

攻击威伯福斯只关心非洲黑奴却忽视英国的白人民众，这是极其恶毒又荒谬的中伤。历史学家豪斯认为，这样指责威伯福斯，如同指责哥伦布为什么只发现北美新大陆而不曾发现澳大利亚。不过，这样的类比力度仍显不够，因为威伯福斯为英国的工人阶级做了许多事。可以说，他的确是既发现了北美新大陆，又发现了澳大利亚。所有人只关注他在废奴运动中的成就，以至于忽视他为英国人民所做的工作——主要是他的第二个"伟大目标"，即"重整社会道德"。另外，这些工作通常需要数十年方能显出果效，因此容易被人忽略。威伯福斯只要看到人们受苦或遭遇不公，就会深受触动。他在议会内外为英国的劳动人民和穷苦大众所做的努力数不胜数。在威伯福斯的争取下，英国减少了绞刑判决的数量；他与贵格会的伊丽莎白·弗赖伊（Elizabeth Fry）联手为英国纽盖特（Newgate）监狱的女囚带来了刑罚改革；他还和罗米利一起推动了其他各项刑罚改革，包括对发生于博特尼湾等罪犯流放地的滥刑及酷刑事件展开调查，减轻刑法中对流放时间的严苛量刑。威伯福斯说过，军队中的鞭刑"令我极其厌恶"，任何残忍的做法——无论是针对奴隶、囚犯、皇家海军水兵还是动物——都让他痛心疾首，并激发他采取行动。他和罗米利一起为禁止雇用男孩清扫烟囱而奔走。这些男孩被迫爬进弯弯曲曲的烟囱，工作环境之恶劣简直无法描述。在他推动之下，《童工法案》得以完善。他还协助创立了"制造业劳工纾困协会"。种种努力，不一而足。

威伯福斯在处理事情时，通常采取道德或宗教的角度，因为他真心相信，这是帮助穷苦人最好的办法。但科贝特却称之为伪善，是伪装成社会关怀的道德优越感。例如，科贝特和当时其他激进分子认为，威伯福斯禁止纵狗咬熊或纵狗咬牛，这无非是吹毛求疵的败兴之举，夺走了穷人本就少得可怜的生活乐趣。但威伯福斯却不这样认为，在他看来，

215

沉迷这些娱乐的人们对毫无抵抗能力的动物施以暴行,恰恰彰显了人心中的残忍,也让他们的心越来越刚硬。长此以往,他们会变得越发恶俗,对周遭的苦难和残酷日益麻木,而这又会引发更多社会问题。威伯福斯从未以道德权威自居,但他却深深感到自己肩负的道德责任。这种道德责任感不仅让他在党派斗争中成为众矢之的,也让他在某些议题上——比如《谷物法》——不能出于政治考量而保持沉默,而是必须明确表态。他的声望因此受到影响,但他认定自己别无选择,必须站出来,按照自己基于国家利益的判断表达真实的看法,即便这样做要付上代价,让外界以为他和那些出于政治私利而投下相同一票的人是一丘之貉。

虽然科贝特不断标榜自己是为下层阶级争取权益的英雄,但是必须指出,他也是西印度群岛奴隶制度的坚定支持者。因此,他其实是英国地位最低下的奴隶阶层的坚定敌对者。不过,科贝特已经确立了自己作为种族主义者代言人的地位,因此他看不到自己思想中的不一致之处。

无论是威伯福斯个人还是克拉朋团体,其所建立的社会机构数不胜数,而这些机构帮扶的对象恰恰是科贝特声称被威伯福斯遗忘的群体。下面仅列出其中一些:经济困难家庭聋哑儿童收容所,提高低收入人士福祉协会,伦敦城及周边地区贫困人口纾困协会,工厂底层工人纾困协会,英国陆军及海军将士遗孤福利机构,英国海军及海军陆战队将士遗孤收容所,双亲下落不明之被弃女婴收容所,少女保护协会,另外还有友好女性协会(该协会旨在为贫穷或堕落的女性、年迈的寡妇以及单身的女性解决困难,帮助她们建立品格,迎接美好的未来)。

* * *　* * *

1818 年,在《奴隶登记法案》屡遭失败之后,威伯福斯等人意识到,有必要直接争取奴隶解放,否则西印度群岛奴隶的苦难将永无止境。在此之前,为了让议会通过《奴隶登记法案》,克拉朋成员们开始搜集证据,再次启动对西印度群岛奴隶处境的调查。虽然奴隶贸易已废除达十一年之久,但残酷的统治手段依然在殖民地横行,这令威伯福斯等人极为震惊。众人感到非常失望,因为奴隶的处境根本没有改善。威伯福斯在 1 月 7 日的日记中提到一件事,有人告诉他,"一名可怜的奴隶被残忍杀害——尸体未经验尸官查验即被埋葬——后来尸体被挖出来,发现是被乱刀砍死——法官尚未审理……我满脑子都是那些可怜人受害时的惨状,令我彻夜不眠。惟愿上帝让我们有能力使这个国家意识到自己的罪行,并且使用我们作为匡正罪恶的工具。"

废奴主义者的最终目标一直都是奴隶解放,但是由于废除奴隶贸易的斗争经过整整二十年方才取得胜利,奴隶解放这个最终目标不得不出于政治考量而暂时搁置。废奴主义者们越来越倾向于通过逐步改善奴隶的处境来实现奴隶解放的目标。威伯福斯在当年 2 月写给约瑟夫·约翰·格尼(Joseph John Gurney)的信中解释道:"无论过去还是现在,我们这些非洲人民的朋友都认定,让西印度群岛的奴隶成为拥有人身自由的农民是最终的目标。但是这个终极目标必须在基于道德的各项运动的推动下逐步实现。随着奴隶的处境在不知不觉中得到改善,解放的目标最终将得以达成;它并非一个单独存在的目标。"但是重新审视这个想法,它似乎过于天真。众人于是调整路线:通过政治手段立即实现奴隶解放。

困难和拦阻随即出现。1818 年,英国国内局势动荡不安,卡斯尔雷强烈反对威伯福斯在此时推动奴隶解放。但是威伯福斯不愿等待。那年 4 月,他在病中将自己的急迫之情诉诸笔端,他在日记中写道:"我越来越确信,自己的身体和精神状况都在恶化,我必须善加利用余下的这一点能力。我真是心痛啊,我没有改善西印度群岛奴隶们的处境。"他的愧疚感在第二天依然很强,那天他拖着病体去非洲协会开会,却在会议上出了错漏,搞砸了一个提出奴隶解放议题的机会。回到家后,他在日记中倾吐苦闷,胡乱写道:"记忆中从未在任何公开会议上这么丢脸。怎么回事,记性差,脾气暴躁,悔改不足,不够谦卑。求主怜悯我,我是个罪人,凄惨,贫困,瞎眼,赤身露体。哦,主,满足我所有渴望,赐给我所需的恩典和力量。"

* * *　* * *

　　威伯福斯被重担压得喘不过气来,于是尽可能找机会逃离伦敦。那年夏天,他携芭芭拉和全家到苏格兰的威斯特摩兰(Westmoreland)地区旅行。乡间安静无忧,风景秀丽,他经常徒步外出。他写道:"这里没有逼人的暑气,我们享受阳光和小雨,温度适中,刚好适合户外锻炼,晚上也可享受炉火之乐。我喜欢依偎在壁炉旁,如果天气太热不能生火,那真是剥夺了我一大乐趣。"

　　但是威伯福斯不可能放下心底对信仰的负担。7 月 20 日那个主日,他因为在格拉斯米尔村(Grasmere)再次听到"不温不火的讲员"糟糕的布道而忧心忡忡,这名讲员"快速甚至飞速读完了一篇平庸的讲章;很遗憾,他上个主日的讲道就很肤浅。下午我到两三户农民家做客,与他们谈论信仰。"威伯福斯每到一处都会如此,向穷苦人传福音或挑旺他们的信仰之火。迷失的羊群遍布英国,而真正关心他们的牧人却寥寥无几。诗人索锡也认为当地的信仰状况堪忧,他称那里的牧师根本不用心,不过是"主持婚礼和洗礼的机器"。

　　这段时期,威伯福斯大部分时间都在阅读、写信和拜访新朋旧友中度过。他花了很多时间陪伴刚刚痛失爱子的诗人索锡,以及另外一位好友、同为诗人的威廉·华兹华斯。威伯福斯在日记中记录了一位小说家的来访:"沃尔特·司各特(Walter Scott)来共进晚餐,并稍作停留——他非常有趣,张口就能讲故事,并且每个故事都引人入胜。"

　　10 月初,威伯福斯一家的这次出游接近尾声。他在 10 月 2 日的日记中写道:"没有去芒卡斯特,转道去了凯瑟克,天黑之后抵达安妮戴尔村和洛斯湖畔,下榻的旅馆十分舒适……10 月 3 日。和可怜的托马斯·赫顿(Thomas Hutton)泛舟湖上,他已经七十五六岁了,不过还能活动。"威伯福斯当时五十九岁,对时间流逝给自己和周围人带来的影响非常敏感。"我后来才发现,这家旅馆的女主人以前非常漂亮。四十二年前,她是鹰岬小镇出名的美人。现在她一把年纪,牙都掉光了,下巴前突,不过腰板很直,精神不错。"

1819 年,形势依然不利于奴隶解放。这年 8 月发生了惨烈的彼得卢屠杀事件(Peterloo Massacre)。这起事件发生在曼彻斯特,要求政府改革的和平集会遭到一队骑兵的暴力镇压。在事发当天和随后的动乱中,共有十一人丧生,上百人受伤。政府暴戾的回应让激进分子更有说辞,气焰更为嚣张。很明显,关于奴隶解放的法案不得不继续拖延。这段时期的国内形势混乱不堪,一个名叫弗朗西斯·普莱斯(Francis Place)的激进分子给威伯福斯贴上了"魔鬼的丑恶缩影"这个标签。威伯福斯虽被称为"国家的道德良心",但这个称号非但没有给他带来一丝好处,还让他背负了千斤重担。1820 年,他不得不出面,解决一场不可思议的全国闹剧。

这场闹剧被称为"卡罗琳王后韵事"(Queen Caroline Affair),剧情跌宕起伏,可悲可叹,所涉之事极其丑陋肮脏。此事吸引了全国的注意力,更冲击了皇室治理国家的根基。事件随着 1 月 29 日乔治三世驾崩而逐步展开。老国王 1760 年登基,在位六十年,死时耳聋眼瞎,精神癫狂。

国王死后,长子威尔士亲王终于可以正式继位了。他做了十年的摄政王,如今登基在即,却引发了英国历史上最卑鄙的一出闹剧。所谓"卡罗琳王后韵事",并非特指王后因婚外情而受审,而是泛指整个事件。那些年,王后想必有许多风流韵事,但无论如何,都不及她丈夫和数千名女性有染那般令人咋舌。乔治四世和卡罗琳结婚前十年,曾和一位信奉天主教的菲茨赫伯特夫人(Mrs. FitzHerbert)秘密结婚,不过他在这段婚姻前后,有过许多广为人知的韵事,正如他在和卡罗琳结婚后的二十五年间从未断过婚外情一样。本书前面曾提到,乔治四世猎艳的脚踪遍及全世界,他流连花街柳巷,大肆挥霍纳税人的钱。

乔治四世和卡罗琳于 1795 年结婚,二人的结合绝对称不上浪漫。当时威尔士亲王欠下巨额赌债,为了获得国库的拨款,他同意和几乎从未谋面的布伦瑞克的卡罗琳公主(Prince Caroline of Brunswick)结婚,因为二人婚后若能诞下王位继承人,威尔士亲王的收入将会大增。或许他还有其他不可告人的动机,我们不得而知。婚礼当天,亲王一身酒气,而二人婚后的关系也极为糟糕。所有人都知道,亲王嫌弃卡罗琳又矮又胖,仪容邋遢,而卡罗琳也一直鄙视这位风流亲王。他们如此厌恶对方,后来却生下了一个孩子,真是不可思议。只不过生下的是位公主,这让双方的关系进一步恶化,二人决定分道扬镳。卡罗琳漂泊异乡,最终在意大利落脚,她在英国的丈夫则和从前一样,四处寻花问柳。

他们的女儿不幸于十七岁时离世,二人分居长达二十五年之久。但如今乔治三世驾崩,形势骤然转变,卡罗琳迫不及待启程返英,因为她要名正言顺地做王后。国王乔治四世听闻卡罗琳的打算后脸色惨白。他已经享受了二十五年可以随意风流的自由,如今这份自由将要不保。国王迅速派出使臣,试图收买卡罗琳,但是卡罗琳十分坚决,她一定要得到本属于自己的荣誉。当时代表她交涉的辩护律师布鲁厄姆(Brougham)因为嗅到政治机会,从旁煽风点火,让她一定要回英国做王后。卡罗琳于是拒绝了国王提出的所有条件。

英国人民认为政府在过去十年施政严苛,因此痛恨乔治四世,而卡罗琳因为是乔治四世的敌人,于是被人民视作英雄。一夜之间,卡罗琳成了"弃妇",为英国的暴民所追捧。他们利用每个机会为她举杯祝寿,并且当她骑马昂首挺进伦敦,宣布要登上王后之位,暴民们为她欢呼。这些人还因为她找了一个皮肤黝黑、身材健美、散发性感魅力的意大利情人而欣喜若狂。他的出现仿佛给肤色如鱼肚般惨白的国王一记响亮的耳光,让这些人感到痛快。

有传言称,卡罗琳在欧洲大陆生活期间,国王就派了间谍跟踪她,并收集了许多有关她通奸的细节,这些文件统称为"绿布包"(Green bag)。* 如果她不肯放弃王后之位,国王将用这些通奸证据审判她,然后正式和她离婚。

威伯福斯一直在观察事态的发展,他知道这件事有可能引发大祸。他看出布鲁厄姆是在利用卡罗琳作政治武器——棍棒而非长剑——对付国王和托利党政府。这场争斗可能会让国家陷入分裂,并爆发内乱。

---

* 以前律师用绿色布袋来装文书。

一旦国王走投无路,决定祭出王牌——以通奸罪名审判王后,有关二人婚姻不忠和苦毒怨恨的丑事将传遍全国。威伯福斯不愿国家因此陷入冲突甚至流血的境地。

在人们心目中,威伯福斯是一位资深政治家,一位地位崇高且公正无私的政治人物。这一次,为了国家利益,他决定出面平息这场风波。威伯福斯在日记中写道:"我决心尽力不让审判发生;若要达成这个目的,需要在双方间斡旋,让双方意识到审判只能导致两败俱伤。"

于是,威伯福斯挺身而出。他在给一位议员的信中说,他在上议院提出的动议"动机非常单纯,即让公众免受国王'绿布包'内恐怖又恶心的细节的毒害,而王后恐怕也会拿出针对国王的'绿布包'"。公开审判必将打开一个装满二人风流韵事的潘多拉魔盒,但是国王和王后似乎对自己的行为将给国家造成的伤害毫不在意。

国王使出最后一招,他愿意给王后一大笔钱,希望就此摆脱她的纠缠。卡罗琳可以继续以"王后"的名义周游列国,还有一艘皇家护卫舰供她调遣。唯有一件事国王不肯让步:他再三强调,卡罗琳的名字不能出现在圣公会的公祷祷文中。如今的乔治四世变得和以往的一些国王一样伪善,注重宗教仪式的细节;尽管公祷文中的字眼对他来说毫无意义,他却为此赌上整个英国的命运。

威伯福斯的目标很明确,他要为了国家的缘故说服双方在这一点上让步。他凭借多年来累积的道德声望,以不代表任何党派的独立姿态,试图改变双方的强硬立场,但始终没有任何效果。最后,布鲁厄姆私下向威伯福斯保证,如果他率领议员集体拜访王后,王后会放弃她对公祷祷文的坚持。布鲁厄姆对威伯福斯写道:"她一定会答应你的请求,我向你保证。"

于是,威伯福斯再次穿上那件绿色天鹅绒双排扣礼服,腰间挂上佩剑,与一队同僚去拜访王后。当时有不少暴民正聚集在王后的住处外,场面十分尴尬,也很危险。威伯福斯在给芭芭拉的信中提到,暴民居然没有朝他们扔石头,可这奇迹并没有让人松口气。威伯福斯和随行的议员们上楼见到了王后。波洛克形容王后"一副自甘堕落的样子",她似乎是喝醉了才来参加这场庄重的会面。威伯福斯则形容她"看上去极为尊贵,不过面容冷酷,态度傲慢"。无论王后当天的状态如何,也无论布鲁厄姆私下多么信誓旦旦,总之,王后坚决不肯让步。威伯福斯费力不讨好,不仅在公众面前出了丑,还被媒体批评多管闲事。不过,他从未披露布鲁厄姆给他的承诺。

威伯福斯非常担忧这场闹剧会加剧党派纷争,最终引发内战。这段时期,国内暴力事件不断。安格尔西勋爵(Lord Anglesey)是立下赫赫战功的英雄,他在滑铁卢率领骑兵与拿破仑争战,被炮弹炸飞了一条腿。(据说他朝威灵顿公爵喊道:"天啊,我没了一条腿!"而威灵顿公爵则回答说:"天啊,你的确没了一条腿!")一名暴民有一次堵住安格尔西勋爵,强迫他表态效忠王后,安格尔西勋爵喊道:"愿上帝拯救王后! 愿你们的妻子都和她一样!"

＊ ＊ ＊ ＊ ＊

威伯福斯写道:"无论事态如何发展,当我想到我已竭尽全力阻止恶事发生,我的心就得了安慰。"但是他担忧的事恐怕无可避免:国内不仅暴力事件频发,国王也当真准备公开审判卡罗琳,抖出"绿布包"中可怕又恶心的细节以便和她离婚。法庭将传唤意大利仆人前来作证,淫乱肮脏的记录将公布于众,成为全国的笑谈。

媒体上开始出现类似今日的追踪报道,每天都有关于这场审判的文章,里面尽是低俗的描绘。从保存下来的王后出庭的照片来看,她的状态相当骇人。辉格党政治家、日记作者托马斯·克里维(Thomas Creevy)在给朋友的信中说,"我尝试描绘她的外貌和举止,无奈捉襟见肘……要说什么和这位伤痕累累的公主最像,我眼下能想到的是一种叫 Fanny Royds 的玩偶。"这是一种古老的荷兰玩偶,今天的 Weeble 就是由此演变而来。这种玩偶拥有梨形的身材,翘着臀部,一副不可一世的模样。克里维还提到,王后用极不协调的黑色假发遮掩她本来的金发。"散在她头上的卷发"看上去"并不属于王后自己"。她每次出庭都戴着面纱,不过还是能看出她面色泛红。

威伯福斯在一封信中说:"坦白讲,依照我目前的判断,我强烈反对给她定罪……我们的救主在《马太福音》第 5 章第 32 节中说：'凡休妻的,若不是为淫乱的缘故,就是叫她作淫妇了。'我认为在这件事上应该遵从这个教训。"他完全相信,"别人给她定的罪实在是夸大了"。威伯福斯认为,是国王把她逼到了当下悲惨的处境。随着审判的展开,王后被曝在意大利和情人贝尔加米(Bergami)同居期间,每年都有五万英镑的收入。这个事实让公众不满,王后的声望也随之从顶点下滑。在一场长达八小时的法庭辩论接近尾声时,王后的辉格党辩护律师已经语无伦次,居然将她和福音书中"行淫时被捉拿的妇人"相提并论。此言一出,一片哗然,因为这名律师之前一直竭力为王后的贞洁辩护。下面这首报上的打油诗恰好道出了民众的情绪:

> 恳请王后陛下,
>
> 消失不再犯罪,
>
> 如果戒罪太难,
>
> 干脆消失简单。

威伯福斯写道："一班大臣、王后的顾问,还有上议院的贵族们,把这不幸的事件搞得一团糟。"仿佛两个人在下水道里打架,很多人来围观。即便胜利,那又如何?围观者已被溅了满身泥污。

法庭最后判王后无罪,她成功保留头衔,并离开了英国。按照协议,她不能参加次年 7 月的加冕仪式。但是仪式当天,她出其不意地乘马车来到威斯敏斯特教堂门前要求进场。当时的情形相当尴尬。卫兵在她面前将大门紧闭。可是倔强的王后绝不轻言放弃,她尝试闯了三次大门,三次均被拒之门外,最后不得不乘马车离开,并在两周后离奇身故。国王喜形于色,许多人认为国王的表现过于失礼。

在这令人痛心的结局发生之前,当法庭宣布王后被无罪释放时,威伯福斯还是感到欣慰,因为她没有在这场丑陋的闹剧中被置于死地,国王没能仗着权势伪善地朝她扔石头以惩治她的通奸。但威伯福斯却因调停失败遭到媒体的指责。他后来写道:"这件事对一个不在乎讨好民众的人来说真是个教训,我在四十年的从政生涯中竭力保持独立,现在玛丽安·桑顿也记录了威伯福斯拜访"傲慢冷酷"的王后却无功而返之后的状态。"他每次只要见到花就异常兴奋,"她写道。

> 王后卡罗琳遭受审判期间,他是下议院三人代表团的成员之一。他们的任务是劝说王后放弃王室荣誉,接受一笔大额补偿。那天三人去拜访王后,王后应该是喝醉了,把他们踢下楼去。当时威伯福斯先生和我们住在一起,他回来的时候,情绪非常低落,心想王后必不肯接受条件。晚饭的时候,他步出书房,忽然看到墙上有一朵鲜艳夺目的蔷薇花,我看见威伯福斯完全被这朵花的美迷住了,就把这朵花采下来插在花瓶里。哦,花儿真是美艳动人,哦,良善的上帝在这悲惨世界中赏赐我们如此安慰。招呼大家用晚餐的铃声响起,可威伯福斯却一动不动,继续赞叹这朵花的娇美,不断倾吐溢美之词,最后他说:"王后的面容与之何其不同。"

＊＊＊　＊＊＊

那年夏末,威伯福斯亲身经历了另一个让人喜悦的"安慰",其美好犹如那朵蔷薇花,只是他在当时还不能参透其深远意义。威伯福斯举家前往韦茅斯(Weymouth)之前,他受邀与肯特公爵夫人(Dutchess of Kent)会面。后来,他写道:"公爵夫人迎接我时,她活泼的小女儿正在地上玩,而我也马上成了这小女孩的玩具之一。"年届六十岁的威伯福斯俯身趴在地上逗一个小女孩玩,听上去有些不成体统,可如果他知道眼前这小女孩将来是谁,他恐怕会高声唱出《西面颂》(Nunc Dimittis)＊,满怀平安地朝韦茅斯出发。这个面色红润、生于德国的十四个月大的小女孩不是别人,正是日后的维多利亚女王。她天使一般

＊《路加福音》第2章第29-32节中西面的祈祷语,用作颂歌,以"主啊……释放仆人安然去世"开头。

的面容仿佛那朵娇艳动人的蔷薇花,和王后卡罗琳的面容截然不同。这个孩子长大后将缔造一个以其名字命名的时代,而她那天遇到的,恰恰是以其品格塑造了那个时代的人。小地毯上温馨的一幕犹如预言一般让人感慨。

第**23**章
最后一役

"……他头上有祝福和尊荣。"

1820 年,王后卡罗琳的审判结束之后,威伯福斯一家再次前往巴斯。他在巴斯得知了海地国王克里斯托夫自杀的消息。虽然威伯福斯和其他克拉朋成员倾尽全力帮助海地并对海地寄予厚望,但这个国家的处境一直非常艰难。回顾建设海地的过程,威伯福斯恐怕过于心急,但克里斯托夫的确领导力出众,倘若形势能出现丝毫转机,他应该能够扭转乾坤。想到这里,威伯福斯感到心头仿佛压上了千斤重担。

最初,海地在克里斯托夫统治下蓬勃发展,前景一片大好,但是随着时间的推移,克里斯托夫越来越独裁,失去了民众的支持,后来他又患了中风。马蒙雷德公爵(Duke of Marmalade,威伯福斯在一封信中把他误认为利蒙纳德伯爵[Comte de Limonade],又将二人的名字合并,写成了莱蒙纳德公爵[Duke of Lemonade],即柠檬水公爵)发起了反对克里斯托夫的暴动,克里斯托夫后来自杀身亡。十年的发展一夕之间化为乌有。那些曾经反对废除奴隶贸易、如今又反对奴隶解放的人,闻讯后拍手称快。

苏格兰医生邓肯·斯图尔特(Duncan Stewart)曾协助克里斯托夫管理医院,克里斯托夫自杀几个月后,他写信对威伯福斯说:"亨利国王对海地人民的重要性日益凸显,就连他最恶毒的敌人如今也不得不承认,再没有人像他那样,拥有适合担任国家领袖的心智和体魄。如果在他治下的人民没有被现代西方人无信仰的怀疑主义所影响,也没有被法国自由思潮的恣意妄为所玷污,他必将成为明君,被后世的海地人民尊崇纪念。"

第二年夏天,更大的打击临到了,威伯福斯的大女儿芭芭拉因肺结核不治身亡,这让他伤心欲绝。美丽动人的芭芭拉死时年仅二十二岁。她六岁时有过一次病危经历,而如今和病魔争战数月之后,于 1821 年 12 月 30 日在伦敦去世。

* * *　* *

花甲之年的威伯福斯在议会依然活跃。1821 年,他就天主教的自由传播发表了重要演讲。他说道:"因宗教观点不同而实施迫害,这不仅是世上最邪恶的行为,也是最愚蠢的行为。"威伯福斯对天主教的看法相当复杂,随着年龄增长,他的观点也在变化。起初,他认为天主教是"已死的宗教"的最佳代表,甚至比他在书中描述的英国圣公会还要糟糕。但是当他步入人生后期,他意识到天主教教会和圣公会教会的问题均不在神学,而在信仰实践。如果连神职人员都不相信教会的教导,他们怎么可能向会众正确地传讲,又怎么可能活出信仰呢? 不过,威伯福斯的两个儿子——亨利和罗伯特,不仅参与了牛津运动(Oxford Movement)＊,后来还加入了天主教。威伯福斯如果在世的话,恐怕会为此感到惊讶。

不过,在众多争战中,迫在眉睫的当属彻底解放奴隶。1823 年,英国国内的形势有所好转,向实现最终目标发起最后一击的时机或许终于到来。威伯福斯着手的第一件事,就是执笔写作被他称为宣言的《代表西印度群岛黑人奴隶发出的请愿》(*Appeal in Behalf of the Negro Slaves in the West Indies*)。和以往一样,威伯福斯没有在书中将反对者妖魔化,而是用富于恩典的笔触来书写。威伯福斯知道,不少奴隶主实际上对奴隶相当慷慨,也有许多奴隶主对他在书中描述的种种惨况并不知情。威伯福斯一生都抵挡住了轻易定罪别人的诱惑,也从未摆出

＊ 1833 年由牛津大学一些英国国教高派教会的教士发起的宗教运动,其目的是通过复兴罗马天主教的某些教义和仪式来重振英国国教。

一副道德标兵的架势。他总有办法化解别人的怒气,吸引对方聆听自己的见解。不过,科贝特却从来不为所动,他称威伯福斯的这本书是"充满伪善之词的垃圾;充满谎言;充满贵格会信徒擅长的冷酷无耻的荒谬言论……凡是了解黑人真实处境的人都会宣称,你对自己笔下的主题一无所知,你是个不折不扣的伪君子"。但是经过多年较量,许多曾经的敌人逐渐改变了立场,如今这本书也产生了类似的果效。一名西印度甘蔗种植园的奴隶主写信告诉威伯福斯,这本书"深深震撼了我,即便解放黑奴要赔上我所有产业,我也心甘情愿,只要我可怜的黑奴们不只得享欧洲人的自由,更能得享基督徒的自由"。

* * *　　* * *

威伯福斯非常疲乏,他感到未来的争战必须由年轻一辈来带领。虽然只有六十二岁,但他现在因脊柱弯曲而戴上了背部支架,这让问题变得日益严重。他的视力也每况愈下,部分原因是几十年来为治疗溃疡性结肠炎而不得不摄入的鸦片。虽然一直用药,可他依然因肠胃疾病饱受折磨。此外,他现在还受严重呼吸困难的困扰,而腰间盘突出(今天需要用激光及低温物理手段治疗)的毛病也不时让他痛苦难耐。他这段时期和病魔作了好几番争战,几次在议会演讲,但水准已不如从前。威伯福斯心里清楚,要想实现奴隶解放的最终目标,推动议案在议会通过,必须任命——这里用膏立或许更恰当——一位接班人来接替他做领袖,恐怕只有这样做才是明智之举。受膏者是托马斯·福韦尔·巴克斯顿(Thomas Fowell Buxton),他出生于 1786 年,是一位虔诚的福音派基督徒议员,和威伯福斯一样持中立的政治立场,然而却更年轻,更健壮,更有冲劲。

即便确定了接班人,到 1824 年,威伯福斯还是感到有必要彻底告别议会。有些人好心提醒他,他有资格获得终身贵族的身份,从而进入上议院,但是再三考虑之后,他没有接受这个建议。终身贵族不是他心之所向,还是干脆退休最好。

1825 年 2 月 22 日,又是华盛顿的诞辰(1782 年的这一天,威伯福斯首次以精彩的演讲征服了议会），威伯福斯正式宣布退休，告别政坛。当初他放下约克郡议员席位转而担任相对次要的布兰贝尔选区议员时，心中就备感愧疚，如今这种情绪再度袭来。他写信给一位朋友说：

> 当我想到自己的政治生涯行将结束……我心中饱含内疚之情，因为我的良心告诉我，自己根本没有善用那交托我保管的恩赐。心中的苦楚自己清楚。只有自己知道，曾有哪些良机摆在眼前，当时是否善加利用……亲爱的朋友……我要向你倾吐我隐秘的忧伤。或许有人认为，我从政是为谋取私利。但是，我们侍奉的是一位满有恩典的造物主，他丰富地赐予，却不谴责非难，这真是无法言喻的安慰……我每次投票都是按照良心的指引，为公众而非为自己争取利益……但是轻忽的重罪数不胜数，我根本无法忘记，还有许多行善的机会，或是完全被浪费，或是利用得极不充分。

从威伯福斯的信件和日记中可以看出，他内心非常柔软，对他人的苦难极其敏感。除了人类同胞，他也关心动物的福祉。他的家堪比动物园，有兔子、乌龟，他甚至还养了一只狐狸。1824 年，他和废奴运动的接班人巴克斯顿等人一同创办了防止虐待动物协会（Society for the Prevention of Cruelty to Animals）。克拉朋成员之一廷茅斯勋爵记录了发生在威伯福斯晚年的一幕。他写道：

> 他最后几次去巴斯时，发生了这么一件事，矮小的威伯福斯弯腰驼背，沿着一条陡峭的街道慢慢往上爬，一起爬坡的还有给巴斯居民送煤的马车，车上装满了从埃文河港卸下的煤。两个粗壮的马车夫正大声呵斥拉车的两匹小马，这条斜坡极为陡峭，两匹马都筋疲力竭，其中一匹脚下打滑，摔倒在地。马车夫中有一个是车主，貌似野人一般，他被这突发状况激怒，对倒在地上的小马又打又踢，恶言咒诅。威伯福斯当时就在近旁，他对小马心生同情，看到马车夫再次举拳，他不顾一切冲上去制止对方，

又针对他的行为讲了一番道理。威伯福斯激动的表现让马车夫大为震惊,他的用词也让马车夫怒不可遏。马车夫面色铁青地站着,看来是准备给这突然冒出来的侏儒一记重拳。就在这个时候,他的同伴认出了威伯福斯,上前对他耳语,告诉他眼前这人是谁。这句提醒果然奏效。顷刻间,马车夫脸上的杀气全无,暴怒和仇恨换成了惊异和崇敬,仿佛在他还受制于自己暴戾的性情之时,眼前这个人突然唤醒了他本性中更美好的感情,激发出沉睡已久的同情。

＊＊＊　　＊＊＊

1826 年,威伯福斯一家迁往名叫海伍德之丘(Highwood Hill)的农场。不久,大儿子威廉携妻儿来同住。威廉打算经营这片农场,他劝说父亲借给他一大笔钱,好让他和附近的农民合伙做牛奶生意。威廉一直都有些不思进取,没少给威伯福斯惹麻烦。几年前,威伯福斯不得不从剑桥的三一学院将他接回家,因为他在校期间的某些行为实在过分。不过,威廉现在总算成家了,看上去也打算以务农为业。威伯福斯其他三个儿子——罗伯特、塞缪尔和亨利——在二十岁出头时都在牛津大学读书且学业优异,三人均以一级荣誉毕业,罗伯特更是双科优等生。

无论威伯福斯住在哪里——海伍德之丘也不例外,他的家里总是热热闹闹,虽然他已经离开议会,附近朋友和熟人也不多。威伯福斯那副好心肠也始终如一,他很少拒绝别人或解雇家里的佣人,即便他们已经老得不中用了。玛丽安·桑顿那年去拜访威伯福斯一家,她写道:

> 一切如常,屋子里挤满了佣人,有的腿脚不便,有的身体虚弱,有的看不清东西,有的是不愿意去老人院。威伯福斯一直把一位秘书先生留在身边,因为这位先生是个感恩的人,而他的妻子因为照顾可怜的芭芭拉,也一直和他们同住。还有一位管家,威伯福斯本想请他离开,但他实在不愿走;这位管家的妻子是厨师,不过她身体很弱,根本做不了饭。一切都和往常一样,你会

发现，威伯福斯仁慈的品性丝毫没有改变，虽然你肯定会因为晚餐没人摆桌子、一整天门铃响了却没人应答而感到绝望，但威伯福斯却感到很自在。

1827 年，威伯福斯暂时离开海伍德之丘，走访约克郡，寻找童年回忆。他见到一位名叫斯马特（Smart）的店主，这个人五十年前就和威伯福斯在赫尔相识。威伯福斯在日记中写道："他第一次见到我时，我还是个孩子——他还记得那场烤全牛宴席。"威伯福斯在这趟怀旧之旅中发现，似乎除了斯马特，其他相识的人都已离世了，他不由得想到自己的死亡。

* * * * * *

1830 年，威伯福斯的人生迈入最后十年，其间他经历了一些严峻的挑战，当然也有不少欢乐。威伯福斯退休后很少公开露面。1830 年 5 月 30 日是他最后一次在伦敦出席公开活动，他受邀主持反对奴隶制度协会召开的会议。那年他遭遇了一场财务危机，后果极其严重。他帮助长子威廉做牛奶生意，现在这门生意需要追加投资，威伯福斯每次都向威廉伸出援手，这一次更是鼎力相助。他卖掉了大量家产，更不可思议的是，他还卖掉了在赫尔的家族房产。尽管如此，生意还是失败了，他们赔得精光。年过七十岁的威伯福斯发现，自己曾经非常富有，现在却一贫如洗。虽然损失惨重，威伯福斯却表现得平静甚至喜乐，令周围的人十分钦佩。他一生捐款数额庞大，接受他个人资助的对象数不胜数。但是现在，他不得不卖掉海伍德的房产，将来很可能在租来的房子中离世。狐狸有洞，飞鸟有窝，晚年的威伯福斯和芭芭拉却被迫寄人篱下，两人在次子和三子家轮流居住。

威伯福斯写道：

损失如此严重，我不得不生活得更简朴，大幅减少日常开支。但是我必须承认，自己在这严峻的打击中蒙了恩惠，担子是轻省的。威伯福斯夫人和我有人供养,我们愉快地和两个孩子同住。我们还能奢望什么呢?仁慈的上主让我经历了他的信实,我要像大卫那样欢呼,"一生一世必有恩惠慈爱随着我"。虽然递到我面前的杯有些苦涩,但既然是出于上帝的手,那苦涩就是我能承受的,而杯中饱含着令人感恩的点点滴滴,比如知交的问候,孝子的敬爱和报答。

1832 年,又一场打击袭来:他最亲爱的女儿莉齐(Lizzie)去世,年仅三十一岁。威伯福斯深陷在丧女之痛中,不过莉齐刚刚出生的女儿却在这艰难时刻给了他些许安慰,促使他思考上帝和苦难。他写道:

> 昨天那一幕让我深受震撼,莉齐的小女儿正在接种疫苗,我忽然发现,我和她的处境有几分相似。这个小婴儿向护士伸出胳膊,没有丝毫怀疑或恐惧。但是当她感受到针刺的那一刻,她定是很痛很痛,她表现出的惊讶和痛苦无法言喻。我从没想到,她的嘴能张那么大,她一直哭闹,直到护士哄她,才又安静下来。这一幕让我想到,当我们遭遇苦难时,我们总是感到不耐烦,有时甚至四处抱怨,虽然这苦难是至高上帝允许的,而我们也声称相信他必然无误,他的慈爱永不改变,他的真理绝不动摇,他向我们宣告万事互相效力叫爱他的人得益处,并且他责罚我们是为了让我们在他的圣洁上有分。

威伯福斯在人生的最后几年,无论处境如何都凡事感恩的习惯越来越明显。他认定自己和两位担任牧师的儿子同住是一个祝福,如果不是钱财尽失,他不可能领受这份祝福。他对一位朋友写道:"我在这里亲眼目睹了孩子们的服侍,而且一家人住在一起其乐融融。我为此满心欢喜,我要向赏赐各样好处的上帝不住地感恩。作为父母,能够亲眼看到自己的孩子做牧养的工作,这当中的快乐我想你能够体会。"

威伯福斯的儿子塞缪尔后来担任牛津教区的主教,威伯福斯在信中提到他时说："他的妻子家境并不富裕，但我相信，他们的收入足够支撑过舒适的生活。虽然为钱财而结婚不被看作是罪，但那其实就是罪，在我看来，那是一个男人所能犯下的最卑劣的罪之一。自从添了新丁，家里总是充满欢声笑语，这孩子'咿咿呀呀'的样子让人百看不厌，他口齿不清地叫着爸爸妈妈，真比西塞罗的演讲还动听。"

他临终前和儿子罗伯特住在一起，罗伯特住在东费尔莱（East Fairleigh）专为教区牧师提供的住宅。即便搬到那里，各界访客也络绎不绝，人们纷纷来向他表示敬意。有一次，那位 1814 年曾和他一起在主日清晨等候觐见沙皇的俄罗斯亲王恰尔托雷斯基带着四岁的儿子来拜访他，威伯福斯在日记中写道："亲王很矮，和他儿子身高差不多。"

＊　＊　＊　　＊　＊　＊

那年春天，废除奴隶制度的运动也迎来最后一役。许多人认为，应该趁威伯福斯还在世，让他亲眼看见他为之奋斗终生的伟大目标得以实现。议会终于确定了辩论日期——5 月 14 日，议员们将最后一次就解放大英帝国所有奴隶的议案来一场唇枪舌战。废奴主义者们于是调整自己，进入备战状态，而在辩论前造势的策略正是他们率先采用的，他们对此再熟悉不过。公开论坛和会议一场接一场，请求声援的信件被寄往世界各地，引导舆论的文章也频频见报。一名来自西印度群岛殖民地的青年人近期制作了一份宣传手册，一经印发便广为流传，二十万册全部派发完毕。根据这位青年的记录，法律禁止在种植园实施鞭刑以后，鞭打奴隶的野蛮行径不减反增；简言之，奴隶的苦境并没有改善，他们不过是被另一批人用另一种方式继续虐待。他向公众呼吁，解决的办法只有一个，就是解放奴隶。和以往一样，全国各地收到数百封收集签名的请愿书。英国人民再次发声，在造势期结束前，有将近一百五十万英国人民在请愿书上签名，支持这项崇高的使命。

4 月 12 日，一场集会将在东费尔莱附近的梅德斯通（Maidstone）

召开,会上将举行把当地人民的请愿书正式递交议会的仪式。会议召开前,威伯福斯颤抖着双手,在这份请愿书上写下了自己的名字,让自己的声音融入这民意的巨响,最初,正是他引发了公众对奴隶制度的关注,在随后几十年间,他一直倾尽心力,带领这项运动不断发展。不久前,年轻的巴克斯顿和斯蒂芬来到这个偏远的地方,告诉他奴隶解放终于要在议会打响最后一战,威伯福斯听闻这个消息,似乎有枯木逢春之感:气息奄奄的枯枝败叶霎时间枝繁叶茂,生机再现。毫无疑问,威伯福斯在请愿书上落笔时,心情必然十分激动。回想1807年2月那个寒冷的夜晚,议员们最后一次就废除奴隶贸易展开辩论,年轻议员们迫不及待地上台演讲,面对突然间涌流在眼前的历史大河,每个人都想上前掬一捧水。此刻的威伯福斯也深有同感,这位老迈的朝圣者已临近生命的尽头,四个月后即将离世。此时此刻,他按捺不住心中的激动,迫切希望出席这具有历史意义的会议甚至发表演讲。威伯福斯表示,自己愿意接受这项至高的荣誉,亲自将请愿书提交给议会。

* * *　　* * *

4月12日,威伯福斯登台演讲,他的声音清晰可辨,昔日如同嘹亮号角一般的雄辩之声再次响起,这声音曾在约克郡城堡前的广场上冲破风雨,攫住现场四千人的注意力。此刻,台下的听众也都聚精会神。威伯福斯首先提到,他支持给种植园主现金补偿的提议,因为他们势必会受到奴隶解放的影响。最终赔偿数额为两千万英镑。可以想象,有些废奴主义者认为这种做法不符合公义的原则,因为迫使自己的人类同胞为奴是一桩罪行,国家竟然对此予以补偿,这简直不可思议,但是威伯福斯早就学会了如何用恩典调和公义,并且不断依靠恩典。他也十分清楚,与其避免让某些人的公义感受挫,从而导致奴隶们继续受苦,不如用金钱换取奴隶的自由,这才是更明智的选择。威伯福斯宣称:"我本着诚实无伪的心宣告,至高上帝命令我们行公义,他也命令我们好怜悯;因此,只要殖民地种植园主证明自己的确因奴隶解放而遭到实际损失,我对补偿一事就没有任何异议。"

台上的威伯福斯弯腰驼背,骨瘦如柴。纵然体力不支,他仍然坚持出席会议并发表演讲,为自己开启并为之奋斗终生的伟大事业再次振臂高呼。他的演讲很短,不似以往让听众激动不已的那些演讲一般高潮迭起。但这次演讲自有其不寻常之处,他的话语似乎到达了上帝的耳中,因为在演讲即将结束的一刻,发生了一件不可思议的事。威伯福斯说:"我相信,这场旅程即将结束。"这句话让人联想到太阳一日之内的轨迹,而他所指的,是自己正迈向生命的尽头;正如太阳在天空中弧形的轨迹,及至终点,亮光消失,而他自己也行将离世。仿佛是出于上帝的安排,他这句话甫一出口,恰好有一束阳光洒进屋内,打在他身上,更照彻了整个会议大厅。这不可思议的一幕呼应了四十一年前皮特为支持废除奴隶贸易而发表精彩演讲时的场景,那次也是演讲结束之际,议事厅里霎时金光灿灿,皮特巧妙地抓住时机,引用维吉尔的诗句为演讲作结,效果堪称完美。那时的威伯福斯还是年轻议员,总觉得胜利唾手可得。回望当初,那缕阳光看似吉兆,实则假象,因为还要再等十五年,奴隶贸易才终被废除。但今天这束阳光却不一样,威伯福斯站在台上,虽然满脸惊诧,心里却十分清楚,这是一束报佳音的阳光。他像当年的皮特一样迅速抓住机会,对会众说:"我们渴望的目标在前方闪闪发光,天堂的荣光覆盖其上,毫无疑问,我们胜利在望。"

威伯福斯5月去了巴斯,一直逗留到7月。老朋友约瑟夫·约翰·格尼去探望他后,写道:

> 我走到楼上一间屋子里,看到那位敬虔的基督徒靠在沙发上,面容苍老……我放胆和他讲那些美善荣耀的事物,我相信,那些事物都在永恒的国度里等待着他。他听到之后,本来紧皱的眉头舒展开来,高举紧扣的双手,发自内心地敬拜上帝,脸上流露出神圣的喜乐。他说:"至于我,我什么都不敢奢求,只能像那可怜的税吏一样祈求:'上帝啊,开恩可怜我这个罪人。'"

威伯福斯本来可以因自己的成就夸口，相反，他却极其谦卑，更深知自己有哪些不足。

不过，他的谦卑并不影响别人对他的评价。雷金纳德·库普兰爵士(Sir Reginald Coupland)是牛津大学殖民地史拜特教席的教授(Beit Professor of Colonial History)，他认为威伯福斯"在英国人民的良知中建立了一项传统，即对弱小落后的群体负责并予以尊重……那些人的命运掌握在英国人民手中。威伯福斯在这方面的贡献超过所有人，而这个传统自建立后就不曾消亡。"今天，我们熟知殖民地统治的种种丑恶，但考察一下威伯福斯给殖民地带来的改变，我们会有一个新的角度，看到从前像英国这样的世界强国可以对亚洲和非洲国家为所欲为——两百多年来，英国殖民者对待殖民地人民的方式就像对待野兽或毫无知觉的资源，比如木材、大麻和矿石；但是在威伯福斯的影响下，这个局面彻底改变了。库普兰说："威伯福斯和他的朋友们取得的成就……堪称一场道德革命。"

威伯福斯的健康每况愈下，家人决定带他回伦敦就医。7月19日，他们在位于布朗普顿路(Brompton Road)和斯隆街(Sloane Street)交汇处的卡多根庭院44号(44 Cadogan Place)落脚，这里是威伯福斯的表亲露西·史密斯的家。当时议会仍在会议期，许多朋友都在伦敦，大家纷纷来探望他。有些朋友多年未见，大家的关怀让他心中充满感激之情。他说："上帝总是差派人来恩待我，我对此感激不尽。"

7月25日，周四清晨，威伯福斯的小儿子亨利带了一位年轻的议员来共进早餐。这位二十三岁的年轻人名叫威廉·格拉德斯通(William Gladstone)，日后将担任英国首相。虽然他之前从未见过威伯福斯，但他身为福音派基督徒的父母却和威伯福斯相识。格拉德斯通的政治生涯一直延续到1895年，他是十九世纪最关键的政治人物之一。他在回忆那天的情景时写道："威伯福斯开朗又温和，在他身上你能看到一幅因定睛永恒而无比美好的暮年图景。我听到他带领家人祷告。他头上有祝福和尊荣。"

威伯福斯对一位朋友说："我像一架快要停下的钟。"但他还要在这世上逗留一阵。7月26日，周五晚间，威伯福斯终于听到了他一生中最渴望听到的消息：下议院刚刚通过了在大英帝国全面废除奴隶制度的议案。西印度种植园主们将按其奴隶市价的一半获得补偿。威伯福斯兴奋地说："感谢上帝让我活到今天，亲眼看到英国愿意拿出两千万英镑终结奴隶制度。"

汤姆·麦考莱(Tom Macaulay)是扎卡里·麦考莱的长子，他一直关注废奴运动，如今以议员身份参与其中且成为一员干将。他后来因撰写广受赞誉的四卷本《英国史》(*History of England*)而知名。汤姆·麦考莱知道，除了威伯福斯，再没有人能够理解这一胜利的深远意义，第二天清晨他奔到威伯福斯面前，当面告诉他这个好消息。他写道："威伯福斯因胜利而狂喜……好像年轻的狂热分子一样。"威伯福斯在有生之年能够亲眼见到胜利，这不仅对他来说美妙无比，对在晚年陪伴他的人来说也是极大的安慰。

谁能想象威伯福斯那天心中作何感想？争取奴隶解放的战斗终于彻底结束了，也彻底胜利了。在大英帝国辽阔的版图内，按照法律规定，所有奴隶都将获得自由，那压迫奴隶的制度终于被废除了。威伯福斯经历了无数争战，终于在这个周六的清晨，品尝到了胜利的喜乐。无论多么不可思议，梦想的确成真了。

威伯福斯那天精神不错，他和家人一起晒太阳，沉浸在胜利的喜悦中，这是继废除奴隶贸易之后最重大的胜利。但是当天晚上，他再次感到身体不适，周日，也就是他去世前一日，他几度昏迷。芭芭拉和小儿子亨利当晚守在他身边。他最后一次醒来时，对亨利说："我感到很痛苦。"亨利答道："但是你的脚站在磐石上。"曾经以演说的力量改变世界的威伯福斯，说出了这句遗言："我不敢如此肯定地说。"他直到最后都如此谦卑，并心怀盼望。1833 年 7 月 29 日，周一凌晨三点，威廉·威伯福斯离世。

几个小时之后，他的儿子们收到下面这封信：

　　惊闻威廉·威伯福斯先生离世，我等上议院及下议院议员甚为悲痛，特此联名致信以表哀悼之情。威伯福斯先生为人类福祉做出卓越贡献，理应为后世所纪念，得享不朽之尊荣。议会特此提出请求,将威伯福斯先生葬于威斯敏斯特教堂;另恳请准许我等参加葬礼,向逝者表达敬意。

　　这封信的发起人是上议院大法官亨利·布鲁厄姆,除他以外,在信上签名的还有威伯福斯的老友格洛斯特公爵以及三十七位上议院议员和将近一百位下议院议员。布鲁厄姆随信附上便笺:"若时间允许,上下两院全体议员将悉数出席。"

　　一周之后,8 月 3 日,因当日举行葬礼,伦敦的营业场所歇业一天。悼念的长龙从卡多根庭院出发,朝东向威斯敏斯特教堂徐徐前进。沿途两侧聚集了大量人群,议会成员无一缺席,都在教堂等待。扶灵柩的是布鲁厄姆大法官、格洛斯特公爵及另一位公爵,还有四位贵族,威伯福斯的四个儿子跟在灵柩之后,后面是其他家庭成员和好友。威灵顿公爵、各位亲王及圣公会最高级别的主教们皆出席了葬礼。威伯福斯的灵柩摆放在教堂的北耳堂,与皮特、福克斯和坎宁(George Canning)为邻。本章末尾附录的刻在威伯福斯墓碑上的碑文,可能是出自汤姆·麦考莱之笔。

　　一位在西印度群岛服侍的牧师写信告诉儿子:"作为当地重要群体的黑人们在得知威伯福斯逝世的消息后,纷纷举行悼念活动。"威伯福斯的儿子在为父亲所作的传记中写道:

　　　　纽约的黑人也怀着崇敬的心情悼念他,大家推举出一个人,大声诵读献给威伯福斯的颂文(现已出版),并且呼吁全美国黑人公开悼念威伯福斯,缅怀他的功绩。国王逝世后有指定的人给他歌功颂德,财主死后可以办一场豪华的葬礼,威伯福斯却拥有更多,他有自发悼念的人群,他在穷苦人的祝福中入葬。

　　一年之后,有一件事是对威伯福斯最好的纪念,可以说,威伯福斯终生都在为之奋斗。雷金纳德·库普兰德爵士在他 1923 年的传记结尾处如此形容其意义:"一年后,1834 年 7 月 31 日午夜,八十万奴隶获得自由。这不仅是非洲或英国历史上的大事,更是人类历史上最重大的事件之一。"

历史学家特里维廉如此形容世界历史上这一崭新时代的到来:"在奴隶制度被废除前的最后一夜,西印度群岛的黑人们爬上山巅,等待宣告他们自由的第一缕阳光洒向海面。"

黑夜渐消,白昼将至,获得自由的人们注视太阳缓缓升起。以这一幕为我们的故事作结,真是再合适不过。那天清晨的阳光的确照亮了一个崭新的世界,一个无人看见过、从未被发掘的国度,但仍有些人凭着信心得以瞥见并相信其确实存在。在那具有历史意义的清晨,随着太阳升起,那崭新的世界终于被显为真实。它一直存在于遥远的群山之外,威廉·威伯福斯用一生引领我们翻山越岭,朝向那里一路前行。

* * *　　* * *

一切荣耀归给上帝

纪念
威廉·威伯福斯
(1759 年 8 月 24 日生于赫尔,
1833 年 7 月 29 日卒于伦敦)
担任英国国会下议院议员近半个世纪,
其间横跨六届议会,
历任两位约克郡郡选议员之一。

其所处时代及国家,几无高尚良善之人,
他奠定时代品德根基,堪称先驱,
他才华横溢,鲜有能及,
秉性仁慈,持守公义,
一生活出基督,做有力见证。

他贡献卓著,遍及各项公共领域,

领导众多慈善事业,

既供应他人急迫所需,又关切他人灵魂渴望。

后世将永远铭记,

他仰赖上帝祝福,

除去英国贩卖非洲黑奴之耻,

又为废除奴隶制度铺路,

惠及大英帝国各处殖民领地。

他依靠上帝,为目标奋斗,

信靠上帝,并不徒劳;

其间忍受无数谩骂毁谤,

经历重重艰难险阻,

可他寿命长过仇敌:

晚年退出政坛,放弃公职,

归隐田园,享天伦之乐。

他虽离世,却不是悄无声息,更未被国家遗忘:

英国贵族及平民,

跟随大法官及议长,

将其灵柩安放于理应安放之地,

与其他先贤,

共同安息此地:

直到,靠着耶稣基督,

他唯一救赎主和救主赦罪之恩,

(他的生命和写作都以荣耀基督为念)

他和义人们一同复活。

后记

但凡艺术作品,总有一股不安分的劲头:不是说艺术作品都具有"超越性"——那是无可救药的老生常谈,而是说艺术作品既然关乎永恒和不朽,就总会试图摆脱她蹒跚的父亲——时间,和她阴郁的兄长——死亡。因此,即便顶级的艺术作品,比如提香(Titian)和米开朗基罗(Michelangelo)的画作,也不得不面对内里那股压抑不住的孩子气。

相比之下,一本描写古人的传记更要冲破时间限制,试图让主角借文字复活。一本书的篇幅不算长,却能将主角再次活生生地呈现在世人面前,我们翻阅传记,仿佛看一部动画,主角把几十年精彩的人生表演一遍,当然,结局免不了又是死亡。但是在我们眼中,他的死就好像我们在早晨读报时刚刚知晓。我们心里涌出感伤之情,希望再次见到他,希望再读几页,再多了解一些他的事迹。正是受这种思绪牵绊,"后记"这类文章总让人迟迟不愿动笔,因为我们还在寻找那位消失不久的朋友。

我承认,在写作本书期间,有时会有一种幸福的感觉,好像威伯福斯也在场,就在我身旁,在我肘边快乐地眨眼,亲切地微笑,他面色红润,歪着头似乎要向我发问。一瞬间,时空的限制似乎轻易就被打破,我们之间的墙垣薄如湿巾,我仿佛伸手就能触到他。几个月来,我研读他的日记、随笔和信件,到后来我甚至确信,自己辨认得出他的声音。如果你一定要问我,我会说他的声音和英国演员莱斯利·霍华德(Leslie Howard)的声音极像。霍华德在 1938 年的电影《卖花女》(Pygmalion)中扮演亨利·希金斯教授(Henry Higgins),巧的是,在电影《窈窕淑女》(My Fair Lady)中同样扮演希金斯教授的雷克斯·哈里森(Rex Harrison)也是这种声音。威伯福斯和亨利·希金斯的相似之处恐怕不明显，但就声音而论，那两位演员讲话铿锵有力，英式英语的鼻音明显，听上去和不断在我脑中回荡的威伯福斯的声音相差无几。威伯福斯长得和他们也有几分相像，不过鼻子更大，这个特点似乎让他尤其能嗅出伪善言辞。我不知道披露这些信息是否有益，但我只说这么多，就此打住，免得遭读者嘲讽。

谁都有过渴望回到过去的想法，去触摸往日的人物，聆听他们的谈话。穿越时空是人类根本的渴望，时间之于我们，是最终极的媒介。回到我们的主角威伯福斯，我们力求和他建立某些真实的联结，或是走访他生活过的地方，或是触碰他把玩过的物件，甚至是和他在世的后代交谈，凝望他们的脸庞。无论是透过遗物，还是透过亲人，我们都期待有那么一个时刻，横亘在我们和他之间那冰冷灰暗的时间之墙能够摇晃坍塌，让我们得见隐藏其后的真实之事：那欣欣向荣的永恒图景。

1830 年，即威伯福斯去世三年前，加拉帕戈斯群岛（Galapagos islands）上诞生了一只海龟。1835 年，查尔斯·达尔文（Charles Darwin）乘坐"小猎犬号"（Beagle）考察时将它带回英国。1841 年，小猎犬号船长将它带去澳大利亚，这只海龟自此一直生活在当地的动物园里。后来有人给它取名哈丽雅特（Harriet），哈丽雅特活过了十九世纪和二十世纪，不可思议的是，它的生命一直延续到二十一世纪。毫无疑问，哈丽雅特比"小猎犬号"上所有人的寿命都长，在本书写作期间，它因心脏问题于 2006 年 6 月 23 日离世。当我读到哈丽雅特不寻常的生命旅程时，我仿佛和威伯福斯以及他所处的时代产生了某种联结，而这让我感到欣喜。

我们还可以借另一种方式穿越时空和威伯福斯面对面。约翰·波洛克是一位优秀的传记作者，他于 1977 年出版的威伯福斯传记非常精彩，让包括我在内的许多人更深刻地了解了威伯福斯。波洛克在二十世纪八十年代曾和威伯福斯最后一位仍健在的曾孙有过内容丰富的交谈。他在回忆其中一次谈话时，写道：

> 他当时年纪过百，什么也看不见，他告诉我说，他父亲小时候有一次和威伯福斯一起在巴斯附近的山上行走，一辆装满石

头的马车正艰难地攀爬山路,马车夫残忍地鞭打可怜的小马。小个子威伯福斯立刻上前劝阻马车夫,马车夫则用咒骂回应他,叫他少管闲事云云。但忽然之间,马车夫停住了,然后问道:"你是威伯福斯先生?!……我保证再也不打我的马了。"

这个人的父亲曾经拉着威伯福斯的手和威伯福斯一同在山间行走,而这一幕又由这个人向和我们同时代的人讲述,借由这样的联结,我们和威伯福斯又近了一步。我在读波洛克的描述时,经常深受感动,仿佛那横亘在我和威伯福斯之间的墙垣果真坍塌了,他似乎就在我面前。我心中有一个强烈的想法,就是找机会和波洛克先生交谈。一位热心的朋友促成了此事,给了我波洛克先生的电话号码。

就在昨天上午,我拨通了波洛克先生在英国德文郡家中的电话。他今年八十三岁,一口英式英语,他的声音从大西洋另一端传来,仿佛是来自一个遥远的时代。我问及他和威伯福斯曾孙的谈话,他把谈话内容向我讲述了一遍,并解释说他和那位眼盲的曾孙第一次沟通时有一位"文书助理"从旁协助。几年后,他去这位曾孙在巴斯附近的家中拜访他,上面提到的故事就发生在当地。波洛克先生所见之人的父亲曾和威伯福斯一同行走,如今我听波洛克先生讲述他和这人的会面,我感到自己和威伯福斯之间再无阻隔。虽然我们所处的时代相差将近两百年,但他似乎就在我旁边。

可无论如何,上面提到的不过是往事的影子。对所有聚在这里、仍在四处寻找威伯福斯的人,我要重复他当日站在好友亨利·桑顿的遗体旁对自己反复说的话:"为什么在死人中找活人呢? 他不在这里,已经复活了。"(《路加福音》24:5)

他真的复活了!

埃里克·梅塔萨斯
纽约市
2006 年 11 月 15 日

245

参考书目

毫无疑问，站在巨人的肩膀上可谓本书及本人的真实写照。我受托写作本书，目的只有一个，即向不了解威伯福斯的读者讲述他精彩的人生故事，而非为研究威伯福斯的学术领域开疆拓土。我谦卑地希望圆满完成了第一个任务，同时却也斗胆宣称，在第二个方面做出了些许贡献。如果没有前辈出版的研究威伯福斯的著作，本书根本不可能成形。我感谢前辈所做的学术贡献，正如破纪录的赛车手要感谢前方为其减少阻力的十八轮大卡车。

我诚挚地希望，读者在掩卷之余，有兴趣阅读下面几本著作。每一本都是对本书在深度、广度及高度上的延展，堪称精彩纷呈，我诚意向各位读者推荐。

我首先推荐凯文·贝尔蒙特(Kevin Belmonte)的《人类的英雄》(*Hero for Humanity*)，这本书包含丰富翔实的信息，美国读者应该不难买到。我有幸曾和凯文·贝尔蒙特见面，这样一位优秀的威伯福斯学者和我生活在同一时代和同一大陆，我感到十分欣慰。

在有关威伯福斯的著作中，最精炼、最具可读性的当属加思·利恩(Garth Lean)于1980年完成的《上帝的政治家》(*God's Politician*)。约翰·波洛克(John Pollock)于1977年出版的传记作品《威伯福斯：上帝的政治家》(*Wilberforce：God's Statesman*)篇幅很长，极具价值，读来也十分过瘾。

罗宾·弗诺(Robin Furneaux)出版于1974年的《威廉·威伯福斯》(*William Wilberforce*)，以及雷金纳德·库普兰爵士(Sir Reginald Coupland)出版于1923年的《威伯福斯》(*Wilberforce*)，均是上乘之作，内容之丰富和文笔之精彩让人赞叹。

欧内斯特·马歇尔·豪斯(Ernest Marshall Howse) 1953 年的著作《政治中的圣徒:"克拉朋团体"与自由的发展》(*Saints in Politics: The "Clapham Sect" and the Growth of Freedom*)关注克拉朋团体,让读者对威伯福斯所处的令人羡慕的友谊群体有一个全面、深刻的了解。

另外,亚当·霍克希尔德(Adam Hochschild) 2005 年的著作《埋葬铁链》(*Bury the Chains*)以优美的散文笔触讲述了英国废奴运动中其他关键人物的故事。因本书主角是威伯福斯,无法给予其他人物足够笔墨,还望读者见谅。

当然,威伯福斯之子塞缪尔和罗伯特 1838 年所著的五卷本传记《威伯福斯的一生》(*Life of Wilberforce*)是每一位威伯福斯传记作者的原始文本。承蒙葛尼斯(Os Guinness)相助,我得以借阅塞缪尔 1868 年浓缩五卷本之精华的单卷本的副本,估计我很快就能将珍贵文物归还原主。

上述著作及其作者均是我此番闭关写作之旅的良伴,我谨在此表达内心深处最诚挚的感激之情。

致谢

　　人生总是需要群策群力。写书也是如此,这听上去是老生常谈,但的确再真实不过。我首先要衷心感谢我的录入员,他几乎一字不差地将我的想法录入电脑中,这真是一项不可思议的非凡技艺。我还要郑重向 Walden Media 和 Harper San Francisco 表示感谢;也要特别向《奇异恩典》(Amazing Grace)这部电影的制片人迈克尔·弗莱赫蒂(Micheal Flaherty)表示感谢,另外还有我的编辑米基·莫德林(Mickey Maudlin),感谢他给我这个机会,让我尝试讲述一个伟大历史人物的精彩故事。

　　我也要对好朋友葛尼斯表示感激,最初正是他把威伯福斯和克拉朋的故事介绍给我,又坚持不懈地鼓励我,让我在威伯福斯诞辰两百周年和主题电影上映之前那段时间里,心中一直燃烧着要把故事写好的热忱。

　　我还要感谢理查德(Richard)、帕姆·斯卡里(Pam Scurry)、马诺斯(Manos)和卡迈尔·坎普里斯(Camille Kampouris)等朋友,若没有他们来自基督的无私的爱,本书根本无法完成。

　　下面提到的各位,在本书写作过程中以各种方式给了我支持、鼓励和灵感,透过他们,我仿佛体会到了克拉朋团体的美妙之处。欲感激者众多,此处恕难一一提及,我要在此感谢吉姆·莱恩(Jim Lane)和新迦南协会(New Canaan Society)的各位;B. J. 牧师(Rev. B. J.),希拉·韦伯(Sheila Weber)和纽约团契(New York Fellowship);汤姆·派克牧师(Rev. Tom Pike)和曼哈顿加略山/圣乔治教会(Calvary/St. George's Episcopal Church)的各位;斯坦(Stan)、金杰·奥克斯(Ginger Oakes)和曼哈顿国王学院(King's College of Manhattan)的教职员工及学生;曼哈顿的日内瓦学校（Geneva School of Manhattan）的董事会成员、教职员工及学生；另外还有不属于任何机构的杰出艺术天才们，比如诺曼·斯通（Norman Stone）、汤姆·霍华德（Tom Howard）、大卫（David）和苏茜·扬（Susie Young）、杰里·艾斯利（Jerry Eiseley）、迪克·斯托布（Dick Staub）和蒂姆·拉格林（Tim Raglin），对了，还有戈登·彭宁顿（Gordon Pennington）。当然还有无人不晓的马克·伯纳（Mark Berner）。

另外，还有理查德·伊根（Richard Egan），约翰·哈克尼（John Hackney）和鲍勃·蒙特莱奥内（Bob Monteleone）。对你们的感谢我就不赘言了。

虽然我曾无数次嘲讽过其他作家，但我也不能免俗，要重复那句老生常谈：对我亲爱的妻子陪伴我走过本书写作过程中的风风雨雨，表示衷心的感激。有时候，她和我们的女儿会发现碎蛋壳散落一地，她们甚至会在上面跳舞，而那打碎鸡蛋的通常都是我这个总是故意使用被动语态的人。希望碎蛋壳都清理干净了，并且再也不会出现。因为有上帝一直看顾我们，愿我们的生命从此不再如蛋壳般脆弱。

图书在版编目(CIP)数据

威伯福斯传/(美)埃里克·梅塔萨斯(Eric Metaxas)著;李婧译.
—上海:上海三联书店,2021.5
ISBN 978-7-5426-5825-8

I.①威… II.①埃… ②李… III.①威伯福斯(William
Wilberforce 1759-1833)—传记 IV.①K835.617=5

中国版本图书馆 CIP 数据核字(2017)第 038092 号

威伯福斯传

著　　者 / 埃里克·梅塔萨斯
译　　者 / 李　婧
策　　划 / 徐志跃
丛书策划 / 橡树文字工作室
责任编辑 / 李天伟
特约编辑 / 丁祖潘
整体设计 / 周周设计局
监　　制 / 姚　军
责任校对 / 王凌霄

出版发行 / 上海三联书店
　　　　　(200030)中国上海市漕溪北路 331 号 A 座 6 楼
邮购电话 / 021-22895540
印　　刷 / 上海惠敦印务科技有限公司

版　　次 / 2021 年 5 月第 1 版
印　　次 / 2021 年 5 月第 1 次印刷
开　　本 / 640×960　1/16
字　　数 / 245 千字
印　　张 / 17
书　　号 / ISBN 978-7-5426-5825-8/K·413
定　　价 / 65.00 元

敬启读者,如发现本书有印装质量问题,请与印刷厂联系 021-63779028